क्रान्ति कक्का की जन्म-शताब्दी

[उपन्यास]

क्रान्ति कक्का की जन्म-शताब्दी

रवीन्द्र वर्मा

राजकमल प्रकाशन
नयी दिल्ली पटना इलाहाबाद

मूल्य : रु. 250.00

पहला संस्करण : 2010

प्रकाशक : राजकमल प्रकाशन प्रा. लि.
1-बी, नेताजी सुभाष मार्ग
नई दिल्ली-110 002

शाखाएँ : अशोक राजपथ, साइंस कॉलेज के सामने, पटना-800 006
पहली मंजिल, दरबारी बिल्डिंग, महात्मा गांधी मार्ग, इलाहाबाद-211 001

वेबसाइट : www.rajkamalprakashan.com
ई-मेल : info@rajkamalprakashan.com

आवरण : अमित कल्ला

मुद्रक : बी.के. ऑफसेट
नवीन शाहदरा, दिल्ली-110 032

KRANTI KAKKA KI JANM-SHATABDI
Novel by Ravindra Verma

ISBN : 978-81-267-1905-1

उरा के लिए

न मिल मीर अब के अमीरों से तू
हुए हैं फ़क़ीर, उनकी दौलत से हम

—मीर तक़ी मीर

1

आज क्रान्ति कक्का का जन्म-दिन है। जन्म-दिन नहीं, जन्म-शताब्दी। क्रान्ति कक्का की जन्म-शताब्दी!

असल में देवेन्द्र सहाय ने उन्हें क्रान्तिकारी कक्का कहना शुरू किया था। मगर कब 'कारी' झरा और सिर्फ़ क्रान्ति कक्का रह गया, उन्हें पता ही नहीं चला। उन्हें क्या, घर में किसी को पता नहीं चला। तब घर भरा था। चालीस वर्ष पहले क्रान्ति कक्का इसी घर में रहने आए थे। वे ख़ुद नहीं आए थे। उन्हें लाया गया था। देवेन्द्र स्वयं विपिन बिहारी कॉलेज के छात्रावास में गए थे और उनका सामान उठा लाए थे। वे उसी बरस रिटायर हुए थे—वे वहाँ शिक्षक थे और छात्रावास के अधीक्षक। क्रान्ति कक्का देवेन्द्र के ममेरे भाई के चाचा के चचेरे भाई थे। वे अकेले थे। अविवाहित थे। जब देवेन्द्र सहाय ने पूछा कि रिटायर होने के बाद कहाँ जाएँगे, तो वे बोले कि सुना है कि दिल्ली में कोई स्वतंत्रता सेनानी निवास खुला है, वहीं जाऊँगा।

"क्या हम मर गए हैं?" देवेन्द्र के मुँह से निकला।

कक्का चुप।

"क्या आप समझते हैं कि आपका कोई नहीं?"

कक्का चुप।

"आप हमारे घर में दद्दा की जगह रहेंगे।"

एक बरस पहले देवेन्द्र के पिता नहीं रहे थे। भैया तब पाँच साल का था। जिस साल कक्का घर में रहने आए, नन्हे पैदा हुआ। तभी से नन्हे की अम्मा कक्का का घर में पाँव रखना शुभ मानती थी और कक्का को बहुत मानती थी। देवेन्द्र सहाय हँसते हुए कहते कि यदि कक्का और देवेन्द्र ख़ुद एक-साथ पानी माँगें, तो मालती पहले कक्का को पानी देगी। मालती मुस्कुराते हुए कहती कि कक्का बुज़ुर्ग हैं, पहले पानी उन्हें ही मिलेगा। मालती ने अस्पताल से आकर नन्हे

को कक्का के चरणों में डाल दिया था। उसने पिछले हफ़्ते ही भैया और नन्हे दोनों को फ़ोन कर दिया था कि उन्हें अगले मंगल को कक्का के सौवें जन्म-दिन पर झाँसी आना है। भैया कल आ गए थे। नन्हे नहीं आए थे।

भैया कपड़े के कारखाने से छुट्टी लेकर आए थे। नन्हे कहीं नौकरी नहीं करते थे। उनका अपना पानी का कारखाना था। मगर नन्हे नहीं आए थे। मालती समझ नहीं पाती थी। उसने पिछली रात ही नन्हे को फिर फ़ोन किया था। नन्हे की आवाज़ रूखी थी। उसने किसी ज़रूरी काम का हवाला दिया था। मालती ने फ़ोन रख दिया था। ऐसा क्या ज़रूरी काम हो सकता है? उसने भैया से पूछा। भैया हँसने लगा।

'क्यों हँस रहे हो?' मालती चौंकी।

'कोई काम नहीं है।'

'फिर क्या है?'

'बिजली नहीं है।'

'बिजली नहीं है!' मालती उठकर खड़ी हो गई।

'अम्मा,' भैया भी खड़ा हो गया; ''उसे किसी ने बताया कि आजकल झाँसी में बिजली बहुत कम आ रही है। लोग रात में लालटेन जलाते हैं। वह बिना पंखे के सो नहीं सकता।''

'तू कैसे आ गया?' मालती मुस्कुराई।

'मुझे लगता है कि मैं फिर बचपन में पहुँच गया।' वह हँसा।

यह हँसी पहले की हँसी से अलग थी। इसमें कोई लय थी।

दालान के एक खम्भे के पास लालटेन रखी थी जैसे भैया के बचपन में रखी रहती थी। उसकी मद्धिम रोशनी में मालती के आधे सफ़ेद बाल और भैया का चश्मा चमक रहे थे। मालती के साँवले चेहरे पर कुछ हल्की, नामालूम-सी झुर्रियाँ भी थीं जो नज़र नहीं आ रही थीं।

पिछली रात मालती कुछ देर करवटें बदलती रही थी। उसके मन की उलझन यही थी कि नन्हे क्या सचमुच इसीलिए नहीं आया कि यहाँ उसे ठीक से नींद नहीं आती? जैसे वह यहाँ सोने के लिए ही आ रहा हो! क्या गुड़गाँव से झाँसी मैं उसे सोने के लिए बुलाती? उसने गुड़गाँव में नन्हे का भव्य फ़्लैट देखा था और उस फ़्लैट में उसका सोने का कमरा जिसमें ए.सी. लगा है। वह किसी बम्बइया फ़िल्म का कमरा लगता था। क्या नन्हे अब कक्का की गोद भूल गया था जिससे उठकर उसने चलना सीखा? मालती ने एक करवट ली। बच्चे भूल जाते हैं—मालती की आँखें सहसा भीग गईं। माँ को सब याद रहता है! उसने रात के

अँधेरे में नन्हे का बड़ा होना देखा जिसमें उसके साथ कक्का थे और देवेन्द्र और भैया स्कूल चले गए थे। कभी नन्हे आँगन में गिरता तो कक्का उसे छोकरे की तरह दौड़कर उठाते। कभी उसे गोद में लेकर वे बाज़ार जाते और दोनों लेमनचूस चूसते हुए लौटते। फिर वे उसके साथ कैरम खेलने लगे थे जिसमें नन्हे हमेशा जीतता। नन्हे कभी बेईमानी नहीं करता था, वह कहता। कक्का दुहराते। दोनों मुस्कुराने लगते। मालती भी मुस्कुराती जैसे वह अभी मुस्कुरा रही थी। उसे ख़ुद पता नहीं था कि अभी रात का अँधेरा है या नींद का अँधेरा।

आज मुँहअँधेरे मालती की आँख खुली। अँधेरा रोज़ से एक परत गहरा था—यह उसने खिड़की से बाहर छत की ओर देखकर जाना जहाँ परली तरफ़ नंगी दीवार थी और दीवार पर आकाश का एक टुकड़ा तना था। जब वह ख़ाली लोटा-गिलास लिए छत पर आई तो उसने देखा कि आसमान में कुछ मद्धिम तारे थे जो दूरियों में घुल रहे थे। फिर उसकी नज़र आँगन पर छाए नीम पर पड़ी जिसमें अभी कुछ अँधेरा पक्षियों की नींद की तरह बाकी था। छोटी अटारी की छत पर दो सीढ़ियाँ उतरते हुए उसने बाईं ओर अटारी के खुले दरवाज़े की ओर देखा जहाँ चारपाई पर भैया की पेट के बल लेटी आकृति थी। उसका एक मन हुआ कि वह मुड़कर भैया को सीधा कर दे। मगर उसके पैर सीधे सीढ़ियों की ओर बढ़ गए जो नीचे आँगन में जाती थीं।

जैसे ही वह आँगन में पहुँची, ऊपर पेड़ की पहली चिड़िया बोली...चूँ-चूँ। फिर दूसरी...तीसरी...चौथी...फिर चिड़ियों के सवेरे का एक समवेत स्वर पेड़ में गूँजने लगा जैसे सवेरे-सवेरे पेड़ चहचहा रहा हो। चिड़ियाँ पेड़ की लय थीं। सहसा हवा चली जैसे लय उसे ढूँढ़कर लाई हो। हवा ठंडी थी। ऐसा नहीं लगता था जैसे शहर ज़रा बारिश में पानी को तरसा हो। मालती की आँखें कब आँगन के बीच में खड़े हुए बन्द हो गईं, उसे ख़ुद पता नहीं चला। जब उसने आँखें खोलीं तो दालान के दो खम्भों के बीच कक्का खड़े मुस्कुरा रहे थे। जैसे कक्का दो खम्भों के बीच ऊपर तने मेहराब के नीचे खड़े थे, उनका चेहरा सिर और दाढ़ी के चाँदी-से बालों से घिरा था। आँखें मुस्कुरा रही थीं।

'बधाई, कक्का,' मालती ने चहचहाहट में लिपटी आवाज़ में कहा जैसे चिड़ियाँ बोली हों।

'जीती रहो,' कक्का ने आँगन में मालती के पार देखा जैसे चिड़ियों से कह रहे हों।

'आप एक हज़ार साल जिएँगे, कक्का,' मालती मुस्कुराई।

'क्यों?'

'चिड़ियाँ कह रही हैं।' वह हँसी।

''चिड़ियों से कह दो कि मैं एक हज़ार साल जी चुका।''

कक्का हँसे। उन्हें सचमुच लगा था कि वे एक हज़ार साल जी चुके।

'आज आप जल्दी उठ गए, कक्का!' मालती की साँवले उजाले को चीरती हुई आवाज़ आई।

'जल्दी आँख खुल गई।' कक्का बोले, 'असल में...।'

वे चुप हो गए।

'असल में क्या, कक्का?'

'असल में सुबह-सुबह मुझे नन्हे का सपना आया।'

'क्या?'

'मैंने सपना देखा कि...' कक्का आँगन के आकाश में देखने लगे जो आँगन के पेड़ में उलझा था, ''मैं उन्नीस साल का हूँ...और पहली बार काकोरी के फरार चन्द्रशेखर आज़ाद को अपनी आँखों से देख रहा हूँ...और मेरे साथ उन्नीस साल का नन्हे है।''

मालती हँसने लगी।

कक्का खम्भों के बीच अपनी जगह चुप खड़े थे। उन्हें खुद अपने सपने के सिर-पैर समझ में नहीं आए थे। भला उनकी और नन्हे की उम्र एक कैसे हो सकती थी? दूसरा चमत्कार दोनों के सामने चन्द्रशेखर आज़ाद का होना था। वे सामने खड़े-खड़े ऐसे मुस्कुरा रहे थे जैसे यह सपना न हो, बल्कि आठ दशक पहले का एक दिन हो : आज़ाद के साँवले चेहरे पर चेचक के दाग़ थे, आँखों में आग थी, ऊपरी होंठ पर पूरी मूँछ थी। यही फ़र्क था। कक्का उसी के बारे में सोच रहे थे। सपने की मूँछें कैलेंडर की मूँछें थीं जिन्हें ऐंठा जा सकता था, जबकि उस दिन आज़ाद की मूँछें मरोड़ने लायक नहीं थीं। सपने में नन्हे लगातार उन्हीं मूँछों की ओर ताक रहा था।

'हो सकता है,' मालती ने कहा,' ''वह नन्हे का पिछला जनम हो।''

'सपने में?' कक्का मुस्कुराए।

'हाँ।'

'वह आज यहाँ होता तो अच्छा होता।'

'तब सपना नहीं आता।' वह मुस्कुराई।

कक्का की आँखें आँगन में लौट आई थीं।

'सपने में बहुत दिन बाद आज़ाद को देखा,' वे बोले, ''वह भी कैलेंडर की मूँछों में। इन मूँछों में मैंने पहली बार आज़ाद को देखा।''

'उनकी असली मूँछें कैसी थीं?' मालती ने पूछा।

''जब तक मैंने उन्हें देखा, उनकी मूँछें सपाट थीं। जहाँ ऊपरी होंठ खत्म होता था, मूँछें खत्म हो जाती थीं। आगे गाल पर कैलेंडर की तरह लहराती नहीं थीं।''

चिड़ियों की आवाज़ कुछ तेज़ हो गई थी। कुछ और रोशनी आँगन में आ गई थी, जो तीन ओर छतों से घिरा था। शायद मन्दिर के पीछे सूर्य की पहली किरणें उछली थीं।

'क्या कैलेंडर झूठा है, कक्का?'

'नहीं,' कक्का हँसे, 'जब आज़ाद को अल्फ्रेड पार्क में अंग्रेज़ी गोलियाँ लगीं तो आज़ाद वैसे ही थे जैसे कैलेंडर में मूँछ उमेठते दिखाई देते हैं।'

'तस्वीर में उनके चेहरे पर चेचक के दाग़ नहीं हैं।'

'आखिरी क्षण में,' कक्का हँसे, 'वे दाग़ गायब हो गए थे।'

सहसा पहली किरण छत से आँगन में कूदी। मालती ने सिर ऊपर उठाया। पेड़ का शिखर चमक रहा था। जब उसकी आँखें वापस आँगन में लौटीं तो उसे लगा जैसे कक्का अपनी दाईं आँख उल्टी हथेली से बच्चों की तरह पोंछ रहे हैं।

'क्या हुआ, कक्का?'

'कुछ नहीं,' वे एक क्षण रुककर बोले, 'एक बात याद आ गई।'

'क्या?'

'जब हम आज़ाद के साथ झाँसी में क्रान्ति का हैडक्वार्टर चला रहे थे तो हम यह शर्त लगाते थे कि कौन पहले शहीद होगा।'

मालती चुप थी। वह टकटकी लगाए कक्का की आँखों में देख रही थी। कक्का अब अपनी बाईं आँख पोंछ रहे थे।

'तब मैंने कभी नहीं सोचा था,' कक्का का स्वर भीगा था, ''कि मैं सौ साल जिऊँगा।''

कक्का रो रहे थे।

'सौ साल जीना रोने की बात नहीं है, कक्का!' मालती चिड़िया की तरह चहकी।

कक्का आँसुओं में मुस्कुराए।

सन्नाटा छा गया। पेड़ की पत्तियों में छिपी चिड़ियाँ अचानक चुप हो गई थीं। कुछ पता ही नहीं चलता था कि वे पत्तियों के पीछे हैं या नहीं है। वे ज़िन्दा थीं या मर गई थीं? पत्तियों पर धूप फैली थी। धूप चुप थी। जब धूप की कोई किरण मालती की आँखों पर गिरी तो मालती ने कहा—'कक्का, आज आपको मेरी एक बात माननी पड़ेगी।'

'क्या?'

कक्का के चेहरे को देखते हुए मालती को वह पानी याद आया जो धूप में बरसता है। उसने जैसे उसी बरसते पानी से कहा :

'आज आपको मेरे साथ मन्दिर चलना होगा।'

कक्का हँस दिए।

जब वे मन्दिर की सीढ़ियाँ चढ़ रहे थे तो बाज़ार खुलने लगा था। लोग दुकानें लगा रहे थे। फूलों और मिठाई की दुकानें लग गई थीं। मालती ने फूल और कलाकन्द लिए और वह सीढ़ियों को पार करके अन्दर चली गई। कक्का दरवाज़े पर ठिठक गए जहाँ एक हाथ में गदा उठाए हनुमान की गेरुए में लिपटी मूर्ति थी। अन्दर सीता-राम की भव्य मूर्तियाँ थीं जो ज़ेवर पहनती थीं और पोशाकें बदलती थीं।

आज मंगल है। हनुमानजी का दिन है। कक्का को याद था। लड़कपन में हनुमान उनके प्रिय देवता थे। वे मंगलवार और शनिवार को हनुमानजी के मन्दिर में जाते थे जब मसें भीगने पर उन्होंने मास्टर रुद्रनारायणसिंह के अखाड़े में जाना शुरू किया। चन्द्रशेखर आज़ाद का दीदार बाद में हुआ। आज़ाद एक कम्बल और रामायण का गुटका लेकर पास ही सतारा नदी के किनारे एक झोपड़ी में रहने चले गए थे और ढिमरपुरा गाँव में कथावाचक माने जाते थे। आज़ाद के गुटके ने कक्का की हनुमान-भक्ति और तेज़ कर दी थी। आज़ाद उनके नायक थे। जब आज़ाद मरे कक्का की हनुमान-भक्ति भी मर गई। अब केवल उसकी याद थी जो संस्मरण बन गई थी।

मालती अन्दर से तेज़-तेज़ कुछ झुंझलाती, कुछ मुस्कुराती बाहर आई और कक्का के बगल में खड़ी हो गई। उसने अपनी नज़रें उठाईं जहाँ कक्का की नज़रें थीं : हनुमानजी की नज़रें कहीं और थीं। फिर उसने कक्का की बाँह पकड़ी और उन्हें अन्दर ले गई। राम और सीता की आज लाल पोशाक थी जिस पर सोने के आभूषण दमक रहे थे। गर्भ-गृह के चारों ओर लोग परिक्रमा लगा रहे थे। मालती कक्का का हाथ थामे उसी भीड़ में शामिल हो गई। यह एक अँधेरी, गोल सुरंग थी। भीड़ अँधेरे में टटोलते हुए एक-दूसरे के पीछे मूर्तियों के चारों ओर चक्कर लगा रही थी। मालती ने गिनकर सात परिक्रमाएँ कीं। फिर कक्का की ओर देखकर पूछा :

'थके तो नहीं, कक्का?'

'नहीं।'

वे मुस्कुराए। जब वे अँधेरे में गोल-गोल घूम रहे थे तो पता नहीं क्या-क्या सोच रहे थे। उन्हें आज़ाद और भगतसिंह की धर्म पर बहस याद आई और

भगतसिंह का लेख याद आया : मैं नास्तिक क्यों हूँ। किन्तु उन्हें मालती के पीछे चलना अच्छा लग रहा था जैसे उसके साथ मन्दिर आना अच्छा लगा था। जब वे मन्दिर से बाहर आए तो बाज़ार सज गया था। मन्दिर बाज़ार के बीच में था। आस-पास दुकानें थीं। मन्दिर का खुला दरवाज़ा किसी भव्य दुकान का दरवाज़ा लगता था।

देवेन्द्र सहाय ने चबूतरे पर टहलते हुए मन्दिर से लौटते कक्का और मालती को देखा और मुस्कुराने लगे। मुस्कुराने की दो वजहें थीं : एक, कक्का मन्दिर गए थे; दो, मालती सठियाई बुढ़िया नहीं लग रही थी। कक्का नया खादी का कुर्ता-पायजामा पहने थे, जो देवेन्द्र ने कल ही उन्हें खादी-भंडार से लाकर दिया था; उनकी श्वेत-धवल दाढ़ी भी कुछ धुली-सी नई-नई लग रही थी—सौ की उम्र पर! मालती के खिचड़ी बाल आधे खुले थे, सिर पर हरी धोती का पल्लू था। वह लम्बी नहीं थी। थोड़े सफ़ेद बाल उसके साँवले चेहरे पर फबते थे। उसकी आँखें कुछ ज़्यादा बड़ी थीं जैसे आगे-पीछे सब देख लेती हों। वह अभी उस प्रार्थना के बारे में सोच रही थी जो मन्दिर में सीता-राम के सामने आँखें मूँदे उसके मन में गूँजी थी। वह कक्का की सौवीं वर्षगाँठ पर उन्हें साथ लेकर सवेरे-सवेरे मन्दिर में गई थी और अनजाने ईश्वर से माँग रही थी कि नन्हें को फिर उसी तरह नींद आ जाए जैसे वह बचपन में सोता था!

जब वे घर के अन्दर घुसे, तो देवेन्द्र सहाय भी उनके पीछे-पीछे पौर में आ गए। कक्का चबूतरे पर बिछी जाजम पर बैठ गए। फिर वे पीछे सरके और दीवार से टिक गए। देवेन्द्र उनके सामने बैठ गए थे। मालती हाथ में पूजा की थाली लिए अन्दर चली गई थी।

'मिल आए, कक्का?' देवेन्द्र बोले।

'किससे?' वे चौंके।

'ईश्वर से।' देवेन्द्र मुस्कुराए।

'मैं द्वार पर ही अटक गया था, जहाँ द्वारपाल खड़े थे।'

'कौन?'

'अरे हनुमानजी,' कक्का हँसे, 'और कौन!'

'वे तो आपका प्रथम प्रेम थे, कक्का।'

'हाँ।'

'उनके साथ क्या याद आता है?'

'ऐसा लगता है, देवेन्द्र,' कक्का एकाएक उदास हो गए, 'जैसे मैं बस उन्हीं आठ-दस बरसों में सचमुच जिया।'

वे चुपचाप ऊपर देख रहे थे जहाँ छत के पटिए और शहतीरें लगातार काले हो रहे थे।

'और देखो,' वे अचानक हँसे, 'उन दिनों हमारे जीने का उद्देश्य मरना था।'

भैया पाजामा, बनियान और चश्मा पहने चबूतरे के एक कोने में आकर बैठ गया था। वह धीरे-से बोला :

'आज विश्वास नहीं होता।'

'क्या?' देवेन्द्र सहाय ने बेटे की ओर देखा।

'कि ऐसा भी कोई समय था जब एक किशोर का पहला प्यार बजरंगबली थे,' भैया ने कक्का की ओर देखा, 'और उसके जीने का मक़सद एक शानदार मौत थी!'

'हाँ, बेटा, ऐसा समय था,' कक्का ने उसकी आँखों में देखा, 'मैं उसी समय का खँडहर हूँ।'

तभी देहरी पर कोई साइकिल रुकी और ताज़ा अख़बार ख़ाली दरवाज़े से होता हुआ पौर के फ़र्श पर गिरा। भैया ने उठकर अख़बार उठाया और बैठते हुए उसे खोला। उसकी नज़र ऊपर से उतरकर नीचे की ओर फिसली और नीचे दाईं ओर रुक गई जहाँ क्रान्ति कक्का की तस्वीर छपी थी। भैया मुस्कुराने लगा। देवेन्द्र सहाय उसके चेहरे की ओर ताक रहे थे।

'क्या ख़बर है?' देवेन्द्र ने पूछा।

'क्रान्ति कक्का की तस्वीर छपी है।'

'तस्वीर के नीचे क्या है?'

'सुनिए, शीर्षक है : क्रान्ति कक्का का शतक।'

भैया ने रुककर क्रान्ति कक्का का चेहरा देखा, जो निस्पृह था।

देवेन्द्र सहाय बोले : 'आगे पढ़ो।'

भैया ने नज़रें झुकाईं और पढ़ना शुरू किया :

'आज क्रान्तिकारी रमाशंकर का सौवाँ जन्म-दिन है। ये घर और शहर में क्रान्ति कक्का के नाम से जाने जाते हैं। ज्ञातव्य है कि रमाशंकरजी पिछली सदी के तीसरे दशक में मास्टर रुद्रनारायणसिंह के अखाड़े में शामिल हुए थे, जो शहर में क्रान्तिकारियों का गुप्त केन्द्र बन रहा था। प्रसिद्ध काकोरी कांड के फरार चन्द्रशेखर आज़ाद से यहीं युवा रमाशंकर मिले। फिर वे इसी कर्मठ और जाँबाज़ दल के सदस्य हो गए, जो बाद में हिन्दुस्तान समाजवादी प्रजातंत्र संघ कहलाया। नई पीढ़ियों को यह जानकर आश्चर्य होगा कि रानी लक्ष्मीबाई का यह शहर उन दिनों क्रान्तिकारियों का हैडक्वार्टर था, जिसके लड़के सिर पर कफ़न बाँधकर

जीते थे। ऐसे ही एक अभियान में रमाशंकरजी सन् 1929 में पकड़े गए थे। झाँसी स्टेशन पर उन्होंने दो भूतपूर्व क्रान्तिकारियों को मारने का प्रयास किया–जो अब सरकारी एप्रूवर हो गए थे। उन्हें आजीवन कारावास की सज़ा मिली थी।

"आज चार बजे अपराह्न संग्रहालय के सभागार में क्रान्तिकारी रमाशंकर के अभिनन्दन के लिए सभा होगी।"

जब ख़बर ख़त्म हो गई तो भैया ने नज़रें ऊपर उठाईं। देवेन्द्र सहाय चश्मा उतारकर अपनी आँखों पर हाथ फेर रहे थे। क्रान्ति कक्का मुस्कुरा रहे थे।

'क्यों मुस्कुरा रहे हैं, कक्का?' देवेन्द्र सहाय ने चश्मा लगाकर पूछा।

'देखा तुमने?'

'क्या?'

'अख़बार में मेरी ख़बर आजीवन कारावास पर ख़त्म हो गई।'

वे हँसने लगे।

उन्हें याद आया कि आजीवन कारावास की सज़ा काटते हुए वे इतने प्रसन्न रहते थे कि माहौर मज़ाक करते कि लगता है कि तुम जेल में पिकनिक मनाने आए हो। असल में यह जीवन के अर्थ की पिकनिक थी! यह रमाशंकर ने आहिस्ता-आहिस्ता बाद के वर्षों में जाना जब वे उदास हो गए। यह उदासी जीवन के स्थायी की तरह रही–यद्यपि वे खुलकर हँसते थे। मगर जितना हँसते उतनी ही अन्दर की छाया गहराती। शायद इसीलिए उन्होंने भैया से कहा था कि वे पुराने वक्त के खँडहर हैं।

संग्रहालय के सभागार में उन्होंने अपना भाषण खँडहर से ही शुरू किया। वे बोले :

'संग्रहालय के परिसर में घुसने से पहले आप सब लोगों ने कम-से-कम एक बार पीछे किले की ओर ज़रूर देखा होगा जहाँ वह धूप में पहाड़ी पर खड़ा है। धूप में पत्थरों पर जमी काई चमकती है। ऐसी ही काई किले के अन्दर दीवारों पर जमी है, जो इधर-उधर टूट रही हैं। किले के अन्दर घूमते हुए कभी-कभी लगता है जैसे किले का दिल खँडहर हो गया हो। मेरा दिल भी कभी-कभी खँडहर की तरह गूँजता है जब कोई मुझे पुकारता है : क्रान्ति कक्का!'

सभागार में बैठे कुछ लोग मुस्कुराए। सभागार पूरा भरा था। बल्कि कुछ लोग कुर्सियों के पीछे भी खड़े थे। पीछे खड़े लोग अधिकतर युवा थे। वे शतकीय पारी खेल चुके एक बूढ़े को सीधे खड़े हुए दृढ़ आवाज़ में बोलता देख रहे थे। यह चमत्कार था! वे यही चमत्कार देखने आए थे। क्रान्ति कक्का क्या बोल रहे थे,

इससे उन्हें कोई ख़ास सरोकार नहीं था। ज़्यादातर युवक किले और क्रान्ति कक्का के दिल के खँडहर पर मुस्कुराए। खँडहर तक तो बात ठीक थी, मगर किले और कक्का के दिल एक कैसे हो सकते थे?

'पिछले दशक में जब किले में टी.वी. टावर लगी,' क्रान्ति कक्का कह रहे थे, 'तो मुझे लगा कि चक्र पूरा हो गया है। जिन गोरों को देश से भगाने के लिए रानी ने जान दी थी, वे फिर हवा के घोड़ों पर सवार किले की छाती पर चढ़ आए। वे हमें बताते हैं कि हम क्या खाएँ, कैसे खाएँ; क्या पहनें, कैसे पहनें; क्या बोलें, कैसे बोलें; कैसे नाचें, कैसे गाएँ और कैसे प्यार करें!'

पीछे खड़ा कोई युवक हँसा। उसकी संक्षिप्त हँसी एक पल गूँजी, फिर खो गई। पता नहीं क्रान्ति कक्का ने सुना या नहीं। वे इधर कुछ ऊँचा सुनने लगे थे। वे लगातार बोल रहे थे जैसे अपने से ही कुछ कह रहे हों। कुर्सियों पर बैठे लोग सन्न थे। उन्होंने हॉल में एक पल गूँजी हँसी सुनी थी। वे कक्का की बात चुपचाप सुन रहे थे।

'किले से शहर के घर-घर में यह सन्देश जा रहा है कि हम ख़ूब तरक्की कर रहे हैं। हमारी तरक्की के किस्से दुनिया-भर में फैल रहे हैं। यह बात दीगर है कि शहर के घरों में फिर लालटेन आ गई है जैसे हम पचास-साठ बरस पीछे लालटेन के ज़माने में पहुँच गए हों।'

तभी अचानक बिजली चली गई। जब अभिनन्दन शुरू हुआ तो हॉल के पंखे चल रहे थे। संचालक ने अपने स्वागत-वक्तव्य में कहा था कि देखिए, हमारी गौरव-नगरी में बिजली भी क्रान्ति कक्का का अभिनन्दन करने चली आई है। इन दिनों शहर में बिजली का यही हाल था। उसका आना एक ख़बर हो गई थी। बिजली अभिनन्दन अधूरा छोड़कर लौट गई थी। जब कोई सभागार में यह फुसफसाया, तो कोई और बोला, 'कहाँ?' 'राजधानी,' पहले ने कहा। आस-पास जिसने सुना, मुस्कुराया। यद्यपि सबके कान क्रान्ति कक्का की आवाज़ पर लगे थे। वे सूने माइक पर ऐसे बोल रहे थे जैसे पहले बोल रहे थे और सभागार के श्रोताओं के कानों तक उनकी आवाज़ पहुँच रही थी। पीछे खड़े युवाओं को यह भी चमत्कार ही लगा।

छत से लटके पंखे कुछ मातमी चक्कर मारकर चुप हो गए थे।

क्रान्ति कक्का का स्वर पूर्ववत् हॉल में गूँज रहा था :

'आज सुबह मैं घर के आगे चबूतरे पर टहल रहा था। एक लड़का एक अनोखी निक्कर पहने सड़क पर गुज़रा। निक्कर का एक पाँयचा झक्क सफ़ेद था, दूसरे पाँयचे पर अंग्रेज़ी में कुछ गिचपिच लिखा था। मैंने उस लड़के को पास

बुलाकर पूछा कि क्या तुम्हें पता है कि तुम्हारी निक्कर पर क्या लिखा है? उसने दाँत निकाल दिए। बोला, मुझे अंग्रेज़ी नहीं आती। मैंने उससे फिर पूछा, बेटा, जब तुम्हें यह नहीं मालूम कि तुमने क्या पहना है, तो पहना क्यों है? उसने गिनकर दो शब्द बोले...फ़ैशन है...और आगे बढ़ गया। मैं उसे सड़क पर जाता देखता रहा। कुछ देर बाद विपरीत दिशा से एक लड़की आई जो जीन्स पहने थी। जब दूसरी बार सड़क पर जाती लड़की पर मेरी नज़र पड़ी तो मैंने देखा कि उसकी कमीज़ पर पीछे लिखा था : लव मी।'

कक्का ने रुककर सामने रखी मेज़ से पानी का गिलास उठाया, एक घूँट पानी पिया, फिर बोलने लगे :

'जब सड़क सूनी हो गई तो मैंने सोचा कि पचास बरस पहले कोई लड़का-लड़की ऐसे कपड़े पहने सड़क पर निकलते तो कुत्ते भौंकने लगते।'

'अभी भी यही हो रहा है,' पीछे से आवाज़ आई, 'सिर्फ़ कुत्तों की नस्ल अलग है।'

सभागार में सन्नाटा छा गया। कक्का चुप हो गए।

संचालक खड़ा होकर चीख़ा : 'जो बोला, वह आगे आए।'

कोई आगे नहीं आया। यह शक ज़रूर हुआ कि थोड़ी-सी हँसी आगे आई।

उसी क्षण बिजली आ गई। पंखे झूमने लगे। लोगों को पता चला कि वे कितनी गर्मी झेल रहे थे। जिस्मों से झरता पसीना सूखने लगा।

संचालक ने कहा–'हमारा सौभाग्य है कि क्रान्तिकारी झाँसी का इतिहास हमारे सामने खड़ा है। हमें उसकी आवाज़ ध्यान से सुनना चाहिए।'

चुप खड़े कक्का मुस्कुराए–'इतिहास नहीं। इतिहास का खँडहर।'

हॉल में चुप्पी छा गई।

चुप्पी को कक्का ने ही तोड़ा। वे बोलते हुए छत की ओर देख रहे थे जैसे वे कहीं और चले गए हों :

'मैं तब पीछे खड़े नौजवानों की तरह था जब आठ दशक पूर्व मैंने पहले-पहल चन्द्रशेखर आज़ाद को देखा। यह मुझे तब पता नहीं था कि जब मैं बाद में हिमालय या अरब सागर को देखूँगा, तो मुझे आज़ाद को देखना याद आएगा। वे मुस्कुराए थे और उन्होंने मुझे ऊपर से नीचे तक देखा था। मैं भी टकटकी लगाए उन्हें देख रहा था। मुझे विश्वास नहीं हो रहा था कि मैं उसी आज़ाद के सामने खड़ा हूँ, जिसे समूची ब्रिटिश सरकार दूरबीन लेकर खोज रही है। वह एक नीम-अँधेरी कोठरी थी जिसके ऊपर खपरैल छाए थे और खपरैलों से कुछ शाम

की रोशनी आ रही थी। उस शाम मुझे लगा था कि यह मेरी ज़िन्दगी की सुबह का झुटपुटा है। मैंने जीने का भरपूर उद्देश्य पा लिया था।

'मैं आज़ाद बनना चाहता था। जैसे मन्दिर में घंटे बजते हैं, मेरे शरीर में रोशनी गूँज रही थी। उसी रोशनी के आईने में मैंने देखा कि मेरी क़द-काठी आज़ाद की तरह है। सिर्फ़ मूँछें नहीं थीं। जब जल्दी ही मूँछें आईं तो मैंने उन्हें आज़ाद की मूँछों की तरह काटा। मैं उन्हीं की तरह बाल निकालने और कपड़े पहनने की कोशिश करने लगा। उन दिनों आज़ाद भेष बदलते रहते थे ताकि पहचान में न आएँ। अनजाने आहिस्ता-आहिस्ता मैं भी भेष बदलने लगा ताकि कोई मुझे न पहचाने। एक सुबह मैं आईना देखकर सन्न रह गया। मुझे लगा मैं आज़ाद को आईना दिखा रहा हूँ।

'तभी एक दोपहर मुझे हार्डीगंज में दो पुलिसवालों ने पकड़ लिया और मुझे कोतवाली ले गए। तब कोतवाली रानीमहल में थी—जहाँ ठीक ही अब अजायबघर बना दिया गया है। जो बेंत उस दिन कोतवाली में मैंने खाए, उनमें सुकून भरा था। मैंने जान-बूझकर अपना नाम चन्द्रशेखर आज़ाद कुछ बेंत खाने के बाद बताया ताकि कोतवाल को शक न हो। मैं चाहता था कि मैं आज़ाद की एवजी करूँ और वे अपना काम निर्द्वन्द्व करते रहें। मगर अगले दिन एक सिपाही ने मुझे पहचान लिया और कोतवाल ने दो झापड़ मारकर मुझे कोतवाली से बाहर निकाल दिया।

'मैं उस दिन फूट-फूटकर रोया था।

'तब बाबू वृन्दावनलाल वर्मा का उपन्यास 'झाँसी की रानी' नहीं लिखा गया था। जब बाद में मैंने उसे पढ़ा तो मैंने जाना कि आज़ाद की एवजी करके मैं झलकारी बनना चाहता था। मैंने बाबू को यह बताया तो वे हँसने लगे। झलकारी सफल हो गई। मैं कोतवाली से बेआबरू होकर निकला।'

हॉल के एक कोने में तालियों की गड़गड़ाहट गूँजी। कक्का ने पहले उस कोने की ओर देखा, फिर समूचे हॉल में नज़रें घुमाते हुए कहा—

'आप सब लोग तालियाँ बजाइए।'

हॉल तालियों से गूँज उठा।

क्रान्ति कक्का ख़ुद तालियाँ बजाने लगे। जब तालियों की गूँज ख़त्म हो गई, तो कक्का सामने मेज़ पर रखी फूल-मालाओं की ढेरी की ओर दाहिने हाथ से संकेत करते हुए बोले :

'सच यह है कि इन मालाओं की असली हक़दार झलकारीबाई हैं।'

'जो कपोल-कल्पना हैं।' कोई बोला।

'नहीं, नहीं।' दूसरी ओर से गुँथी हुई, समवेत आवाज़ें आईं।

''इससे कोई फ़र्क नहीं पड़ता।' कक्का ने कहा, 'असली बात यह है कि वे लोगों के मन में ज़िन्दा हैं।'

सभागार की खिड़की में बाहर बरसते पानी की लड़ियों की गतिशील तस्वीर थी। क्रान्ति कक्का की नज़रें उसी पर टिक गई थीं। वे नज़रें सीधी करके मुस्कुराए और बोले :

'पानी बरस रहा है। इस बार हम तरस गए। पानी शहर पर बरस रहा है। किले पर भी। पानी भेद नहीं करता। खँडहर पर भी बरसता है। चाहे खँडहर नुमाइश की चीज़ ही क्यों न हो। मुझे ही देखिए!'

वे हँसे, फिर बोले :

'खँडहर नुमाइश के लिए होते हैं। कभी-कभी समय उनका उल्टा इस्तेमाल करता है...जैसे किले में टी.वी. टावर विराज गई है। यह कुछ उसी तरह है जैसे कोई मेरे खादी के कुर्ते पर पीछे लिख दे : लव मी!'

सभागार में हँसी का फ़व्वारा छूटा। उसी फ़व्वारे की बौछार में क्रान्ति कक्का अपनी कुर्सी पर बैठ गए। हँसी पर तालियों की गड़गड़ाहट छा गई।

उस हँसी और गड़गड़ाहट को याद करते हुए जब रात को कक्का अपने बिस्तर पर पौर में लेटे तो उन्हें देर तक नींद नहीं आई। बारिश दिन में आधा घंटे ही हुई थी। ऐसा लगता था जैसे कुछ बादल भूले से शहर में आए और भटककर चले गए। संग्रहालय से घर लौटते हुए रास्ते में ही पानी बन्द हो गया था। बारिश के बाद धूप और तेज़ लग रही थी। हवा बन्द थी। उमस थी। शहर में घुसते ही उमस कुछ और बढ़ गई। घर में बैठना मुश्किल हो गया था जब तक हाथ में पंखा नहीं लिया। मगर अभी खिड़की से ठंडी हवा आ रही थी। खिड़की में हवा के अलावा आकाश का एक टुकड़ा भी था जिसमें तारे जड़े थे। कक्का ने देह से कपड़े उतार दिए थे और नंगे टकटकी बाँधे सितारों की ओर देख रहे थे। आसमान किसी चोट की तरह नीला था। आसमान किसी दूसरे आसमान की एवजी तो नहीं कर रहा? कक्का ने सोचा। पता नहीं ब्रह्मांड में कितने आसमान हैं?

अगली सुबह अभिनन्दन समारोह की रपट अख़बार के तीसरे पृष्ठ पर छपी जिस पर मनोरंजन छाया रहता था। इस बार तस्वीर कुछ छोटी थी और ख़बर की शुरुआत श्वेत-धवल कुर्ते-पायजामे और दाढ़ी में लिपटे एक शतकीय ऋषि से होती थी, जो किसी दूसरे ग्रह से अवतरित हुआ लगता था। उसकी बातें ही कुछ ऐसी थीं! उसने किले के खँडहर होने की बात की, फिर अपने दिल से उसे

जोड़ दिया। उसने चन्द्रशेखर आज़ाद के साथ अपनी अधूरी कहानी सुनाई और अपने को उनका 'डबल' बताया। एक असफल डबल! ख़बर का शीर्षक भी यही था। शायद इसीलिए उसे पेज 3 पर छापा गया था।

एकाएक अख़बार में आँखें गड़ाए भैया हँसे। पौर के चबूतरे पर सामने बैठे कक्का और देवेन्द्र ने उसकी ओर देखा।

'क्या हुआ?' देवेन्द्र ने पूछा।

'बड़ी ख़बर है,' भैया चहके।

'क्या?'

'झाँसी में 2015 तक मॉल बनेगा।'

'मॉल क्या?' कक्का ने पूछा।

'मॉल एक बहुमंजिला बाज़ार होता है, कक्का,' भैया ने कहा, 'जिसमें उपभोक्ता होता है, आदमी नहीं होता। यहाँ ख़रीदार सीढ़ियाँ नहीं चढ़ता। सीढ़ियाँ ख़ुद चढ़ती-उतरती हैं। बाज़ार में ख़रीदार गुड्डे-सा एक दुकान से दूसरी दुकान में फुदकता हुआ नज़र आता है जैसे उसकी चाबी किन्हीं और हाथों में हो।'

देवेन्द्र मुस्कुरा रहे थे। कक्का बिना पलक झपकाए भैया की ओर देख रहे थे।

'जैसे मौत का कुआँ ऊपर से खुला होता है,' भैया ऊपर काली होती शहतीरों को देख रहे थे, 'उसी तरह मॉल भी खुलता है। फ़र्श के बीच में खड़े हुए चार-पाँच मंज़िलें चारों ओर घूमती नज़र आती हैं। रंग-बिरंगी जगमग दुकानों में आदमी खो जाते हैं। जब वे बाहर आते हैं तो सिर्फ़ थैले नज़र आते हैं। मॉल में आदमी घुसते हैं, थैले बाहर निकलते हैं।'

'यह तो कुछ नए किस्म का किला-सा लगता है,' कक्का ने कुछ सोचते हुए कहा।

'इस किले की दीवारें रोशनियों की बनी होती हैं,' भैया बोले।

सन्नाटा छा गया।

भैया ने किले के नीचे मैदान में सहसा खुली आँखों से एक सपना देखा जिसमें एक मॉल की विदेशी वस्तुएँ जगमगा रही थीं। उसे मालूम नहीं था कि इसी मैदान में गाँधीजी ने साढ़े आठ दशक पहले अंग्रेज़ी कपड़े जलाने का आह्वान किया था। क्रान्ति कक्का के ज़ेहन में इस पल वही दृश्य उभर रहा था--जिसे उन्होंने एक लड़के की आँखों से देखा था। उनकी आँखों में विदेशी कपड़े जल रहे थे!

मालती एक ट्रे में चाय के तीन कप और एक तश्तरी में मठरियाँ लिए हुए पौर में दाखिल हुई। उसने चाय और मठरियाँ चबूतरे पर रखकर कहा, 'कक्का, मठरियाँ मैंने अभी बनाई हैं। आपको और भैया को अच्छी लगती हैं।'

कक्का बच्चे की तरह मठरियों पर झपटे और एक टुकड़ा मुँह में डालकर बोले, 'वाह, क्या बात है!'

'बहुत अच्छी बनी हैं, अम्मा,' भैया ने मुँह चलाते हुए कहा।

'कक्का,' चबूतरे के सामने खड़ी मालती बोली, 'देखिए, भैया मानता नहीं। आज ही जा रहा है।'

'एक-दो दिन और रुक जाओ,' कक्का ने कहा, 'ऐसी भी क्या जल्दी है?'

'छुट्टी नहीं है।'

'अगली बार आओ,' मालती ने कहा, 'तो पवन को लाना। उसे देखे बहुत दिन हो गए।'

'उसका शायद इंजीनियरिंग का आखिरी साल होगा?' देवेन्द्र ने भैया की ओर देखा।

'जी।'

'कैसा संयोग है, कक्का?' देवेन्द्र ने नज़रें मोड़ीं।

'क्या?'

'आपकी जन्म-शती और पवन की पढ़ाई का अन्तिम वर्ष एक साथ पड़े हैं।'

कक्का चुप रहे। कोई कुछ नहीं बोला। मालती अन्दर लौट गई।

सहसा चबूतरे के पिछले कोने पर पौर की छत से कुछ टपका। भैया ने देखा कि ऊपर घोंसले से चिड़िया का छोटा-सा बच्चा नीचे गिरा है। ऊपर छत के कोने से घोंसले के तिनके झाँक रहे थे। चबूतरे पर बच्चा तड़प रहा था। ऐसा लगता था जैसे वह जीवन-द्वार पर छटपटा रहा हो। भैया ने बच्चे को उठाकर घोंसले में रख दिया। क्या पता, बच्चा अभी अंडा फोड़कर बाहर आया हो? कक्का यह दृश्य निहारते हुए पहले तकिए से टिके, फिर अधलेटे हो गए।

जब भैया फिर जाजम पर बैठा तो कक्का ने कहा :

'नन्हे को देखे ज़माना हो गया।'

'वह अपने काम में कुछ ज़्यादा ही व्यस्त रहता है,' भैया बोले।

'क्या काम?' कक्का ने आँखें भैया के चेहरे पर टिका दीं।

'वही पानी का कारखाना।'

'पानी का कारखाना!' कक्का का जिस्म गोल तकिए से अलग हो गया और वे सीधे बैठ गए।

'हाँ, कक्का।'

'पानी का कारखाना तो ऊपरवाला चलाता है,' कक्का ने भैया को घूरते हुए कहा, 'धरती की देह पर नदियाँ बिछी हैं।'

'वह पानी पैसेवालों को रास नहीं आता,' देवेन्द्र सहाय ने मुस्कुराते हुए कहा।

'इसीलिए उसे कारखाने में ढालकर और बोतलों में भरकर बाज़ार में बेचते हैं,' भैया ने जोड़ा।

कक्का ने ऊपर पंखे की ओर देखा जो चल रहा था। फिर बोले :

'गर्मी लग रही है, पंखा तेज़ कर दो।'

भैया ने उठकर पंखा तेज़ कर दिया और बैठते हुए कहा, 'नन्हे के बोतल-पानी का नाम जानते हैं, कक्का?'

'क्या ?'

'रानी का पानी।'

कक्का भौंचक्के भैया के चेहरे को देख रहे थे।

'कौन-सी रानी?' कक्का के मुँह से निकला।

'रानी लक्ष्मीबाई,' भैया ने कहा, 'लेबिल पर हाथ में तलवार लिए घोड़े पर बैठी रानी की तस्वीर है जिसमें घोड़े की एक टाँग हवा में लहरा रही है।'

क्रान्ति कक्का एकाएक चबूतरे पर खड़े हो गए।

भैया आँखें उठाए उन्हें देखता रहा।

जब कक्का फिर बैठे तो भैया ने उन्हें नहीं बताया कि लेबिल में घोड़े पर चढ़ी रानी का चेहरा अभिनेत्री रानी मुखर्जी का चेहरा है। तभी देवेन्द्र सहाय एकाएक घड़ी देखते हुए उठे और पौर में टिकी साइकिल उठाकर बाहर चले गए।

2

लक्ष्मण वर्मा ने रामकुमार को भी नहीं बताया था कि पानी की बोतल पर जो लेबिल लगा है उसमें घोड़े पर चढ़ी रानी लक्ष्मीबाई का चेहरा रानी मुखर्जी का चेहरा है। एक बार जब उसने बोतल से पानी पिया और बोतल को ग़ौर से देखा तो भेद खुला। उसने इस बाबत जब नन्हे से पूछा तो वह हँसने लगा। उसने हँसते हुए कहा–

'भैया, ये बिज़नेस की बातें हैं।'

'बिज़नेस की बातें...क्या?'

वे उस वक्त नन्हे के डी.एल.एफ. फ़्लैट में बैठे थे। बाहर वर्षा की फुहारें पड़ रही थीं। अन्दर ए.सी. चल रहा था। अन्दर कोई उमस नहीं थी।

'देखिए भैया,' वह कह रहा था, 'सरकारी ख़रीद में बोतल के लेबिल पर घोड़े पर चढ़ी रानी काम आती है और बाज़ार में रानी मुखर्जी का चेहरा चलता है।'

'रानी मुखर्जी का चेहरा तो आजकल जूतों में भी बहुत चल रहा है,' भैया ने छत की ओर देखते हुए कहा–जहाँ पंखा चुपचाप मुँह लटकाए था।

'बाज़ार कोई फ़र्क नहीं करता, भैया,' लक्ष्मण बोला, 'बाज़ार में सब बिकता है। कोई बेचनेवाला चेहरा चाहिए।'

एकाएक बादल गरजे जैसे कोई चट्टानें आपस में टकराई हों। शायद कहीं बिजली गिरी। राम का चेहरा आशंकित हो गया। यद्यपि काँच के दरवाज़े के बाहर दृश्य सामान्य था। आकाश से पानी झिर-झिर बरस रहा था।

'फिर रानी कोई भी हो, क्या फ़र्क पड़ता है?' लक्ष्मण ने फिर कहा।

'क्यों?'

'अरे, रानी मुखर्जी भी झाँसी की है। उसके पिता पापा के दोस्त थे। सैंयर गेट के अन्दर उनका घर था।'

'तो?'

'बस, झाँसी का झंडा ऊपर रहना चाहिए।' लक्ष्मण ने कहा, 'आप यही चाहते हैं न?'

'क्या तुम नहीं चाहते?'

वह भैया की ओर देखकर हँसा।

रामकुमार अचानक चुप हो गए जैसे आसमान में कोई बादल न हो और पानी बरस रहा हो। इसी तरह वे चुप हो गए थे जब नन्हे ने अपने नाम से कुमार हटाकर वर्मा लगाया था और उसका कारण बताया था। वर्मा कभी देवेन्द्र सहाय ने नहीं लगाया था और उन्होंने बेटों के नाम के आगे कुमार लगाया था। शायद यह उनका अपनी जाति को असंगत मानने का एक विनम्र प्रयास था। फिर नन्हे को इस उम्र में वर्मा को पुनर्जीवित करने की क्या ज़रूरत आन पड़ी? नन्हे ने बताया कि नौकरी की बात अलग थी। व्यवसाय में वर्मा के फ़ायदे थे। वर्मा का कायस्थ होना ज़रूरी नहीं था। वर्मा कोरी या कुर्मी भी हो सकता था। दलितों का ज़माना आ रहा था।

यह उन्हीं दिनों की बात है जब लक्ष्मण ने अपनी न्यू इंडिया एंश्यारेंस कम्पनी की नौकरी छोड़ी और पानी का कारखाना खड़ा किया। जब उसने न्यू इंडिया एंश्योरेंस कम्पनी ज्वाइन की थी, उसी बरस हर्षद मेहता ने कम्पनी छोड़ी थी। उनकी पहली मुलाकात दिल्ली के ऑफ़िस में ही हुई थी जब हर्षद मेहता बम्बई से काम पर आया था। परिचय के बाद हाथ मिलाते हुए उसने मुस्कुराकर कहा था–'स्मार्ट यंगमैन।' बाद में लोगों ने बताया कि चूँकि वह स्वयं साँवला था, उसे गोरा रंग पसन्द था। लक्ष्मण लम्बा भी था और उसके नाक-नक़्श प्रसन्न थे। यह संयोग ही था कि उस समय वह मूँछें रखता था जो हर्षद मेहता की मूँछों से मिलती-जुलती थीं। रात को उसने तीन लोगों को होटल में बुलाया था जिनमें लक्ष्मण शामिल था। हालाँकि हर्षद लक्ष्मण से बड़ा था, लेकिन उनकी अच्छी दोस्ती हो गई थी। उसी दौरान लक्ष्मण भी काम से बम्बई कई बार गया था। एक शाम ह्विस्की के दो पैगों के बाद हर्षद ने कहा–'मुझे तुममें वही बात दिखाई देती है जो मुझमें है।' लक्ष्मण उस वक्त कुछ नहीं समझा, लेकिन उसे यह याद रहा। अलबत्ता, हर्षद ने एक बार उसके पंजों पर ज़्यादा ज़ोर देकर चलने को देखकर हँसते हुए कहा था–'आगे जाने की बहुत बेचैनी है!' जब हर्षद आख़िरी बार ऑफ़िस में मिला तो उसने कहा कि जब बम्बई आओ तो फ़ोन करना। फिर कुछ बरस लक्ष्मण बम्बई नहीं गया। यह दिसम्बर 1990 की बात है जब उसने बम्बई में हर्षद मेहता को फ़ोन किया। हर्षद मेहता अब बड़ा आदमी हो गया था। अख़बारों में उसके चर्चे थे। उसे स्टॉक मार्केट का बादशाह कहा जाता था

और उसकी सफलता 'झोपड़-पट्टी से महल' की दास्तान हो गई थी। उसके महल का नाम 'माधुली' था जो वर्ली में सागर-तट पर था। घिरते अँधेरे में लक्ष्मण माधुली के हॉल में बैठा था। उसके सामने हर्षद मेहता मुस्कुराता हुआ बैठा था, जिसके पीछे काँच की दीवार के पार अन्तहीन समुद्र था जहाँ सूरज कुछ देर पहले डूबा था। ऐसा लगता था जैसे हॉल समुद्र पर जहाज की तरह तैर रहा है।

हर्षद मेहता बदला नहीं था। वही मोटे होंठ, होंठ पर मूँछें। वैसा ही साँवला रंग। वह कुछ और मोटा ज़रूर हो गया था। उसकी कलाई पर और गले में सोने की चेन थी। उसका सूट और टाई ऐसे थे जैसे अभिनेता पहनते हैं। वह लक्ष्मण को माधुली में बिलियर्ड्स रूम, छोटा सिनेमा-हॉल, और छोटा-सा गोल्फ़-कोर्स दिखा चुका था। उसने यह भी कहा था कि ये नियामतें अमिताभ बच्चन के बँगले में नहीं हैं। हॉल के मद्धिम फ़ानूसों तले लक्ष्मण की आँखें चकाचौंध थीं। सागर की उछलती लहरों की ओर देखते हुए उसे लगा था जैसे हर्षद मेहता का माधुली काँच का अजायबघर है। उसे बरसों पहले हर्षद की उससे कही बात याद आई--'मुझे तुममें कुछ वही बात दिखाई देती है जो मुझमें है!' तो क्या लक्ष्मण भी कभी ऐसे अजायबघर का मालिक हो सकता था? तीसरे पैग के बीच में हर्षद ने पूछा :

'कैसा चल रहा है?'

'जैसा पहले चल रहा था,' लक्ष्मण बोला। उसने सोचा कि क्या हर्षद को उसे बरसों पहले बोला वाक्य याद होगा?

'कुछ बदलना चाहिए,' हर्षद ने हँसते हुए कहा और उसकी ओर देखा।

'कैसे?'

'तुम कितनी पूँजी एक हफ़्ते में जुटा सकते हो?' हर्षद मुस्कुरा रहा था।

'एक लाख,' लक्ष्मण ने कुछ सोचकर कहा।

'मैं तुम्हें करोड़पति बना दूँगा।' वह हँसा जैसे ईश्वर हँसता है।

इसके बाद का क़िस्सा मुख़्तसर है। लक्ष्मण और हर्षद मेहता के बीच दिल्ली-बम्बई कुछ फ़ोन हैं। करोलबाग के किसी कपूर से लक्ष्मण का बार-बार मिलना है। कपूर का कुछ काग़जों पर लक्ष्मण से दस्तख़त कराते रहना है और लक्ष्मण की पूँजी का दुगुनी-चौगुनी बढ़ते जाना है। यह संयोग ही था कि 1992 के मध्य में जब हर्षद मेहता पर संकट के बादल छाए, तब तक लक्ष्मण करोड़पति बन गया था जैसे ईश्वर ने वरदान पूरा किया हो। इधर हर्षद जेल गया, उधर लक्ष्मण ने न्यू इंडिया की नौकरी छोड़ी, अपना नाम बदला और दिल्ली से दूर

हरियाणा में गुड़गाँव से 30 कि.मी. आगे पानी का कारखाना डाल दिया। एक बरस वह दिल्ली से हरियाणा अप-डाउन करता रहा था।

यह राज़ बाद में खुला कि हर्षद मेहता ने बैंकों के जनता के पैसे को सरकारी प्रतिभूतियाँ ख़रीदने के नाम पर शेयर बाज़ार में लगाया और उस धन का उपयोग कुछ चुनिन्दा कम्पनियों के शेयर-भाव में उछाल लाने के लिए किया। लक्ष्मण शेयरों के इसी ज्वार-भाटे में करोड़पति हो गया था। जिस तरह हर्षद मेहता ने जनता के धन का निजी इस्तेमाल किया था, उसी तरह लक्ष्मण वर्मा ने जनता की स्मृति का निजी इस्तेमाल किया। वरना पानी की बोतल पर घोड़े की पीठ पर बैठी झाँसी की रानी के छापे का क्या मतलब था? यह बात दूसरी है कि कोई अगर उससे ऐसा कुछ कहता, तो वह हँस पड़ता और कहता कि मैं झाँसी का निवासी हूँ और यह मेरा जन्म-सिद्ध अधिकार है कि मैं अपने व्यवसाय में भी रानी को याद करूँ। उसने रेल मंत्री से यही कहा जब झाँसी के सांसद उसे उनसे मिलाने एक शाम उनकी कोठी पर ले गए और फिर ऐलान किया, 'मैं गर्व से कहता हूँ कि मैं झाँसी-वासी हूँ।' मंत्री सोफ़े पर पसरे हँसने लगे थे। उनका ऊपर का एक दाँत टूटा था। नीचे के दो सोने के दाँत चमकते रहे जब तक वे हँसे। देश में उदारीकरण नया-नया आया था। निजी उद्यमशीलता पर ज़ोर था। अगले दिन 'रानी का पानी' को रेल का ठेका मिल गया था। नए कारखाने को अब सिर्फ़ पानी बनाना था। रेल विभाग जैसा बड़ा ग्राहक मुँह बाए खड़ा था। 'सब रानी का आशीर्वाद है,' लक्ष्मण घर-बाहर उन दिनों यही जपता था। असल में इसका असली कारण यह था कि रेल के पानी के ठेके के लिए उसका निकटतम प्रतिद्वन्द्वी शेर छाप पानी था। शहीद रानी के सामने नरभक्षी शेर नहीं टिक सका। लक्ष्मण ने यह दलील भी दी थी और रानी की स्मृति की राष्ट्रीय ऊर्जा का आह्वान किया था।

अगले साल जब पानी का उत्पादन बढ़ा और लक्ष्मण वर्मा को बाज़ार में जाना पड़ा तो उसने तुरंत रानी के चेहरे को रानी मुखर्जी का चेहरा बना दिया। नए ज़माने में ऐसे परिवर्तन स्वाभाविक और स्वतः स्फूर्त थे। लक्ष्मण पुराने गानों के रीमिक्स का उदाहरण देता। किशोर कुमार अब कितने उत्तर-आधुनिक सुरों में गाया जा रहा है, देखो! वह कहता।

उन्हीं दिनों एक और चमत्कार हुआ। जिस दिन कारखाने के पानी का सरकारी टेस्ट हुआ, उस दिन 'आस्मोसिस' के प्लांट में कोई ख़राबी आ गई थी और वह बन्द पड़ा था। फिर भी जब टेस्ट का नतीजा आया, तो सही आया। लक्ष्मण नतीजा देखकर उछल पड़ा। अब यह प्लांट सिर्फ़ प्रदर्शन के लिए था। इसे

चलाने का ख़र्चा मुनाफ़े में जुड़ गया। उसने उस रात यह बताते हुए अपनी पत्नी शकुन्तला को चूम लिया था जिसे वह प्यार से शकुन कहता था। शकुन उन दिनों गर्भवती थी।

'शकुन,' उसने पूछा, 'तुम्हारे पेट में जो बच्चा बढ़ रहा है, उसे कौन बढ़ा रहा है?'

'ईश्वर,' शकुन ने मुस्कुराते हुए कहा।

'इसी तरह धरती के गर्भ से निकलनेवाला पानी है। अगर वह भारत का मानक पानी नहीं होगा, तो क्या नाली का पानी होगा?'

शकुन हैरान उसे देख रही थी। उसने शकुन को एक बार फिर चूमा और कहा :

'भारत की धरती में समाई पानी की हर बूँद पर आई.एस.आई. का ठप्पा लगा है। मूर्ख लोग समझते नहीं।'

शकुन यह समझ गई थी कि यह व्यवसाय में लाभ बढ़ने की बात है। इसलिए उसने भी पति को चूम लिया और हँस दी। वह धन्धे की बातें न जानती थी, न जानने की कोशिश करती थी। वह उन औरतों में से थी जो अपनी देह में ही मस्त रहती हैं। जब लक्ष्मण की नज़र पहली बार उस पर पड़ी थी तब वह कनॉट प्लेस के कॉरीडोर में मस्त चली जा रही थी। वह जीन्स पहने थी। लक्ष्मण उसके पीछे था। वह उसका पीछा घूरता हुआ आगे जा रहा था। एकाएक वह आगे बढ़ा, उसने दाईं ओर से एक क्षण उसके भरे-भरे होंठ और छातियाँ देखीं और फिर तुरन्त पीछे हो गया और उसका पीछा निहारता हुआ चलने लगा। अपनी देह में रहनेवाली शकुन्तला जान गई थी कि एक सुन्दर लड़का उसको पीछे से घूर रहा है। उसने तीन बार पीछे देखा और तीनों बार तुरन्त लक्ष्मण ने निगाहें कनॉट सर्कस की गोल सड़क की ओर मोड़ दीं जहाँ गाड़ियाँ पागलों-सी गोल-गोल भाग रही थीं जिनके पार गोल पार्क के पेड़ आसमान में निरुद्देश्य हिल रहे थे। फिर शकुन्तला ने आश्वस्त होकर कनॉट सर्कस का एक पूरा चक्कर लगाया था। उसने चौथी बार पीछे मुड़कर नहीं देखा था। उसे पता था कि एक सुन्दर नौजवान उसकी भरी-भरी नाचती जीन्स को देखता हुआ लगातार उसके पीछे आ रहा है। यह जीन्स का नाच अपने-आप हो रहा था जैसे मोर नाचता है और बादल बरसते हैं। उन्हें उस शाम पता नहीं था कि आनेवाले दिनों में दोनों एक-दूसरे को चिढ़ाएँगे कि दूसरे ने उसे फँसाया।

उस शाम जब कनॉट सर्कस रोशनी से जगमगाने लगा तो शकुन्तला रीगल के बगल में बस-स्टॉप की ओर मुड़ गई थी। लक्ष्मण उसके पीछे-पीछे गया था।

वह उसी की बस के क्यू में खड़ा हो गया। फिर बस में उसके पीछे की सीट पर बैठ गया। वह महिलाओं की सीट पर बैठी थी—नहीं तो शायद वह उसी की सीट पर आकर बैठ जाता! धड़कते दिल से शकुन्तला ने यही सोचा था। जब उसका स्टॉप आया तो वह खड़ी हो गई। वह भी खड़ा हो गया। जब बस रुकी, तो वह उतरी। लक्ष्मण भी उसके पीछे उतरा। उस स्टॉप पर और कोई नहीं उतरा था। वह करोलबाग के आगे कोई स्टॉप था।

स्टॉप पर बिजली का खम्भा कुछ दूर था। जहाँ बस रुकी थी, वहाँ कुछ अँधेरा था। लड़की लड़के की ओर मुड़ी और बोली :

'कहाँ तक मेरा पीछा करोगे?'

'दिल तक।' वह हँसा, 'वैसे मैं सन्तनगर में ही रहता हूँ।'

शायद लड़की मुस्कुराई थी और एक गली में ग़ायब हो गई थी। जब अगले दिन वह गली से बाहर आई तो गली के मुहाने पर वही लड़का गली की ओर घूरता खड़ा था। ऐसा ज़्यादा दिन नहीं चला। तीन माह बाद उनकी शादी हो गई। तब शकुन्तला को यह पता नहीं था कि लक्ष्मण के साथ ऐसा फिर कई बार होगा—लड़कियाँ दूसरी होंगी और अब फिर लक्ष्मण की शादी नहीं होगी। तब शकुन्तला को यह भी पता नहीं था कि ऐसे भी दिन आएँगे जब उसे इसी से तसल्ली हो जाएगी कि लक्ष्मण की दुबारा शादी नहीं होगी।

जब लक्ष्मण की शादी हुई तो वह सन्तनगर में अपने बड़े भाई राम के साथ रहता था। राम लक्ष्मण से ज़्यादा बड़े नहीं थे लेकिन उनका व्यवहार पिता-जैसा था जो अपने बेटे के दोस्त भी हों। शकुन्तला ने पहली बार ऐसा बड़ा भाई देखा था और लक्ष्मण से पूछा था—'तुम लोगों के नाम किसने रखे थे?' 'राम मेरी अम्मा ने,' लक्ष्मण ने कहा, 'और लक्ष्मण कक्का ने।' फिर उसने हँसते हुए बताया कि कक्का उससे बचपन में कहते थे कि तुम रामायण के लक्ष्मण बनना। राम शकुन्तला को रामायण के राम लगे थे। घर में तीन कमरे थे। भीतरी दो कमरों में बेहतर कमरा लक्ष्मण-शकुन्तला को दिया गया था जिसमें दो खिड़कियाँ थीं। लक्ष्मण ने तब न्यू इंडिया की नौकरी शुरू ही की थी। वह मोटर-साइकिल से ऑफ़िस जाता था। राम बस से जाते थे। वे लक्ष्मी मिल्स में काम करते थे जो पुरानी दिल्ली में थी।

लक्ष्मण ने इंटर झाँसी से किया था। फिर राम ने उसे दिल्ली बुला लिया था। उसने बी. कॉम. यहीं किया और कम्पनी में ऑफ़िसर के पद के लिए चुन लिया गया। लक्ष्मण जानता था कि यह दिल्ली विश्वविद्यालय की वजह से ही था। वरना झाँसी में तो उसे अंग्रेज़ी का एक वाक्य बोलना नहीं आता था। इंटरव्यू अंग्रेज़ी

में ही हुआ था। लक्ष्मण की ठोस शुरुआत की नींव राम ही थे। क्योंकि लक्ष्मण यदि न्यू इंडिया एंश्योरेंस कम्पनी में न चुना जाता तो उसकी हर्षद मेहता से मुलाक़ात कैसे होती? और यदि हर्षद मेहता से मुलाक़ात न होती तो वह करोड़पति कैसे बनता? और यदि वह करोड़पति न बनता तो उसका पानी का कारखाना कैसे खड़ा होता? अब जबकि लक्ष्मण पानी के कारखाने का मालिक था, राम पूर्ववत् कपड़े के कारखाने में मुलाज़िम था और उसी तरह सन्तनगर में रहता था जैसे पहले रहता था। अलबत्ता, अब लक्ष्मण के कमरे में राम का बेटा रहने लगा था जो बड़ा हो रहा था।

शकुन्तला जब घर में आई तो उसे लगा जैसे वह रामायण के किसी अध्याय में रह रही है। लक्ष्मण उस पर जान देता था। राम लक्ष्मण पर जान देते थे। कभी-कभी वे एक फ़िल्मी गीत गुनगुनाते : 'मँडवे तले ग़रीब के दो फूल खिल रहे हैं।' शकुन्तला पवन को इस तरह गोद में लेती जैसे वह अपने बच्चे को खिला रही हो। एक बार तो उसने बच्चे का मुँह अपने ब्लाउज़ में दे दिया था और फिर उसे ख़ुद हँसी आ गई थी। उसे तब पता नहीं था कि यह अपनी भावी बेटी के प्यार का पूर्वाभ्यास है। पवन की माँ के चेहरे पर कभी-कभी रेखाएँ उभर आतीं जब राम अब भी लक्ष्मण को वही जगह देते जो पवन को देते थे। वे कभी-कभी लक्ष्मण को पवन और पवन को लक्ष्मण बुलाते। जब पवन की माँ उन्हें टोकती तो वे हँसने लगते और कहते, 'क्या फ़र्क है?'

'फ़र्क है!' एक बार सुधा चीख़ी।

'क्या फ़र्क है?'

'एक दिन पता चल जाएगा,' सुधा बुदबुदाई।

तब राम को फिर वह तस्वीर याद आई थी जिसमें राम छः साल का था और नन्हे साल-भर का भी नहीं था : नन्हे राम की गोद में खिलखिलाता हुआ बैठा था! राम को तभी से यह लगता था कि नन्हे उसकी गोद में खिलखिलाता हुआ बैठा है और उसकी यह ज़िम्मेदारी है कि नन्हे सदा खिलखिलाता रहे। बचपन में नन्हे जब कभी रोते हुए घर में घुसता था तो राम उसे रुलानेवाले को रुला देता था। मोहल्ले में यह मज़ाक हो गया था। पड़ोसियों ने अपने बच्चों को समझाने की कोशिश की। पड़ोसिनें घर आकर मालती से शिकायत करतीं कि बड़ों को बच्चों के झगड़ों में नहीं बोलना चाहिए। मालती कहती कि भैया तो अभी बच्चा है, बड़ा कहाँ हुआ? फिर वे भैया को समझातीं कि नन्हे को दूसरे बच्चों के साथ खेलना आना चाहिए। रोना खेलना नहीं है। उसे खेलना सीखने दो। उसे खेलते हुए बड़ा होने दो—जैसे तुम बड़े हो रहे हो। आहिस्ता-आहिस्ता यह बात राम की

समझ में आ गई थी और उसने नन्हे की पहरेदारी छोड़ दी थी। मगर वह उसका संरक्षक बना रहा। चाहे मोहल्ले की गली हो या स्कूल की पहाड़ियाँ। जब नन्हे ने इंटर कर लिया तो उसने उसे दिल्ली बुलाकर अपने पास ऐसे रखा जैसे बाप बेटे को रखता है। नन्हे को कोई कमी महसूस नहीं हुई। न घर में। न कॉलेज में। कॉलेज में भी उसकी जेब में चाय-समोसे के लिए पैसे होते थे जैसे दूसरे लड़कों के पास होते थे। वह कपड़े भी उन्हीं की तरह पहनता था। उन्हीं की तरह वह कभी-कभी किसी लड़की को चाय भी पिला देता था। लड़कियाँ भी उसकी तरफ़ पलटकर देखतीं क्योंकि वह लम्बा हो चुका था और उसकी मसें फूट चुकी थीं। उसके दोस्त कहते कि वह कभी-कभी लड़की के पीछे कुत्ते की तरह हाँफ़ता हुआ जीभ निकाले भागता है। वह हँसने लगता। उसके एक दोस्त ने राम से एक बार इसका ज़िक्र कर दिया—अपनी इस चिन्ता के साथ कि फ़ाइनल परीक्षा पास आ रही है। राम ने अपनी चिन्ता नन्हे को बताई। नन्हे ने उसे आश्वस्त किया और मन में दोस्त को गाली देते हुए कहा—साला जलता है। नन्हे सही था। उसकी फ़र्स्ट डिवीज़न आई और वह न्यू इंडिया एंश्योरेंस कम्पनी में चुना गया जबकि उसके दोस्त ने बेकारी से बचने के लिए लॉ ज्वाइन किया। राम ने राम के मन्दिर में एक किलो कलाकन्द का प्रसाद चढ़ाया था और दान-पेटिका में एक सौ एक रुपए डाले थे जैसे उसके बेटे की नौकरी लगी हो जो उसके बुढ़ापे का सहारा होगा। तब लक्ष्मण इसी तरह पेश आता था। राम मन्दिर में जब राम ने प्रसाद चढ़ाकर सीता-राम के पैर छुए तो लक्ष्मण ने सीता-राम के पैर छूकर राम के पैर छुए। राम ने उसे गले लगा लिया और उसकी आँखें भीग गईं।

लक्ष्मण जब से बड़ा हुआ सिर्फ़ बम्बइया फ़िल्म देखते हुए रोता था और कभी सपना नहीं देखता था। बचपन में वह सपना देखते हुए रोने लगता था। तब अम्मा या भैया उसे जगाकर चुप कराते थे। अब जब कभी-कभी सुबह उठकर भैया अपना सपना बयान करने लगते, तो नन्हे मुस्कुराने लगता। उसकी मुस्कान देखकर भैया कुछ झेंपकर चुप हो जाते थे। उन्हें इस बात पर अचरज होता कि नन्हे अब अपना कोई सपना उन्हें नहीं बताता था। एक दिन जब उन्होंने उससे सपने के बारे में पूछा, तो उसने टके-सा जवाब दिया : 'मैं सपने नहीं देखता।' उस वक्त वे घर की बैठक में कुर्सी पर बैठे आगे झुक आए थे और नन्हे की आँखों में देख रहे थे। वे कुर्सी पर आगे खिसककर लुढ़क जाते यदि न सँभलते। सामने बैठे नन्हे ने उन्हें आगे बढ़कर सँभाल लिया था। वे कुर्सी पर आगे झुके हुए पूछ रहे थे—'क्या तुमने सपना देखना बन्द कर दिया?'

'मैं रात में सोते हुए सपने नहीं देखता, भैया।'

'फिर?'

'मैं दिन में जागते हुए सपने देखता हूँ,' नन्हे ने कहा।

'खुली आँखों से?' भैया ने हैरत से अपनी आँखें ऊपर उठाईं।

'हाँ, भैया,' नन्हे हँसा।

रामकुमार दोहरे अचम्भे में थे। एक तो उनकी समझ में यह नहीं आ रहा था कि जो लड़का बचपन में इतने सपने देखता था कि कभी-कभी सोते हुए मूत देता था, उसने एकाएक सपने का किवाड़ कैसे बन्द कर दिया? दूसरे, कोई खुली आँखों से क्या सपना देखेगा? यह तब की बात है जब लक्ष्मण शकुन्तला से रोज़ उसकी गली के मुहाने पर मिलता था और वे शहर में किसी पार्क या सिनेमाघर में खो जाते थे। कुछ दिनों बाद उनका ब्याह होनेवाला था। रामकुमार ने अभी तक कोई ऐसा आदमी नहीं देखा था जो सपने न देखता हो। उसे क्या पता था कि ऐसा आदमी उसके घर के अन्दर है! उसे यह भी पता नहीं था कि उसकी नियति सिर्फ़ सपना देखना नहीं था, बल्कि सपने को टूटते हुए भी देखना था। राम को शक तब हुआ जब पानी का कारखाना लगने के एक बरस बाद एक दिन शाम को कारखाने से लौटकर लक्ष्मण ने कहा :

'रोज़ आते-जाते डेढ़-डेढ़ घंटे गाड़ी चलाते थक जाता हूँ,' उसने पसीना पोंछा, 'ऊपर से वक्त की बर्बादी।'

राम ने प्रश्नवाचक नज़रें ऊपर उठाईं।

'भैया, मैं सोचता हूँ,' लक्ष्मण ने पसीना सना रुमाल बाथरूम की बाल्टी में फेंककर कहा, 'मैं गुड़गाँव चला जाऊँ।'

'गुड़गाँव?' राम ने न ऐसी कल्पना की थी, न सपना देखा था।

'हाँ,' लक्ष्मण ने कहा, 'समय भी बचेगा--जिसे मैं काम में लगा दूँगा।'

'अकेले क्या होटल में रहोगे?' राम को अभी भी उम्मीद थी कि लक्ष्मण के मन में अलग होने की बात नहीं है।

'होटल का खाना रोज़-रोज़ कैसे खाऊँगा, भैया? शकुन को ले जाना पड़ेगा।'

अब शक पक्का हो गया। नन्हे अलग हो रहा था।

'हम लोग हर हफ़्ते आएँगे, भैया,' नन्हे ने हँसकर कहा, 'या कभी-कभी आप लोग आना। पिकनिक हो जाएगी।'

चुप्पी।

'हम लोग क्या अब पिकनिक पर मिलेंगे, नन्हे?'

'पिकनिक पर हँसी-खुशी होती है, भैया?'

'सिर्फ़ हँसी होती है।'

जब नन्हे अपनी मारुति में शकुन्तला के साथ एक सुबह विदा हुआ, तो भैया अन्दर जाकर पलँग पर औंधे गिर गए और रोते रहे। उस वक्त नन्हे गुड़गाँव की ओर दौड़ा जा रहा था। उसके बगल में शकुन्तला बैठी थी। कुछ दिन बाद गुड़गाँव के एक वातानुकूलित सिनेमा-हॉल में एक बम्बइया पारिवारिक फ़िल्म देखते हुए नन्हे फूट-फूटकर रोया। उसका रुमाल आँसुओं से भीग गया। यह एक छोटे शहर की कहानी थी जिसमें बड़ा भाई परिवार की परवरिश की ख़ातिर अपने को भूल जाता है और अन्त में परिवार उसको भूल जाता है। जब नन्हे रो रहा था, शकुन्तला बार-बार उसकी पीठ सहला रही थी। जब उसका रुमाल भीग गया तो शकुन्तला ने उसे निचोड़कर अपने पर्स में रख लिया।

शुरू-शुरू में हर शनिवार की रात या इतवार की सुबह लक्ष्मण-शकुन्तला दिल्ली आते रहे। वे अप्रैल में गुड़गाँव गए थे। मई में काफ़ी गर्मी बढ़ गई। सन्तनगर में कभी-कभी बिजली चली जाती थी। एक शनिवार की रात कई बार बिजली गई। एक तो गर्मी, ऊपर से मच्छर। न लक्ष्मण को नींद आई, न शकुन्तला को। शकुन्तला पसीना पोंछती रही, लक्ष्मण मोमबत्ती के उजाले में मच्छर मारता रहा। वे भूल गए कि वे जब यहाँ थे तो कभी-कभी इसी तरह रात गुज़ारते थे। अब उनकी आदत छूट गई थी। गुड़गाँव के डी.एल.एफ. फ़्लैट में कब बिजली जाती थी, उन्हें पता ही नहीं चलता था। जैसे ही सरकारी बिजली जाती, निजी बिजली आ जाती। डी.एल.एफ. कॉलोनी में बिजली और पानी निजी थे। कोई किल्लत नहीं थी। नींद टूटने का कोई सवाल नहीं था। कमरे में ए.सी. सनातन चलता रहता। शहर बेचैन हो जाता, डी.एल.एफ. के बन्द कमरों में लोग सोते रहते। सन्तनगर में अब वे भी दूसरों की तरह बेचैन थे। उस रात के बाद वे रात में नहीं रुके। दिन में जब वे आते तो रास्ते में किसी रेस्टोरेंट से मुर्गा-मछली या कुछ और ले आते। घर में पिकनिक का माहौल रहता। लक्ष्मण सबको अपनी गाड़ी में बिठाकर बुद्धा गार्डन या कनॉट प्लेस में लंच के लिए ले जाता। भैया सुधा-पवन के साथ गुड़गाँव कम जा पाते थे क्योंकि उनके पास गाड़ी नहीं थी।

जैसे पेड़ से पत्ते झरते हैं, उसी तरह पिकनिकें कम होने लगीं। पहले हफ़्ते से पखवारा हुआ, फिर महीना। आहिस्ता-आहिस्ता महीने में भी नागे होने लगे। साल-भर में ही पारिवारिक मिलन होली-दीवाली तक सिमट गया। हाँ, टेलीफ़ोन से बात होती रहती। तब राम के घर में फ़ोन नहीं था। फ़ोन राम ही करते :

'कैसे हो, नन्हे?'

'ठीक हूँ, भैया।'

'शकुन्तला कैसी है?'

'ठीक है।'

'तुम्हारा पानी का काम कैसा चल रहा है?'

'ठीक है।'

केवल एक बार लक्ष्मण ने राम से अपने काम के बारे में कुछ विस्तार से बात की थी जब रेल में पानी की सप्लाई की निविदा का निर्णय होनेवाला था। उसे मालूम था कि रेल मंत्री की पार्टी का ही सांसद बलभद्र तिवारी इस बार झाँसी से चुना गया था—जिसका छोटा भाई भैया का दोस्त था। उसने फ़ोन पर भैया को सारी स्थिति बताई और कहा कि वे झाँसी तिवारी के भाई को फ़ोन कर दें। अगले दिन भैया ने नन्हे को कहा कि वह चार बजे तिवारी जी से नॉर्थ एवेन्यू में मिल ले। तिवारीजी ही उसे शाम को रेल मंत्री से मिलाने ले गए थे।

उपर्युक्त अपवाद के बाद लक्ष्मण ने कभी राम से अपने काम के बारे में कोई बात नहीं की थी। जब फ़ोन पर राम काम के बारे में पूछते तो वह 'ठीक है' कहकर आगे बढ़ जाता। आगे वह भाभी और पवन के बारे में पूछता और दोनों ओर फ़ोन रख दिए जाते।

जब शकुन्तला गर्भवती हुई तो राम ने बधाई दी और यह पेशकश की कि प्रसव के लिए वे सन्तनगर में आ जाएँ—कम-से-कम शकुन्तला तो आ ही सकती थी। बिजली की समस्या 'इनवर्टर' से हल हो सकती थी। मगर असली समस्या यह थी कि अब शकुन्तला को सन्तनगर के कमरे कुछ छोटे और गन्दे लगने लगे थे। जब लक्ष्मण ने आनाकानी की तो राम ने कहा कि कोई बात नहीं एक माह को तुम्हारी भाभी गुड़गाँव आ जाएगी। 'भैया आपके खाने का क्या होगा?' लक्ष्मण ने चिन्ता जताई। 'कोई बात नहीं,' राम ने कहा, 'मैं होटल में खा लूँगा।' 'आपको पूरे एक माह होटल में खाना पड़े,' लक्ष्मण ने अन्ततः कहा, 'यह मुझे मंजूर नहीं।' असल बात यह थी कि शकुन्तला अपने माँ-बाप को बुलाना चाहती थी। वही हुआ। राम सपरिवार एक दिन सुबह मेहमान की तरह आए और बच्ची को देखकर शाम को वापस सन्तनगर लौट गए। बच्ची का नाम सुधा ने हिमानी सुझाया था। मगर उसका नाम रानी रखा गया जो शकुन्तला की माँ ने बताया क्योंकि यह लक्ष्मण के व्यवसाय से भी जुड़ा था जो फल-फूल रहा था। रानी घर में लक्ष्मी का रूप लेकर आई है, शकुन्तला की माँ ने कहा।

रानी घर में रानी की तरह बड़ी होने लगी। उसने रंग अपने बाप का लिया था और नाक-नक़्श माँ के। जब बिपाशा बसु फ़िल्मी पर्दे पर आई तो लक्ष्मण ने शकुन्तला से कहा, 'उस शाम कनॉट प्लेस के गलियारे में जब मैंने तुम्हारा पीछा किया तब तुम बिपाशा की तरह लग रही थीं।' 'और अब?' शकुन्तला ने पलकें

उठाकर पूछा। 'अब ऐसी लगती हो जैसी बिपाशा माँ बनने पर लगेगी,' लक्ष्मण ने हँसते हुए कहा। शकुन्तला नहीं समझ सकी कि वह खुश हो या उदास। उसकी मुस्कान फीकी थी।

रानी अब घर का केन्द्र हो गई थी। आहिस्ता-आहिस्ता वह लक्ष्मण के जीवन की धुरी हो गई। ऐसा दुर्निवार लगाव उसने क्या कभी किसी और के लिए महसूस किया था? वह अपने से पूछता। फिर ख़ुद ही जवाब देता, क्या रानी के पहले कोई और मेरी बेटी थी? उसे हँसी आ जाती। वह रानी की तस्वीर सदा अपने पर्स में रखता था—जैसे पर्स में सदा पैसे रखता था जिससे दुनिया चलती थी। जैसे बाहरी दुनिया पैसे से चलती थी, उसकी भीतरी दुनिया रानी से चलती थी। पानी के कारखाने में अपने वातानुकूलित कमरे की मेज़ पर उसने रानी की एक मुस्कुराती तस्वीर रखी थी, जिसे फ़ैक्ट्री चलाते हुए वह बार-बार देखता था। सामने दीवार पर 'रानी का पानी' का कैलेंडर था जिसमें पैर हवा में उठाए घोड़े पर रानी लक्ष्मीबाई बैठी थी जिसका चेहरा रानी मुखर्जी का चेहरा था। वह भूल गया था कि जिस तरह अब पर्स में वह रानी की तस्वीर रखता था, उसी तरह शादी के पहले वह शकुन्तला की तस्वीर रखता था। अलबत्ता, शादी के बाद जब वह अपने घर में रहने लगी तो पर्स की तस्वीर खो गई थी। रानी भी अपने घर में ही रहती थी। मगर उसकी तस्वीर कभी नहीं खोई।

एक सुबह वह रानी को गाड़ी में आगे अपने बगल में बिठाए स्कूल छोड़ने जा रहा था। सामने से एक किशोर मारुति चलाता हुआ आया। शायद वह चलाना सीख रहा था। उसकी गाड़ी की चाल स्थिर नहीं थी। लक्ष्मण को देर हो गई थी। उसकी चाल तेज़ थी। एकाएक सामने की गाड़ी की चाल भी तेज़ हुई, गाड़ी कुछ दाएँ-बाएँ हुई और लक्ष्मण की गाड़ी से टकरा गई। रानी सीट से नीचे गिर गई और चीख़ी। दोनों गाड़ियाँ आपस में लड़ीं, एक-दूसरे में फँसी बीचोबीच सड़क पर खड़ी थीं। किशोर हक्का-बक्का अपनी गाड़ी में मूर्तिवत् बैठा था। रानी अपनी गाड़ी के फ़र्श पर पड़ी रो रही थी। उसकी चीख़ें लक्ष्मण के कानों के पर्दों से टकरा रही थीं। लक्ष्मण ने अचानक अपनी गाड़ी का दरवाज़ा खोला। वह सड़क पर उतरा और सामने गाड़ी की ओर बढ़ा। उसने दूसरी गाड़ी का दरवाज़ा खोला, किशोर की मूर्ति को बाहर निकाला और उसे दोनों हाथों से पागल की तरह पीटने लगा। किशोर उसके घूँसे ज़्यादा देर न झेल सका। जब वह सड़क पर ढेर हुआ, तो सड़क पर दूसरी ओर खड़ा एक आदमी बोला—'क्या उसे मार ही डालोगे?' तब लक्ष्मण पलटा। उसने देखा कि जो आदमी अभी बोला था, उसकी गोद में रानी थी जो सिसक रही थी। जब लक्ष्मण उस आदमी की ओर बढ़ा तो उसने कहा—'पहले

बच्ची को उठाना ज़रूरी था या बच्चे को मारना?'

'क्या बच्ची को चोट आई है?' लक्ष्मण ने हताश पूछा।

'नहीं।' वह आदमी मुस्कुराया।

'कहीं खून तो नहीं निकला?' लक्ष्मण रानी के हाथ-पैर टटोल रहा था।

'नहीं।'

उस आदमी ने बच्ची को लक्ष्मण के हाथों में दिया और लड़के की ओर बढ़ा जो सड़क पर चित पड़ा था। उसकी नाक से खून बह रहा था।

लक्ष्मण ने अपनी गाड़ी का मुआइना किया : कोई चोट नहीं थी। वह रानी को गाड़ी में बिठाकर स्कूल की ओर चल दिया।

जैसे-जैसे रानी बड़ी हुई, उसकी ख़्वाहिशें भी बढ़ने लगीं। पहले उसकी ख़्वाहिश कभी-कभी दूध न पीना और रोज़ कैडबरी खाना थी। फिर पिज़्ज़ा आया। मैकडोनाल्ड के बर्गर आए। साथ में पेप्सी। कपड़ों के नवीनीकरण का सिलसिला सदाबहार था। मॉल में हर हफ़्ते नए डिज़ाइन आते। हर दूसरे हफ़्ते ख़रीदे जाते। कभी एक, कभी दो। कभी-कभी दो खरीदे जाते, तीसरा दो के साथ मुफ़्त आ जाता। असल में यह बेचने की नई शैली थी। जिस तीसरे को ग्राहक मुफ़्त समझता था, उसकी कीमत दो की कीमत में जुड़ी होती। कुछ मुफ़्त नहीं था। आदमी जिन्सों के अंतर्राष्ट्रीय बाज़ार में पगला जाता। भूमण्डलीकरण का कारोबार चल रहा था।

रानी के कमरे के दोनों कबर्ड कपड़ों से भरे थे। तीसरी अलमारी के दोनों खानों में हैंगरों पर पोशाकें ठसाठस टँगी थीं और नीचे दोनों खानों में भी कपड़ों की गड्डियाँ थीं। गड्डियों में कुछ ऐसी भी प्लास्टिक में लिपटी ड्रेसें थीं जिन्हें खुलने का सौभाग्य नहीं मिला था। कभी-कभी कपड़े छाँटे जाते तो बिन खुली छोटी पोशाकें तीनों नौकरानियों की बच्चियों को दे दी जातीं जो उम्र में रानी से बड़ी थीं। डी.एल.एफ. की इमारतों के इर्द-गिर्द लॉन में खेलते अधिकतर बच्चे कुछ मोटे थे। राम जब यहाँ आते, तब उन्हें यही लगता। असल में उस क्षण उन्हें अपने बचपन की झाँसी की गलियाँ याद आ जाती थीं जहाँ मोटा बच्चा चमत्कार था।

राम जब आते रानी के लिए कैडबरी ज़रूर लाते। कैडबरी रानी की सगी थी। रैपर में लिपटी चॉकलेट देखकर उसके चेहरे पर मुस्कान आ जाती।

'कैसी हो रानी?' राम पूछते।

'फ़ाइन,' वह रैपर खोलते हुए कहती।

'स्कूल कैसा चल रहा है?'

'वेरी फ़ाइन।'

'खेल?'

'वेरी वेरी फ़ाइन'

'स्विमिंग?'

'वेरी वेरी वेरी फ़ाइन चाचू, आई स्विम लाइक ए डक,' वह हँसकर कहती।

यह सच था। रानी बत्तख़ की तरह ही तैरती थी। फ़र्क यही था कि तैरते हुए बत्तख़ के हाथ-पैर नज़र नहीं आते, लेकिन रानी के पानी में चलते हुए हाथ-पैर दीखते थे जब वह क्षैतिज स्थिति में पानी पर चलती और कभी-कभी चलते हुए पानी के अन्दर घुस जाती। पारदर्शी पानी के अन्दर जब वह हाथ फैलाती तो स्विमिंग पूल का पानी कुछ और चमकने लगता। पूल में दूसरे बच्चे भी होते। वे सब हँसते हुए एक सिरे से दूसरे सिरे तक छपर-छपर करते। पूल के किनारे एक ओर कुर्सियों पर बैठे बूढ़े अभिभावक या नौकरानियाँ उन्हें निहारते रहते। राम जब कभी यहाँ आते तो जाती धूप में रानी के साथ पूल पर आ जाते थे। एक बार लक्ष्मण फैक्ट्री से लौटकर उससे मिलने पूल पर आ गया था। उसके साथ उसका हमउम्र कोई दोस्त भी था। जब बाहर आते हुए वह रानी के साथ आगे था, तो उसके दोस्त ने लक्ष्मण से अंग्रेज़ी में पूछा :

'क्या ये तुम्हारे पिता हैं?'

डी.एल.एफ. की भाषा अंग्रेजी थी। लक्ष्मण कुछ नहीं बोला। वह हँसने लगा। राम को ताज्जुब हुआ। क्या पाँच-छः वर्षों के फ़र्क से यह नया रिश्ता भी दिखने लगा था? यह सही है कि राम के बाल कुछ जल्दी कुछ ज़्यादा सफ़ेद हो गए थे। उसकी कद-काठी भी लक्ष्मण की तरह भरी-पूरी नहीं थी। वह कद में कुछ छोटा था और काठी में कुछ दुबला था जैसे अपने छोटे भाई का छोटा संस्करण हो। क्या वह उसका पिता भी लगता था जैसे जवान आदमी का पिता कुछ क्षीण और निरीह-सा लगता है? लक्ष्मण यद्यपि चालीस के आस-पास था और डाई लगाता था, लेकिन युवा लगता था।

लक्ष्मण का कार्य-क्रम एक सौ छत्तीस वर्ष जीने का था। उसने कहीं पढ़ा था कि एक अमरीकी वैज्ञानिक का शोध है कि मानव-शरीर की उम्र एक सौ छत्तीस वर्ष है यदि शरीर का पूरा ध्यान रखा जाए। ध्यान का मतलब था उचित व्यायाम, उचित खुराक, और चिंताओं से अपने को दूर रखना। यह सम्भव नहीं था। उसे सदा अपने पानी के व्यवसाय को दिग-दिगन्त तक फैलाने की चिन्ता रहती थी। वह दिन में सपने देखता था। उसका कहना था कि सपने देखना विकास का उत्स है। देखिए, वह कहता, राजनेता कैसे भारत के महाशक्ति बनने की मियाद तय करते हैं : कोई पन्द्रह साल बताता है, कोई बीस साल, कोई पच्चीस साल। हो

सकता है तीस साल लग जाएँ। लेकिन भारत का महाशक्ति बनना निश्चित है। क्योंकि भारत ने सपना देख लिया है। जो सपना देखता है एकाग्र निष्ठा से अपने लक्ष्य की ओर बढ़ता है। वह और कुछ नहीं सोचता। और कुछ न सोचने के दो फ़ायदे हैं : एक, आदमी अर्जुन की तरह सिर्फ़ चिड़िया की आँख देखता है; दो, ऐसी ऊर्जा सकारात्मक होती है—यह शरीर को नारी के स्पर्श की तरह जगा देती है। यदि आप चिड़िया की आँख के साथ चिड़िया, पेड़, आकाश और आकाश के नीचे फैली दुनिया देखेंगे तो नज़र धुँधली हो जाएगी और आपके हाथ दुनिया-भर की चिन्ताएँ ही लगेंगी। ऐसी अतिरिक्त चिन्ताएँ नकारात्मक होती हैं। ये शरीर को घुन की तरह चाट जाती हैं। लक्ष्मण ऐसी चिन्ताएँ अपने पास नहीं फटकने देता था। यही हुआ था जब देवेन्द्र सहाय रिटायर हुए और उन्होंने दोनों बेटों को लिखा कि तुम दो-दो हज़ार रुपए हर महीने भेजो क्योंकि क्रान्ति कक्का भी हमारे साथ रहते हैं। लक्ष्मण ने दो-टूक उत्तर दे दिया कि मेरी ज़िम्मेदारी माँ-बाप से आगे नहीं जाती—मैं एक हज़ार रुपए महीना भेजूँगा। उसने यह भी लिख दिया था कि पापा, आपका अपनी कमाई पर पूरा हक था; आप एक नहीं, दो कक्का अपने साथ रख सकते थे। अब बात बदल गई थी। यह ख़त पाकर देवेन्द्र सहाय ने दो ट्यूशन पकड़ लिए थे। मालती रोई थी। वह इस बात पर रोई थी कि नन्हे कक्का की गोदी में बड़ा होना भूल गया था। उसे पता नहीं था कि अब यह सब याद करने की नन्हे को फ़ुर्सत नहीं थी।

लक्ष्मण फ़ुर्सत का वक्त रानी के साथ गुज़ारता था। घर में शाम को रानी के साथ शकुन्तला होती थी और उसके हाथ में व्हिस्की का गिलास होता था। वह दो घण्टे में दो पेग पीता था, टी.वी. देखता था, खाना खाता था और सो जाता था। सप्ताहांत के कुछ घंटे अक्सर वह किसी और लड़की के साथ गुज़ारता था। लड़कियाँ मौके के हिसाब से बदलती रहती थीं। वह कभी उसके ऑफ़िस की स्टैनो हो सकती थी, कोई कॉल-गर्ल हो सकती थी या कोई किसी पार्टी में टकराई औरत हो सकती थी। एक-दो बार वह किसी दोस्त की पत्नी भी निकली। कोई रिश्ता इसमें कभी बाधा नहीं होता था। वह इतना एहतियात ज़रूर बरतता कि किसी औरत से औरत का रिश्ता बनने पर वह उससे जुड़े किसी और रिश्ते को रद्द कर देता था। यानि यदि वह मित्र-पत्नी है, तो उससे रिश्ता बनते ही मित्र अजनबी हो जाता था! जब कभी शकुन्तला को शक होता और वह शिकायत करती तो वह उसे होंठों पर चूमकर गले से लगा लेता और उसके सिर पर हाथ रखकर उसकी कसम खाता। वह अपने भीतर अपने को अपनी पत्नी के लिए एकनिष्ठ मानता था। दूसरी औरतों से उसके सम्बन्ध एक ज़रूरी खेल की तरह थे जिसके

लिए उसका शरीर कभी-कभी तड़पने लगता। यह भी सही है कि दूसरी औरतें भी उसके स्वस्थ-सुन्दर जिस्म को हसरत की नज़र से देखती थीं। एक दोपहर वह किसी काम से फैक्ट्री से अपने घर के पास आया था। काम ख़त्म करके उसकी तबियत घर जाकर कुछ लेटने की हुई—पिछली रात नींद उचट गई थी। जब उसने फ़्लैट की घंटी बजाई तो नौकरानी ने दरवाज़ा खोला। शकुन्तला किसी पार्टी में गई थी, रानी स्कूल। घर सूना था। कुछ दिनों से कोई दूसरी औरत हाथ नहीं लगी थी। लक्ष्मण ने किचन में खड़ी नई नौकरानी को देखा, जो उसे कनखियों से देखकर सिंक में बर्तन धोने लगी थी। उसका नाम सरोज था।

'सरोज, एक गिलास पानी देना,' उसने सिंक की ओर देखते हुए कहा। वह गिलास में पानी लेकर उसकी तरफ़ चली। लक्ष्मण ने उसके साँवले चेहरे को ग़ौर से देखा। उसके होंठ भरे थे। नाक सुतवाँ थी। साँवले चेहरे पर ऊपर उठी आँखें कुछ ज़्यादा बड़ी और चमकदार लगती थीं—सफ़ेद कुछ ज़्यादा सफ़ेद, बीच में गोल काला कुछ ज़्यादा काला। साँवला रंग चेहरे को कोई तिलिस्म दे रहा था जैसे किसी घने जंगल में कोई सुबह हो रही हो! पानी का गिलास हाथ में लेते हुए लक्ष्मण का मन हुआ कि वह गिलास के साथ साँवला हाथ भी अपने हाथ में ले ले। उसकी आँखें सरोज के चेहरे पर थीं : यह चेहरा चोदने लायक था!

यू फ़क दि फ़ेस!—उसने यही दर्शन अर्जित किया था।

दो नंगे जिस्म बेड-रूम के कालीन पर गुँथे पड़े थे और हाँफ़ रहे थे—जब घर का दरवाज़ा खुला। दरवाज़ा खुलने की आवाज़ नहीं हुई थी। लक्ष्मण भूल गया था कि शकुन्तला एक चाभी लेकर गई थी। शकुन्तला दरवाज़े पर खड़ी कालीन को घूर रही थी। लक्ष्मण का चेहरा दीवार की ओर था। सरोज अचानक चीखी—'दीदी!' वह लक्ष्मण को परे धकेलकर और अपने कपड़े दोनों हाथों से उठाकर साड़ी लपेटती हुई किचन की ओर भागी।

शकुन्तला दरवाज़े पर पत्थर हो गई थी।

लक्ष्मण हड़बड़ाकर उठा और खड़ा हो गया। वह दरवाज़े पर खड़ी पत्थर की मूर्ति की आँखों में देख रहा था।

'शकुन,' उसके मुँह से हताश शब्द फूटे, 'क्या तुम्हें मुझ पर विश्वास नहीं?'

उसका शरीर नंगा खड़ा था। वह उसे ऊपर से नीचे तक देख रही थी।

वह पहले धीरे-से हँसी। फिर खिलखिलाकर हँसने लगी।

शकुन्तला इस बात पर हँसी थी कि सामने खड़ा नंगा आदमी आँखें खोले बिटर-बिटर देख रहा था! वह भूल गई थी कि वह ऐसे आदमी के सामने खड़ी है जो सपने नहीं देखता।

3

'झाँसी से फ़ोन,' शकुन्तला हॉल से चिल्लाई।

रात हो गई थी। लक्ष्मण फ़ैक्टरी से लौटकर बेड-रूम में कपड़े बदल रहा था। शकुन्तला की आवाज़ सुनकर उसे खुशी नहीं हुई। इसमें आवाज़ का दोष नहीं था। सन्देश खुशी का नहीं था। इसमें असुविधा या आशंका जैसा कुछ था। फ़ोन पर अम्मा या पापा होंगे। पता नहीं क्या बात हो?

'हलो,' वह बोला।

'तेरी आवाज़ को क्या हुआ?' दूसरी ओर से कोई मर्दानी आवाज़ आई।

'क्यों?'

'कुछ मरी-मरी-सी है।'

'नहीं,' वह हँसा, 'तू कौन बोल रहा है?'

'हरि।'

'अरे,' लक्ष्मण का स्वर एकदम खुशी से उछला, 'तू अमरीका से सीधा झाँसी कैसे पहुँच गया?'

'मैंने कल दिल्ली लैण्ड किया था। आज झाँसी पहुँचा।'

जब लक्ष्मण ने उससे पूछा कि तुमने दिल्ली से फ़ोन क्यों नहीं किया तो उसने बताया कि उसके साथ मैरी है। मैरी कौन? उसने कहा कि वह एक अमरीकी बाला है जिससे उसने पिछले माह विवाह किया है। लक्ष्मण ने उसे बधाई दी और उसे सपत्नीक कुछ दिन अपने साथ गुज़ारने का न्यौता दिया। उसने कहा कि वह अगले हफ़्ते आएगा।

हरि उसका बचपन का दोस्त था। वे शिशु मन्दिर से इण्टर तक एक-साथ पढ़े थे। वह उसकी आवाज़ पहचानता था। फ़ोन पर पहले ही उसे कुछ शक हुआ था। हरि ने बताया था कि दिल्ली में उतरते ही उसने ठण्डा पानी पी लिया और उसे जुकाम हो गया। इसीलिए आवाज़ कुछ भारी हो गई थी। जब हरि एक हफ़्ते

बाद गुड़गाँव आया तो उसका जुकाम ठीक हो गया था। मैरी को जुकाम था क्योंकि उसने झाँसी में बाज़ार के बर्फ़ को कोक में डालकर पी लिया था।

हरि मैरी और दो अटैचियों के साथ एक लम्बा बैग भी लाया जिसमें पानी की पाँच बोतलें थीं। उसने बताया कि वे अब सिर्फ़ बोतल का पानी पीते हैं। जब हरि ने बैग खोला तो लक्ष्मण हँसने लगा।

'क्यों हँस रहे हो?' हरि ने पूछा।

'उल्टे बाँस बरेली को।' वह मुस्कुराया।

'क्यों?'

'अरे, मेरा बोतल-बन्द पानी का ही कारखाना है।' उसने कहा, 'तुम चाहो तो उसी पानी से नहा भी सकते हो।'

'नहीं,' हरि बोला, 'मुझे पीने को वही पानी चाहिए।'

फिर हरि ने मैरी की ओर देखकर अंग्रेज़ी में कहा, 'देखो, मेरे दोस्त का पानी का ही कारखाना है।'

'ओह, हैरी, दैट इज़ वण्डरफ़ुल।' मैरी ने हाथ और आँखें नचाईं।

'हैरी!' लक्ष्मण चौंका, 'हैरी कौन है?'

'मैं,' हरि हँसा, 'असल में बात ये है कि मैरी हरि नहीं बोल पाती। हरि बोलते हुए उसके होंठों से हैरी निकलता है।'

मैरी का हैरी! जब हैरी मैरी से बोलता था तो उसका उच्चारण कुछ-कुछ अमरीकी होता था। उसका रंग साफ़ था, लेकिन मैरी के कुछ सुनहरे-से रंग के साथ वह साँवला ही लगता था। मैरी छरहरी लम्बी लड़की थी जिसकी आँखें नीली और बाल सुनहरे थे। हरि लक्ष्मण की तरह अधेड़ था, लेकिन उसी की तरह जवान लगता था। दोनों सुबह-सुबह नाइके के जूते और निकर-टी-शर्ट पहनकर नीचे उतर जाते और डी.एल.एफ. की जुड़वाँ इमारतों के दस चक्कर लगाते। फिर वे जिम में एक घण्टा गुज़ारते। जिम में हाँफ़ते दूसरे जवानो की तरह। क्या फ़र्क था?

'मैरी तो बिल्कुल लड़की लगती है,' लॉन के किनारे क्यारी में खिले गुलाब को देखते हुए लक्ष्मण ने कहा।

ठंडी हवा चल रही थी।

'है भी,' हरि बोला।

'तुम लोगों की उम्र का फ़र्क?' लक्ष्मण ने उसकी ओर देखा।

'अमरीका असलियत देखता है।' हरि ने मुस्कुराते हुए कहा, 'आँकड़े नहीं देखता।'

'क्या उसने कभी तुम्हारी उम्र नहीं पूछी?'

'पूछी थी।' वह हँसा, 'मैंने कहा कि मैं भारतीय प्रेम की तरह सनातन हूँ।'

'वह क्या बोली?'

'उसने हँसकर मेरे गले में बाँहें डालीं और मुझे चूम लिया।'

वे देर तक लॉन में टहलते रहे।

शकुन्तला और मैरी की अच्छी पटी। जब उसने मैरी से मुस्कुराते हुए पूछा कि तुमने एक विदेशी से कैसे विवाह किया, तो मैरी ने कहा कि अमरीकी युवा अपने रिश्तों में ज़्यादा संजीदा नहीं होते। वे दोनों दोपहर में पलंग पर चित लेटी थीं। शकुन्तला ने सहसा मैरी की ओर करवट ली, जो खाली छत पर नज़रें जमाए थी। उसने मैरी की ओर देखते हुए पूछा :

'मतलब?'

'शरीर वहाँ कोई बन्धन नहीं है।' मैरी ने छत पर आँखें टिकाए कहा, 'इसलिए नंगी आत्मा फड़फड़ाती रहती है।'

फिर उसने शकुन्तला की तरफ करवट ली और उसकी आँखों में आँखें डालकर कहा—'वहाँ शरीर शादियाँ तोड़ देते हैं।'

'यहाँ नहीं तोड़ते,' शकुन्तला ने ठण्डी साँस ली। उसकी नज़रें मैरी के परे फ़र्श पर बिछे कालीन पर फिसल गई थीं जहाँ पिछले माह एक दोपहर उसने लक्ष्मण और सरोज को नंगा देखा था। उसने सरोज को उसी दिन निकाल दिया था और उसकी जगह एक अधेड़ बंगलादेशी औरत को रख लिया था जिसका जवान बेटा था।

बंगलादेशी नौकरानी का नाम सुजाता था। उसका बेटा सुनील था, जो रिक्शा चलाता था। वे डी.एल.एफ. की चहारदीवारी से लगी खाली ज़मीन पर बसी झुग्गी बस्ती में रहते थे। सोलहवीं मंज़िल की खिड़की से बस्ती की झुग्गियाँ एक झुंड में सिमटी दिखाई देती थीं जिसके सामने कुछ रिक्शे हर सुबह नज़र आते जैसे बस्ती को वहीं ले जाना चाहते हों जहाँ से बस्ती के लोग आए थे। लेकिन रिक्शे गुड़गाँव शहर में दिन में बिला जाते। दिन में बस्ती की औरतें अट्टालिकाओं में गुम हो जातीं जहाँ वे उनके निवासियों के फ़र्श और बर्तन और कपड़े साफ़ करतीं। वे बच्चों को सुलातीं और माँओं के पैर दबातीं। कभी-कभी पिता उन औरतों को खुद दबाने लगते। वे डी.एल.एफ. के प्रांगण में साफ़-सुथरे कपड़े पहने इधर-उधर नज़र आ जातीं क्योंकि यहाँ गन्दे कपड़े पहनने की मनाही थी। वे इस तरह कुछ झुकी-झुकी चलती थीं जैसे डी.एल.एफ. चलाने की ज़िम्मेदारी उन्हीं की हो।

ठंडी हवा फिर चली। फूल क्यारियों में झूमे। धूप अभी लॉन पर बाकी थी।

घास के एक हिस्से पर ऊँची इमारत का साया था। दूसरे हिस्से पर घास और फूलों पर धूप चमक रही थी, जो हवा में कभी-कभी कोई जुम्बिश खाते। चहारदीवारी पर मद्धिम धूप थी, जिसके परे झुग्गी-बस्ती थी। फूलों के चक्कर काटते हुए लक्ष्मण ने हरि से पूछा कि मैरी की झाँसी में कैसी आवभगत हुई। हरि हँसा, 'पहले घर में अंग्रेजी टट्टी बनवानी पड़ी। देसी से मैरी का काम नहीं चला। वह एक दिन बीमार रही।' लक्ष्मण ने उसे ख़ाली नज़र से देखा। वह फिर बोला—'बाई यह देखकर बहुत हँसीं। बोलीं कि अमरीकी बहू के लिए घर में सब-कुछ है, टट्टी नहीं है।'

'तुम्हें पता है,' लक्ष्मण ने कहा, 'किसी ने कहा है कि भारत एक बहुत बड़ा पाखाना है।'

'कोई गोरा ही होगा,' हरि हँसा।

फिर उसने बताया कि मैरी शहर की गलियों में घूमकर ख़ुश हुई थी। वह खुश होती कि मोहल्लों में घर एक-दूसरे की बाँहों में बाँहें डाले खड़े थे और गलियाँ अमरीका की तरह सूनी नहीं थीं। वह और भी ख़ुश होती जब गलियों में आदमियों के साथ गायों और कुत्तों को देखती। वह कहती कि अमरीका में औरत कभी-कभी इतनी अकेली हो जाती है कि वह घर में कुत्ते के साथ रहती है। हरि के घर में तीन छोटे भाई, उनकी बहुएँ और कुल सात बच्चे थे। जब हरि ने मैरी को मोहल्ले का मतलब समझाया तो उसने कहा कि मोहल्ला तो तुम्हारे घर में ही है। वह यह कहकर हँसी कि झाँसी ऐसा शहर है जिसमें मोहल्लों में मोहल्ले रहते हैं और सड़कों पर लोगों के साथ गायें और कुत्ते घूमते हैं। आरती की भीड़ के वक्त उसे मुरली मनोहर के मन्दिर में भी मज़ा आया था और वह शंख और झालर की ताल पर तालियाँ बजाने लगी थी। जहाँ वह जाती, लोग उसे देखते रह जाते। लोग मुस्कुराए जब एक दिन वह साड़ी पहनकर शहर में निकली। यह विभ्रम की मुस्कान थी। वे समझ नहीं पा रहे थे कि उसे देखें या साड़ी को देखें। दोनों का मिलान उन्हें अजीब लग रहा था। मानिक चौक में भीड़ की भीड़ उसे देखने लगी। खंडेराव गेट के बाहर कुछ लड़कों ने पीछे से सीटी बजाना शुरू कर दिया। तब हरि ने एक ख़ाली तिपहिया रोका और वे घर लौट आए।

'हैरी,' मैरी ने घर लौटकर अपने कमरे में साड़ी उतारते हुए कहा, 'मुझे लगा मैं आज साड़ी पहनकर दूसरी औरत हो गई थी जब शहर में घूम रही थी।'

'दूसरी औरत?'

'हाँ।'

'कैसे?'

'भीतर से,' वह मुस्कुराते हुए बोली, 'मुझे लगा मेरे जिस्म में ख़ून की रफ़्तार बदल गई है।'

वह कमरे के बीच में निर्वस्त्र खड़ी थी। उसकी देह खिड़कियों के पर्दों से छनकर आती रोशनी में सौ मोमबत्तियों-सी चमक रही थी। दरवाज़ा बन्द था।

'कैसे?' हरि ने उसकी ओर बढ़ते हुए कहा, 'देखूँ।'

वे फ़र्श की दरी पर ही ढेर हो गए। मैरी गहरी साँसों में बुदबुदाती रही : 'हैरी-हैरी।'

'हैरी-हैरी,' सन-से बालों को पीछे ठेलते हुए अगली सुबह बाई ने हरि से कहा, 'यह दूसरा आदमी हैरी कौन है जिसे वह रात-भर अपने कमरे में बुलाती है?'

बाई अपने कमरे में राधा-कृष्ण की मूर्ति के सामने हाथ में माला लिए बाल खोले बैठी भजन कर रही थीं। हरि उसके पास आकर बैठ गया था।

'हैरी मैं ही हूँ, बाई,' हरि ने कहा।

'तू हरि है और हैरी भी!' बाई का स्वर कुछ तेज़ था।

'हाँ, बाई, मैं तुम्हारे लिए हरि हूँ और मैरी के लिए हैरी।'

बाई चिढ़ गईं। चिढ़कर बोलीं :

'जा, एक सुदर्शन चक्र ले आ।'

'कहाँ से?'

'बाज़ार से।'

'क्या?'

'हाँ।' बाई ने कड़ी आवाज़ में कहा, 'सुनते हैं, अब बाज़ार में सब-कुछ मिलता है।'

'उससे क्या होगा, बाई?' हरि हताश था।

'उससे तू राधा के लिए कृष्ण कन्हैया भी हो जाएगा।'

चुप्पी छा गई।

बाई फिर माला फेरते हुए बड़बड़ाईं : 'कितने रूप धरे हैं। मैंने तुझे हरि पैदा किया। तू अमरीका जाकर हैरी हो गया।'

उनकी आँखों में आँसू थे। वे सामने कृष्ण की ओर देख रही थीं जैसे उन्हीं से बोल रही हों।

'पता नहीं, तेरा बेटा क्या होगा?' यह कहकर उन्होंने आँखें मूँद लीं। आँसू दोनों ओर गालों पर लुढ़क गए जिन पर बहुत ढाल थी। उनकी उँगलियाँ माला के मनकों पर घूम रही थीं। मनकों का कोई अन्त नहीं था। उन्होंने आँखें नहीं खोलीं। हरि उठकर मैरी के पास चला गया।

हरि बाई का पहला बेटा था। बड़ी मन्नतों के बाद विवाह के चार साल बाद पैदा हुआ था। लेकिन जब वह गोद से उतरकर अपने घुँघराले बालों को नचाता हुआ आँगन में खेला तो साक्षात् कृष्ण ही लगा। उसे नज़र न लगे, इसलिए उसका नाम हरि रखा था। वह कृष्ण की तरह ही कुशाग्र बुद्धि था। आख़िरकार ईश्वर का रूप था। जहाँ जाए, वहीं अव्वल। उसे पढ़ाई के दौरान हमेशा वजीफ़ा मिला। उसी के बूते वह पहले आई.आई.टी. कानपुर गया, फिर अमरीका चला गया। जब उसके पिता की मृत्यु हुई, वह अमरीका में था। पिता को आग छोटे भाई ने दी थी। वह कुछ दिन बाद आया था। बाई के सिर पर उसने हाथ फेरा था जैसे अचानक वह पिता हो गया हो। उसने कहा था : 'बाई, कोई फ़िकर मत करना। घर वैसे ही चलेगा जैसे चलता था।'

घर उसी तरह चला। तीनों भाइयों की पढ़ाई पूरी हुई, नौकरी लगी और शादी हुई। हरि ने पहले तो शादी नहीं की। उसे यहाँ से भेजी कोई तस्वीर पसन्द ही नहीं आई। फिर जब शादी की, तो वहीं कर ली। बहू यहाँ से अमरीका नहीं गई। अमरीका से झाँसी आई और उसने पश्चिम दिशा के जादू-टोने से हरि को हैरी बना दिया। बाई को लगा, उसका बेटा खो गया।

हरि अपनी माँ को बहुत चाहता था—तब से और भी ज़्यादा जब वह विधवा हुई। वह लगातार बूढ़ी हो रही थी। इस बार हरि को उसके सारे बाल सफ़ेद मिले और नीचे के दो दाँत टूटे। उसे याद आया कि बचपन में वह कैसे बाई का आँचल थामे मोहल्ले भर में घूमता था। उसे एकबारगी लगा कि वह बाई को अपने साथ अमरीका ले जाए। लेकिन मुश्किल दोहरी थी। न वहाँ मोहल्ला होगा जहाँ वह हर दोपहर कहीं-न-कहीं निकल जाए या जहाँ से कोई-न-कोई घर आ जाए। फिर यहाँ घर भरा था—बहुएँ थीं, पोते-पोतियाँ थीं। वहाँ घर दिन-भर ख़ाली होगा और शाम को घर लौटकर जब मैरी हरि को 'हैरी-हैरी' बुलाएगी, तो क्या बाई शाम को माला लेकर फिर राधा-कृष्ण के सामने नहीं बैठ जाएँगी?

जब उसने बाई से उसके कमरे में एयर-कंडीशनर लगवाने का प्रस्ताव रखा तो वह हँसने लगी। फिर बोली कि अभी मैं सिर्फ़ रामेश्वरम् गई हूँ, तीन धाम बाकी हैं—तीन धाम करा दो! हरि ने कहा, बाई, मेरे पास इतना वक्त कहाँ? बस, मैरी को तुम्हारे चरण छुलाने लाया था। जल्दी लौटकर फिर नौकरी पर जाना होगा। हाँ, तुम किसी और बेटे के साथ चली जाओ। सारा ख़र्च मैं दे दूँगा।

घर से दिल्ली के लिए निकलने की सुबह मैरी फिर घर की तिमंजिली छत पर चढ़ गई थी। उसने चारों ओर फैले शहर को देखा। दूर पूरब में कैमासन की टौरिया थी जिसकी रेतीली चोटी धूप में चमक रही थी। दक्षिण में छोटी-सी पहाड़ी

पर किला खड़ा था, जिसकी दीवारों पर काई चमक रही थी। जब उनका अमरीकी सामान चबूतरे पर उतारा गया तो बाई की आँखों से आँसू गिरे। उसके आँसू पोंछते हुए हरि की आँखें भीग गईं। ताँगे पर बैठकर उसने रुमाल आँखों से लगाया। मैरी ताँगे से ही स्टेशन जाना चाहती थी। जब ताँगा गली में मुड़ा तो हरि ने आँसू पोंछकर रुमाल अपनी जेब में रख लिया। यह कुछ चौड़ी सड़क थी जिस पर आदमी और कुत्ते और गायें एक-साथ चल रही थीं। मैरी हँसी जैसे कोई पिंजरा खुला हो। ताँगा रानीमहल के सामने से गुज़रा। हरि पीछे चुपचाप बैठा सड़क पर सामने देख रहा था। मैरी झुक-झुककर रानीमहल को देख रही थी जिसे कल उसने अन्दर घूमकर अजायबघर की तरह देखा था। एकाएक हरि पीछे मुड़कर बोला—'ताँगा रोको।' ताँगा रुक गया। हरि तुरन्त ताँगे से उतरा और सड़क पर एक साइकिल के सामने खड़ा हो गया। साइकिल रुक गई। साइकिल एक बुजुर्ग चला रहे थे। साइकिल शहर में अब कुछ-कुछ अजायबघर की चीज़ होती जा रही थी जैसे उस पर बैठे बुज़ुर्ग।

'चाचाजी, नमस्ते,' हरि ने कहा।

'कौन?' बुज़ुर्ग उसे घूरते हुए बोले, 'मैंने पहचाना नहीं, बेटा।'

'हरि,' हरि मुस्कुराया, 'लक्ष्मण का दोस्त।'

'अच्छा, अच्छा,' बुज़ुर्ग ने हँसते हुए साइकिल पर अपनी दाईं टाँग घुमाई।

मगर उनका पायजामा सीट पर फँस गया। पायजामा सीट पर फँसा था और टाँग हवा में थी। वे साइकिल के साथ नीचे सड़क पर गिर रहे थे। वे गिर जाते यदि हरि लपककर उन्हें अपने हाथों में न ले लेता। जब पायजामा सीट से छुड़ाकर वे खड़े हुए तो हँसने की कोशिश करते हुए बोले, 'मैंने तुम्हें ताँगे से उतरते हुए देखा था। मैं समझा कोई विदेशी टूरिस्ट है।'

हरि ने मैरी को बुलाया और देवेन्द्र सहाय से कहा, 'आपकी बहू है।'

मैरी ने मुस्कुराते हुए दोनों हाथ जोड़ दिए।

'ख़ुश रहो,' वे बोले।

कुछ देर उन्होंने बात की। फिर घड़ी देखी और बोले—'मैं अब चलता हूँ।'

उन्होंने बायाँ पैर पैडिल पर रखा। साइकिल आगे बढ़ी और पायजामे के एक पाँयचे में लिपटा उनका दायाँ पैर हवा में किसी पताका-सा फहराया। फिर दोनों पैर पैडिलों पर घूमने लगे। हरि सड़क पर खड़ा देवेन्द्र सहाय के साइकिल पर जाते सफ़ेद बाल देखता रहा।

फूलों के चक्कर लगाते हुए हरि ने लक्ष्मण से उसके पिता के साथ अपनी भेंट बयान की और पूछा—

'चाचाजी इस उम्र में साइकिल क्यों चलाते हैं?'

'बहुत ज़िद्दी हैं।' लक्ष्मण हँसा, 'कहते हैं, मैं जब तक साइकिल चलाऊँ, तभी तक जीना चाहता हूँ।'

हरि के मन में यह बात ज़रूर आई कि लक्ष्मण पानी का कारखाना चलाता है, डी.एल.एफ. में रहता है—कम-से-कम अपने पिता की टाँगों के नीचे से साइकिल निकालकर स्कूटर रख सकता है ताकि उसे चलाते हुए उन्हें हवा में टाँग न फहराना पड़े। मगर उसने कुछ नहीं कहा। जब उसने मुँह मोड़ा तो उसका चेहरा चहारदीवारी की ओर था जिसके परे झुग्गी-बस्ती थी।

वे सड़क पर शहर से बाहर हल्दीराम के छोले-भटूरे खाने चले जा रहे थे। लक्ष्मण गाड़ी चला रहा था। हरि उसके बगल में बैठा था। पीछे शकुन्तला और मैरी थीं और उनके बीच बैठी रानी कैडबरी खा रही थी। गाड़ी की खिड़कियाँ बन्द थीं। ए.सी. चालू था। यह लक्ष्मण की आदत थी। चाहे गर्मी न भी हो, वह ए.सी. चला देता था। उसका कहना था कि शहर की हवा में प्रदूषण है, अपने शहर से बचना चाहिए। हालाँकि अब शहर भी पीछे छूट गया था—खिड़की के रंगीन काँचों के बाहर हरे पेड़ और घास या खेत नज़र आते थे। मगर यह आदत की बात थी। लक्ष्मण-शकुन्तला को भी अमरीकी दम्पत्ति की तरह ए.सी. की आदत हो गई थी।

'गाड़ी उम्दा है।' हरि ने कहा, 'कब ली?'

'पिछले साल,' लक्ष्मण बोला।

'मैंने भी पिछले साल ली थी,' हरि हँसा।

वह पहले दिन ही लक्ष्मण की टोयोटा देखकर चौंका था क्योंकि उसके पास अमरीका में यही गाड़ी थी। उसने कहा कि दोनों में कोई फ़र्क नहीं—दोनों एक ही कम्पनी के उत्पाद हैं। 'एक फ़र्क है,' लक्ष्मण ने कहा। 'क्या?' जवाब देते हुए लक्ष्मण मुस्कुराया, 'तुम्हारी गाड़ी चमकती सड़कों पर चलती है।'

'यह सड़क अच्छी है।' हरि ने कहा, 'अमरीकी सड़कों की तरह।'

पीछे मैरी रानी से पूछ रही थी, 'कैडबरी कैसी है?'

'कैडबरी जैसी,' रानी ने मुँह उठाकर कहा।

'कोई फ़र्क नहीं?' शकुन्तला ने पूछा, 'यह अमरीकी है!'

'कम्पनी तो एक ही है न!' मैरी ने हँसते हुए कहा।

हरि मैरी का साथ देते हुए हँसा—'गाड़ी के अन्दर अमेरिका और इंडिया में कोई फ़र्क नहीं है।'

हँसते हुए लक्ष्मण ने गाड़ी दाईं ओर मोड़ी। दो आस-पास खड़ी इमारतों में हल्दीराम का बोर्ड लगा था। कल रात वे डिनर के लिए ट्राइडेंट में गए थे। हरि और मैरी का कहना था कि बैरों के लिबास को छोड़कर काफ़ी कुछ अमरीकी होटलों की तरह था। तब शकुन्तला ने प्रस्ताव रखा था कि आज हम हल्दीराम की ओर चलते हैं—वहाँ आपको सब अलग लगेगा। गाड़ी पार्क करके वे अन्दर घुसे। रेस्टोरेंट में ख़ूब चहल-पहल थी। यह इतवार का दिन था। नीचे सब मेज़ें भरी थीं। वे ऊपर गए। रेलिंग से लगी एक मेज़ ख़ाली थी, जिससे नीचे का पूरा नज़ारा दिखता था। कुछ देर में हरि और लक्ष्मण अपने हाथों में छोले-भटूरे की प्लेटें लिए वापस आ गए।

पहला निवाला खाकर ही मैरी बोली, 'आह, क्या बात है!'

हरि बोला, 'मैं तो यह स्वाद भूल गया था।'

शकुन्तला मुस्कुराते हुए उनकी ओर देख रही थी। वे एक-दूसरे को देखकर मुँह चलाते हुए नीचे की चहल-पहल देख रहे थे जैसे यह कोई अनोखा दृश्य हो। नीचे प्लेटें हाथ में लिए चलते लोग थे, मेज़ों पर हँसते-खाते लोग थे और काउंटरों पर भीड़ थी। काफ़ी बड़ा दुमंज़िला हॉल था जो वातानुकूलित था। रोशनी खिड़कियों से और खम्भों से आ रही थी जिन पर बत्तियाँ लटक रही थीं। यह कुछ मिला-जुला उजाला था जिसमें थोड़ा सीढ़ियों का अँधेरा भी शामिल था।

छोले-भटूरे खाकर लक्ष्मण ने जलेबी का एक डिब्बा लिया और वे बाहर आकर लॉन पर बैठ गए, जहाँ खानेवालों का मेला लगा था। मैरी को जलेबी बहुत अच्छी लगी। उसने तीन जलेबियाँ खाईं। हरि ने पाँचवीं डिब्बे से उठाते हुए कहा—'मुझे गाड़ी नहीं चलाना है।' रानी बच्चों के घेरे में चकरी चलाकर और निशाना लगाकर आ गई। डिब्बा खाली उसी ने किया।

लौटते हुए हरि ने आँखें मूँद लीं। कुछ देर बाद मैरी ने कुछ चौंककर खिड़की के बाहर देखते हुए कहा—'आकाश की तरफ़ देखो : ऐसा लगता है जैसे हम न्यूयॉर्क के किसी हिस्से में हों।'

'क्या?' हरि ने आँखें खोलीं, 'क्या हुआ?'

'कुछ नहीं,' लक्ष्मण स्टीयरिंग सँभाले हँसा, 'मैरी कह रही है कि हम न्यूयॉर्क आ गए।'

दाहिनी ओर गगनचुम्बी इमारतों का संजाल था। वे जितनी धरती पर फैली थीं, उतनी ही आकाश में। आकाश में ऊँची-ऊँची इमारतों के बीच कुछ बादल तैर रहे थे। बादल साँवले थे, कहीं हलके, कहीं गाढ़े, बनती-बिगड़ती अजीब आकृतियों में ढलते हुए। सूरज की किरणें उन्हीं के बीच से इधर-उधर फूट रही थीं।

एकाएक गाड़ी झटके से सड़क पर रुक गई। सामने कोई बूढ़ा साइकिल पर सड़क पार कर रहा था। लक्ष्मण चिल्लाया। हरि ने आँखें खोलकर जब बूढ़े को देखा तो एक पल उसके सफ़ेद बाल देखता रहा—उसे तसल्ली हुई कि वे देवेन्द्र सहाय नहीं थे। रानी झटके से आगे झुककर चीख़ी थी। शकुन्तला ने उसे थाम लिया था। लक्ष्मण ने पीछे गर्दन मोड़कर देखा—उसे पिछली बार रानी का गाड़ी में गिरना याद आ गया।

जब बूढ़े की साइकिल पार हो गई और गाड़ी सड़क पर चल दी तो हरि ने हँसकर कहा—'न्यूयॉर्क में सड़क पर साइकिल नहीं होती।'

'न साइकिल पर कोई बूढ़ा,' मैरी बोली।

जब टोयोटा डी.एल.एफ. बस्ती में घुसी तो सामने बड़ा लॉन था और दोनों ओर बहु-मंज़िला इमारतें थीं। धूल का कोई कण नज़र नहीं आता था। सूर्य की किरणें निखालिस थीं, शुद्ध सोने की तरह चमकती हुईं। लॉन की घास और उसको घेरे क्यारियाँ और क्यारियों में फूल ऐसे सजे थे जैसे किसी प्लेट में रखे हों। वे गाड़ी से उतरकर लिफ़्ट की ओर गए। शकुन्तला ने फ़्लैट का ताला खोला। मैरी अन्दर जाकर सोफ़े पर बैठ गई। लक्ष्मण ने उसे आँख-भर देखा और सोचा कि वह किसी अमरीकी अभिनेत्री जैसी लग रही है, कौन-सी अभिनेत्री की तरह? उसने मैरी से ही पूछा। वह हँसने लगी।

'हैरी,' मैरी ने कहा, 'मुझे लग रहा है कि मैं अपने अमरीकी एपार्टमेंट में आ गई हूँ।' उसने ठंडी साँस ली और सोफ़े पर पसर गई।

'सिर्फ़ फ़र्नीचर और परदों का रंग बदल गया है,' हरि मुस्कुराया।

'अपने-आप...जैसे कोई जादू हुआ हो।' मैरी हँसी, 'इंडिया में अमरीका ने घर बना लिया।'

सोफ़े पर मैरी के साथ हरि बैठा था। ऐसा लगा जैसे कोई जुगलबन्दी हुई हो।

'तब तुम लोग यहीं क्यों नहीं रह जाते?' सामने बैठे लक्ष्मण ने कहा।

एक पल चुप्पी छा गई।

'जब मैं कभी-कभी अकेला महसूस करता था और बाई की याद आती थी,' हरि ने कहा, 'तो मेरा मन करता था कि मैं लौट आऊँ।' वह मैरी की ओर देखते हुए हँसा, 'लेकिन अब तो मैं शादीशुदा अमरीकी नागरिक हूँ जो अमेरिकन ड्रीम में जीता है।'

'अमरीकी सपना क्या है?' शकुन्तला ने पूछा।

हरि ने पढ़ते हुए मुश्किल ज़िन्दगी गुज़ारी थी। एक ओर अपनी महत्त्वाकांक्षाएँ

थीं, दूसरी ओर तीन छोटे भाई थे जो पढ़ रहे थे। आई.आई.टी. में कपड़े ढंग के पहनने पड़ते थे, लेकिन चार जोड़े थे—दो पहने जाते, दो धुलते। कभी-कभी वह किराए के पैसे बचाने और पढ़ने के लिए छुट्टियों में घर नहीं जाता था जब सब लड़के चले जाते थे और हॉस्टल में उल्लू बोलते थे। उन दिनों हॉस्टल के गलियारों में रात को टहलते हुए उसे कभी-कभी लगता था कि वह भी उल्लू ही है! ऐसा उल्लू यदि एकाएक ऐसे देश में पहुँचे जहाँ चारों ओर डी.एल.एफ. जैसी बस्तियाँ फैली हों जो दूध और शहद की नदियों के किनारे बसी हों, तो उसके लिए यह स्वप्न ही होगा!

'डी.एल.एफ. का पूरे देश में फैल जाना,' हरि ने मुस्कुराते हुए कहा।

'यह कैसे हो सकता है?' लक्ष्मण के मुँह से निकला।

घंटी बजी।

शकुन्तला ने उठकर दरवाज़ा खोला। उसे लगा, दरवाज़े में कोई छाया खड़ी है—उसके पीछे गलियारे के बाहर दोपहर का सूरज था। धीरे-धीरे सुजाता का चेहरा खुला। सुजाता काली थी। छाया की तरह। वह अन्दर आई और सीधी किचन में चली गई। वह सुबह-दोपहर आती थी—बर्तन धोने। अधेड़ कमला सुबह झाड़-पोंछा करती थी और मशीन में कपड़े धोकर बाहर सुखाती थी। शाम को कमला की बारह बरस की बेटी उमा आती थी जो रानी के साथ रहती थी—ख़ासकर अगर शकुन्तला कहीं बाहर जाए। दोनों नौकरानियों का वेतन सात-सात सौ रुपए था और बच्ची का चार सौ रुपए। मैरी को शकुन्तला ने यही बताया था जब उसने कहा कि एपार्टमेंट का सारा काम हरि और वह मिलकर करते हैं। उसे अचानक दिल्ली और झाँसी की मटमैली भीड़ें याद आईं थीं जिनका कोई पार नहीं था।

सुजाता सिंक में हाथ चलाती हुई बर्तन धो रही थी। उसकी आँखें बर्तन पर टिकी थीं। शकुन्तला ने किचन में घुसते हुए पूछा—

'सुबह क्यों नहीं आई?'

वह कुछ नहीं बोली। उसने आँखें बर्तन से हटाकर शकुन्तला की ओर देखा।

'रो क्यों रही हो?'

'सुनील...!' उसने रुककर कहा, 'सुनील बीमार है।'

सुजाता ने बताया कि सामने के ब्लॉक की चड्ढा भाभी ने कल एक पुराना फ़्रिज दिया था—सिर्फ़ दो माह की पगार के बदले। वह कल शाम फ़्रिज अपनी झुग्गी में ले गई। ख़ुशी-ख़ुशी उसने अपने घर में आए नए फ़्रिज में पानी की छः बोतलें रखीं और छः अंडे पास की दुकान से लाकर रख दिए। उसे लगा कि रीता

फ्रिज अपशकुन होगा। सुनील देर रात को दारू पीकर आया और आते ही सो गया था। वह सुबह-सुबह उठकर फ़ारिग होने निकली। जब वह लौटी तो उसने देखा कि सुनील उल्टी पर उल्टी कर रहा था। उसे लगा कि उसने रात को ज़्यादा दारू पी ली होगी। उसने पानी निकालने को फ्रिज खोला तो देखा कि फ्रिज में ऊपर अंडों की क़तार नदारद थी। उसने हड़बड़ाकर फ़र्श पर इधर-उधर देखा : एक कोने में छिलके पड़े थे। सुनील सारे अंडे कच्चे ही खा गया था। सुजाता उसे डॉक्टर के पास ले गई। दो सौ रुपए ख़र्च हो गए। सुनील झोपड़ी में पस्त पड़ा था। उसका रिक्शा झुग्गी के बाहर खड़ा था।

किचन की खिड़की की ओर हाथ उठाकर सुजाता बोली—'देखिए, भाभीजी। उधर बस्ती के बाहर जो अकेला लाल-लाल रिक्शा खड़ा है, वह सुनील का ही है।'

मैरी किचन में आ गई। शकुन्तला ने उसे दास्तान सुनाई और खिड़की के बाहर दूर चहारदीवारी के परे लाल रिक्शा दिखाया। मैरी उसी ओर देखती रही। जब तक शकुन्तला ने उससे नहीं पूछा कि पेप्सी लोगी या जूस। उसने कहा, 'कुछ नहीं।'

मैरी ने फिर अपनी आँखें खिड़की के बाहर झुग्गी-बस्ती की ओर मोड़ दी थीं। इतनी ऊँचाई पर खड़े हुए लगता था जैसे बस्ती कहीं पाताल में हो।

जब वे किचन से ख़ाली हाथ बाहर आ गईं, तो शकुन्तला ने पूछा, 'क्या सोच रही हो?'

'कुछ नहीं।' मैरी के होंठ सूखी मुस्कान में फैल गए।

वे आहिस्ता-आहिस्ता फिर सोफ़े पर आकर बैठ गईं। लक्ष्मण ने हरि से पूछा, 'कुछ पिओगे? पेप्सी या कॉफ़ी...कुछ?'

'कॉफ़ी,' हरि ने कहा।

मैरी नीचे फ़र्श की ओर देख रही थी, जिस पर हरे रंग का सुन्दर काश्मीरी कालीन बिछा था। सोफ़ा और पर्दे भी हरे रंग के थे। लक्ष्मण ने घर में घुसते ही ए.सी. चला दिया था। नीचे से ऊपर आते हुए उन्हें जो गर्मी लगी थी, वह अब नहीं थी। कमरे का हरा रंग ज़्यादा हरा लग रहा था।

शकुन्तला किचन में चली गई। मैरी बैठी रही।

'झाँसी में बिजली बहुत जाने लगी है,' हरि ने कहा, 'हम लोग परेशान हो गए।'

'गुड़गाँव शहर में भी जाती है,' लक्ष्मण मुस्कुराया—हालाँकि मुस्कुराने की कोई बात नहीं थी।

हरि ने अचरज से उसकी ओर देखा, 'यहाँ तो नहीं जाती।'

'डी.एल.एफ. में न बिजली जाती है,' लक्ष्मण बोला, 'न पानी। कभी-कभी ऐसा होता है कि गर्मी में शहर बिना नहाए चलता है लेकिन हमारे शावर में बदस्तूर पानी चलता है।'

'और तुम बदस्तूर गाते हुए नहाते हो।' मैरी हँसी।

'बेशक,' लक्ष्मण भी हँसा।

मैरी सामने बैठी थी। मैरी के सामने एक ही सोफे पर लक्ष्मण और हरि बैठे थे। हरि लक्ष्मण के साथ बैठा कुछ ठिगना और साँवला लगता था। मगर उसके नाक-नक़्श ज़्यादा तीखे थे। वह चश्मा लगाता था। लक्ष्मण सोफ़े पर बैठा मुस्कुराता हुआ ऐसा लगता था जैसे अभी किसी फ़िल्म की शूटिंग से लौटा हो। अलबत्ता, दोनों ने नीली जीन्स और सफ़ेद टी-शर्ट पहने थे।

'क्या इत्तफ़ाक है?' मैरी बोली।

'क्या?' हरि ने कहा।

'तुम दोनों ने एक-से कपड़े पहने हैं।' मैरी मुस्कुराई।

'सिर्फ़ जूतों का फ़र्क है।' लक्ष्मण हँसा।

'और चश्मे का,' मैरी ने हरि की ओर ताकते हुए कहा। उसकी मुस्कान में कुछ ऐसा था जैसे वह अभी उठकर हरि को चूम लेगी।

सुजाता कॉफ़ी की ट्रे लेकर आई। उसकी आँखें सूखी थीं। शकुन्तला उसके पीछे-पीछे आई और बैठ गई।

वे कॉफ़ी पीने लगे।

सबने कप उठा लिए। हरि ने नहीं उठाया। वह बोला, 'पानी।'

'सुजाता, फ्रिज से रानीवाली बोतल देना,' शकुन्तला बोली।

सुजाता बोतल मेज़ पर रख गई। शकुन्तला ने मेज़ पर रखे एक गिलास में पानी डाला और गिलास हरि की ओर बढ़ाया।

'आह, भारतीय मानक पानी!' यह कहते हुए हरि ने गिलास लिया और गटागट पी गया।

लक्ष्मण ने हरि को नहीं बताया था कि यह इतना शुद्ध धरती का पानी है कि इसे ऑस्मोसिस से छानने की ज़रूरत नहीं होती। उसने बोतल उठाकर हरि को आई.एस.आई. का ठप्पा दिखाया। हरि पल-भर उसे टकटकी बाँधकर देखता रहा : 1S-14543।

तीसरी सुबह जब हरि अपनी अटैची में उठा-पटक कर रहा था तो लक्ष्मण कमरे में आ गया। 'क्या खो गया?' उसने पूछा। 'जाँघिया-बनियान,' हरि ने कहा।

'मेरे स्टॉक में से ले लो। नए भी होंगे।' 'ढीले होंगे।' के जवाब में लक्ष्मण हँसा–'नंगे से तो बेहतर होगा।'

उसी दोपहर वे जाँघिया-बनियान लेने मॉल में घुसे। सिर्फ़ फ़्लैट से गाड़ी तक और गाड़ी से मॉल तक वे नंगे आसमान के नीचे थे जैसे हरि मैरी के साथ न्यूयॉर्क में होता था। घर से मॉल तक–सब वातानुकूलित था। मॉल नए राजमहल की तरह भव्य था। वे मॉल में घुसकर बीच के फ़र्श पर चले गए और इधर-उधर ताकने लगे। मैरी आँखें ऊपर उठाए ग़ौर से मॉल की सारी मंज़िलें और छत देख रही थी जिससे रोशनी झरती हुई लगती थी। चारों ओर दुकानें-ही-दुकानें थीं। हर मंज़िल पर हर दुकान दूसरी दुकानों से घिरी थी। दुकानें एक-दूसरे पर खड़ी थीं जैसे कोई पिरामिड हो। मॉल दुकानों का पिरामिड था जिसमें लोग कुलबुला रहे थे : हँसते-मुस्कुराते लोग, दुकानों के सामने और अन्दर मन्त्र-मुग्ध खड़े लोग। दुकानों में चीज़ें विस्मयकारी थीं। हर तरफ़ उनके हुजूम लगे थे जैसे वे अनन्त हों। रानी सहसा चारों ओर घूमी और धप्प-से नीचे बैठकर हँसती हुई बोली, 'मुझे चक्कर आ गया।'

कुछ देर बाद रानी उठी और फिर चारों ओर निहारने लगी। उसके मुँह में 'कैडबरी' थी।

जिस तरह मैरी चारों ओर देख रही थी, चारों ओर लोग उसे देख रहे थे। उसका रंग दमकता था और बाल चमकते थे। साँवली शकुन्तला उसके पास खड़ी थी। हरि और लक्ष्मण पीछे खड़े बतिया रहे थे। हरि बता रहा था कि ऐसे केन्द्रीकृत बाज़ारों का अमरीका में पुराना रिवाज़ है। आहिस्ता-आहिस्ता हरि ने कहा, ''सारे अमरीकी रिवाज़ भारत आ रहे हैं।''

'कुछ हवा से,' लक्ष्मण बोला, 'कुछ पानी से।'

'मुझे प्यास लगी है,' मैरी ने पीछे मुड़कर कहा।

'यहाँ तुम्हें कुछ ज़्यादा प्यास लगती है,' हरि मुस्कुराया।

'हाँ।'

'क्या पियोगी?'

'कोक।'

'मैं भी कोक पिऊँगी,' रानी का मुँह ख़ाली था। उसकी चॉकलेट ख़त्म हो चुकी थी।

मैकडोनाल्ड सामने था। वे घुस गए। रानी की फ़रमाइश थी कि वह कोक पीने से पहले बर्गर खाएगी। यह सुनकर मैरी हँसी और बोली :

'मैं भी मैकडोनाल्ड का बर्गर खाते और कोक पीते बड़ी हुई।'

शकुन्तला को मैरी की त्वचा, बालों और आँखों के रंग से ईर्ष्या होती थी। उसने मेज़ पर सामने मैरी के चेहरे की ओर देखते हुए कहा–

'जैसे तुम बड़ी हुई हो, उसी तरह रानी भी बड़ी हो!'

जब वे मैकडोनाल्ड से बाहर आए तो मॉल के आँगन में उजाला कुछ कम हो गया था। वे एस्केलेटर की ओर बढ़े। रानी सबसे आगे थी। वह घूमती सीढ़ी पर ऐसे बढ़ी जैसे इसी सीढ़ी पर बड़ी हुई हो। पहली मंज़िल पर सामने ही वे 'बिग बाज़ार' के प्रवेश-द्वार में घुस गए। यह अन्तहीन-सी दिखती दुकान थी जिसमें अन्दर की ओर ऊपर जाने का ज़ीना था–दुकान एक मंज़िल से शुरू होकर दूसरी मंज़िल तक चली जाती थी। क्या पता, ऊपर भी ऐसा ही हो! ऐसा लगता था जैसे यहाँ हर चीज़ है–और जो यहाँ नहीं है, कहीं नहीं है।

शकुन्तला हर दूसरे काउंटर पर ठमठमा जाती यद्यपि वह लगभग हर दूसरे सप्ताह यहाँ आती थी। मैरी यदि उसके साथ न होती तो आगे या पीछे होती। उसने एक दुकान में घुसकर दो जोड़ी सलवार-कुर्ते लिए : एक काला, दूसरा बादामी। दो के साथ तीसरा मुफ़्त था। शकुन्तला भी एक काला लेना चाहती थी लेकिन एक के साथ कोई मुफ़्त नहीं था; इसलिए उसने भी दो लिए, तीसरा मुफ़्त मिला। तीसरी महिला भी सलवार-कुर्ता लेने को मचली। मैरी ने उसे खिलौने भी दिलवाए। हरि ने जाँघिया-बनियान के अलावा फ़ैब इंडिया से दो कुर्ते भी लिए। उनके हाथ भर गए। दोनों पुरुष सारे पैकेट लेकर नीचे गाड़ी में रखने चले गए।

तीनों महिलाएँ अकेली गलियारे में खड़ी थीं। कुछ देर उन्होंने इधर-उधर देखा। फिर वे दाईं ओर चमचमाती एक साड़ियों की दुकान में घुस गईं। यह एक बनारस की मशहूर साड़ियों की दुकान थी, शकुन्तला ने मैरी को बताया, जिससे नेता, अभिनेता और उद्योपति साड़ियाँ ख़रीदते थे–उनकी ख़बरें अख़बारों में छपती थीं। 'पेज थ्री क्राउड!' मैरी हँसी। 'हाँ,' शकुन्तला ने कहा। जब सेल्समैन पीछे से साड़ियाँ निकाल रहा था, तब मैरी ने शकुन्तला से कहा :

'जानती हो, हैरी और मैं पहले-पहल कहाँ मिले थे?'

'कहाँ?'

'एक इंडियन पार्टी में,' मैरी मुस्कुराई, 'जिसमें मैंने काली साड़ी पहनी थी।' मैरी हँसी, 'हैरी ने मुझसे कहा कि मैंने इतना सुन्दर काला रंग अपनी ज़िन्दगी में कभी नहीं देखा।'

'उसे तब अपने घर की याद आ रही होगी,' शकुन्तला ने कहा। 'अमरीकी सपने को उसने अपने घर के लिबास में लिपटे देखा...और वह पगला गया।' शकुन्तला हँस दी।

काउंटर पर सेल्समैन ने रंग-बिरंगी साड़ियाँ ताश के पत्तों-सी फैला दी थीं। उनसे नज़र नहीं हटती थी। जब वे दुकान से बाहर आईं तो मैरी के हाथों में एक बड़ा पैकेट था जिसमें तीन साड़ियाँ थीं—मैरी ने दो अपने लिए ली थीं, एक शकुन्तला के लिए। बाहर गलियारे में हरि और लक्ष्मण इधर-उधर ताकते खड़े थे। गलियारे में रोशनी का धुँधलका था। जब उनकी नज़र अपनी महिलाओं पर पड़ी तो वे मुस्कुराने लगे। हरि ने मैरी के हाथ से पैकेट ले लिया और कहा इसे मैं अपने हाथों में रख लूँगा।

लक्ष्मण अपना हाथ पलटकर घड़ी देख रहा था। 'पाँच मिनट बचे हैं?' उसने कहा। 'किसलिए?' 'फ़िल्म शुरू होने के लिए,' लक्ष्मण बोला। उसने बताया कि जब वे पैकेट रखने गए टिकट ले आए थे। 'लड़कियाँ' के टाइटिल्स चल रहे थे जब वे हॉल में घुसे। पहले दृश्य में एक दुबला-पतला बूढ़ा एक छोटे-से गाँव में अपने अधपक्के घर के सामने चबूतरे पर बैठा है—वह हाल ही में गाँव के प्राइमरी स्कूल से रिटायर हुआ है। सहसा दृश्य में एक सजीला नौजवान आता है और बूढ़े के पैर छूकर कहता है—'पिताजी, मैं आई.ए.एस. में आ गया।' पिता पूछता है कि आई.ए.एस. क्या होता है? बेटा बताता है कि यह सरकार की सबसे ऊँची नौकरी है जो कलक्टरी से शुरू होती है। बूढ़ा कुछ घबराकर चबूतरे पर खड़ा हो जाता है और बेटे को गले से लगा लेता है—गले लगाता हुआ वह लड़के के गले से झूलता हुआ लगता है क्योंकि लड़का लम्बा है। लड़का वजीफ़ों के बल पर पढ़ा है। वह एक कॉलेज में पढ़ाता था जब आई.ए.एस. में चुना गया। तभी से उसे गाड़ियों का बड़ा शौक रहा है—उसने बैंक से ऋण लेकर एक सेकेंड-हैंड मारुति ख़रीद ली थी। उसकी शादी के लिए दो प्रस्ताव सबसे ऊपर हैं : एक, एक आई.ए.एस. की बेटी—जो अभी रिटायर हुए हैं; दो, लखनऊ के एक बड़े कारों के व्यापारी की इकलौती बेटी। लड़का जिसका नाम विजय है, व्यापारी की बेटी चुनता है। जब उसकी शादी होती है तब इमरजेंसी के बाद जनता पार्टी का राज है जिसमें जॉर्ज फ़र्नांडीस ने कोका-कोला को देश-निकाला दे दिया था। वह दहेज में दो गाड़ियाँ लेता है : एक आयातित मर्सिडीज़ बेंज़; दूसरी नई-नई सुकुमार मारुति क़ा नया मॉडल।

नरसिंह राव की कांग्रेसी सरकार के पहले वर्ष में ही विजय के ससुर की हृदय-गति रुकने से मृत्यु हो जाती है। उनका करोड़ों का कारोबार है। सँभालनेवाला कोई नहीं। कुछ महीनों में विजय नौकरी छोड़कर महानगर में बनी अपने ससुर की तिमंज़िला भव्य कोठी में आ जाता है और व्यवसाय चलाने लगता है। वह नई गाड़ियों की ओर ऐसे देखता है जैसे लोग लड़कियों की ओर देखते

हैं। जो लोग लड़कियों की ओर देखते हैं, वे गाड़ियों की ओर भी देखते हैं। मगर विजय सिर्फ़ गाड़ियों की ओर देखता है या चमचमाती गाड़ियों में ही लड़कियों के हँसते चेहरे और बल खाते जिस्म का दीदार कर लेता है! कभी-कभी उसे किसी गाड़ी और लड़की की 'बॉडी' एक-सी लगती। उसकी मुटाती पत्नी रमा बहुत सुखी और सन्तुष्ट है। वह दो बेटों की माँ है। लखनऊ वापस लौटकर उसे अपनी तीन पुरानी सहेलियाँ भी मिल गई हैं जो अपने पतियों की शिकायत करतीं और उससे कहतीं :

'रमा, तुम्हें आदर्श पति मिला है।'

फ़िल्म का शिल्प नया है। परदे पर फ़िल्म के बीच-बीच में कई ऐसे बिम्ब उभरते हैं जिनमें किसी गाड़ी के नए मॉडल में कोई लड़की नज़र आती है या कभी किसी लड़की का जिस्म चमचमाती गाड़ी की तरह लगता है। कभी-कभी लांग शॉट में पता ही नहीं चलता कि पेड़ों के बीच में नंगी गाड़ी दौड़ रही है या नंगी लड़की! देश में नव-उदारीकरण का झिलमिल ज़माना है। जो गाड़ियाँ पहले नेताओं, अभिनेताओं और उद्योगपतियों के लिए आयातित होती थीं, अब अपनी धरती पर बनने लगी हैं।

कुछ लोग हॉल में हँसते हैं जब एक दृश्य में विजय रॉल्स रायस गाड़ी मँगाता है और सपने में उसे हज़रतगंज के बीचोबीच खड़ी करके उसके चारों ओर नाचता हुआ गाता है जैसे औसत बम्बइया फ़िल्म में नायक बाग़ में नायिका के इर्द-गिर्द घूमता हुआ छलाँगें लगाता है और गीत गाता है। हरि और लक्ष्मण स्तब्ध थे। लक्ष्मण यह सोच रहा था कि कम-से-कम सपने में वह 'रानी का पानी' की बोतल के चारों ओर नाच सकता था। मगर उसे सपना नहीं आता था। यदि कभी सपना आया, तो यही आएगा! हरि उसे बाद में बताएगा कि उसने चार्ली चैपलिन की एक फ़िल्म 'मॉडर्न टाइम्स' कभी देखी थी जिसमें नायक एक स्त्री की छातियों की दोनों घुंडियों को पेंचकस से कसने लगता है। वह कहेगा कि यह रॉल्स रायस-नृत्य उसी का विस्तार है।

अन्त में विजय का एक मशहूर जापानी कम्पनी के साथ अनुबन्ध होता है, जिसके बाद अगले शॉट में विजय को देश का एक प्रतिष्ठित 'वर्ष का व्यवसायी' पुरस्कार मिलता है। यह पुरस्कार उसे दिल्ली में उद्योग मंत्री देते हैं, जो उसे निजी तौर पर जानते हुए लगते हैं। मंत्री के पीछे मुस्कुराता सचिव मिश्रा खड़ा है, जो विजय के बैच का ही आई.ए.एस. है। मोटर निर्माताओं में यह अफ़वाह है कि विजय के जापानी कम्पनी के साथ कारखाना लगाने के पीछे उद्योग भवन में पुराने सम्बन्ध हैं।

वे मॉल में जाँघिया-बनियान ख़रीदने घुसे थे। जब बाहर निकले तो गाड़ी में सलवार-कुर्तों, साड़ियों, खिलौनों और सैंडिलों के थैले थे—सैंडिलें महिलाओं ने फ़िल्म के बाद बाहर आते हुए ख़रीदी थीं जब दोनों पुरुष गलियारे में खड़े फ़िल्म के बारे में बातें कर रहे थे। लक्ष्मण विजय की कार के लिए एकनिष्ठता की प्रशंसा कर रहा था गोया कार न हो अर्जुन की आँख हो। उसका नाम सार्थक था। उसने अपने पर विजय पा ली थी।

जब वे घर में घुसे, घर खुला था। सुजाता किचन में बर्तन धो रही थी। लक्ष्मण हॉल में बैठकर हरि से बहस करने लगा कि फ़िल्म का शीर्षक 'गाड़ियाँ' होना चाहिए था, न कि 'लड़कियाँ'। स्त्रियाँ अपने कमरों में होती हुई बाथरूम में गईं। उन्होंने कपड़े बदले। फिर वे बाहर आईं। शकुन्तला किचन में घुसी। मैरी उसके पीछे आई। उसे प्यास लगी थी। फ़्रिज से रानी की बोतल निकालकर गिलास में डालते हुए उसकी नज़र सुजाता पर पड़ी : वह बर्तन धोती सिंक की ओर नीचे मुँह किए थी। एकाएक मैरी चीख़ी, 'अरे, वह फिर रो रही है।' उसने सुजाता के एक गाल पर आँसू देखा था।

शकुन्तला किचन की खिड़की के बाहर देख रही थी। उसनै देखा कि सुनील का लाल रिक्शा अपनी जगह खड़ा है।

'क्यों, सुनील काम पर नहीं गया?' शकुन्तला ने पूछा।

'उसे बुख़ार है, भाभी।' सुजाता ने आँसू पोंछे।

'डॉक्टर को दिखाया?'

'नहीं।'

'क्यों?'

'पैसे नहीं हैं।'

'जाते हुए मुझसे ले लेना।'

यह ज़रूरी नहीं है कि सुनील बीमार हो, शकुन्तला ने बाद में मैरी को बताया। कभी-कभी ये लोग पैसे ऐंठने के लिए बहाने बना देते थे।

'मैं इन्हें पैसे दे देती हूँ।' शकुन्तला ने मुस्कुराते हुए कहा, 'मगर हिसाब से काट लेती हूँ।'

शकुन्तला को देखते हुए मैरी की आँखें फैल गईं।

4

रानीमहल के सामने सड़क की धूप में जब देवेन्द्र सहाय अपनी साइकिल पर परिन्दे के पंख की तरह पैर खोलकर चढ़े तो आख़िरी सवाल हरि ने उनसे पूछा था, 'कहाँ जा रहे हैं?' 'ऐसे ही,' कहकर वे आगे बढ़ गए। हरि का ताँगा उनसे आगे निकल गया। वे हरि को कैसे बताते कि वे मिनर्वा टॉकीज़ के पीछे डॉक्टर सिन्हा की दोनों बेटियों को पढ़ाने जा रहे हैं और हार्डीगंज में सेठ बनवारीलाल के दोनों बेटों को पढ़ाकर आ रहे हैं। दोनों ट्यूशनों से उन्हें दो हज़ार रुपए मिल जाते थे। तब घर का ख़र्च चलता था। रिटायर होने के बाद उन्होंने दोनों बेटों से दो-दो हज़ार की माँग की थी। हमारे साथ कक्का भी रहते हैं, उन्होंने राम-लक्ष्मण को लिखा था। लौटती डाक से लक्ष्मण का ख़त आया था जिसमें लिखा था कि आपने अपनी कमाई के बल पर कक्का को अपने साथ रखा था। जब वह कमाई ख़त्म हो गई तो साथ भी ख़त्म हो गया। उनसे कहिए कि अब वे अपना रास्ता लें। ज़माना बदल रहा है, पापा, लक्ष्मण ने आगे लिखा था। अपना पूरा नहीं पड़ता। दूसरों को कोई कैसे सँभाले?

कक्का क्या अब दूसरे हो गए थे? देवेन्द्र सहाय ने अपनी साइकिल बाहर निकाली थी और दोनों ट्यूशन शुरू कर दिए थे। 'मैं नौकरी से रिटायर हुआ हूँ,' उन्होंने मालती से कहा था, 'ज़िन्दगी से नहीं।' दोनों भाई उन्हें एक-एक हज़ार रुपए भेजते थे। राम ने ज़रूर कहा था कि मैं दो हज़ार भेज सकता हूँ। जब लक्ष्मण एक भेजता है तो तुम भी एक ही भेजो, उन्होंने जवाब दिया था।

आहिस्ता-आहिस्ता शहर में साइकिल अजूबा होती जा रही थी। साइकिल की जगह पहले स्कूटर ने ली, फिर युवा मोटरसाइकिलों पर फर्राते नज़र आने लगे। मारुति कारों को आने में देर नहीं लगी। अक्सर मानिक चौक में दो गाड़ियाँ आमने-सामने दुश्मनों की तरह आ जातीं और रास्ता जाम हो जाता। जब जाम टूटता तो गाड़ियाँ और दुपहिए छूटकर दोनों ओर भागते। झाँसी दिल्ली या

लखनऊ नहीं थी, फिर भी सड़कों पर गाड़ियों की संख्या यहाँ रोज़ बढ़ रही थी। चमचमाती गाड़ियाँ नई काट की थीं जैसे सड़क पर कोई नए जीव-जन्तु आ गए हों। साइकिल शहर में लगातार लुप्त होती प्रजाति होती जा रही थी और साइकिल पर बैठनेवाले लोग भी। देवेन्द्र सहाय की तरह।

जो लोग देवेन्द्र सहाय को जानते थे, वे उन्हें साइकिल पर सवार देखकर ख़ुश होते जैसे वे साइकिल पर नहीं घोड़े पर बैठे हों क्योंकि साइकिल पर सवार होने का मतलब था कि वे कहीं काम से जा रहे हैं। नहीं तो वे क़िले पर घूमने हमेशा पैदल जाते थे। उन्हें साइकिल पर बैठा देखकर लगता कि समय उनके पीछे कैरियर पर बैठा है। जिस दिन समय आगे निकलेगा, वह साइकिल अपने साथ ले जाएगा और देवेन्द्र सहाय ज़मीन पर नज़र आएँगे।

कुछ लोग ऐसे भी थे जो देवेन्द्र सहाय को ताना देते। 'अब आपकी आराम करने की उम्र है,' कोई कहता, 'ख़ासकर जब राम-लक्ष्मण जैसे आपके बेटे हैं। सुना है, लक्ष्मण तो पानी से सोना बना रहा है।' वे हँसने लगते। कोई जवाब नहीं देते थे। वे जानते थे कि हर सवाल का जवाब नहीं होता। कुछ सवाल हिन्दू विधवा की तरह होते हैं। वे जिस तरह पैदा होते हैं, उसी तरह मर जाते हैं। जब देवेन्द्र छोटे थे तो उनके पिता एक दिन दूर के रिश्ते की भाभी लक्ष्मी को घर ले आए थे। उन्होंने बताया था कि लक्ष्मी विधवा हैं, उनका कोई नहीं है। उनकी बचपन की यादें लक्ष्मी चाची से जुड़ी थीं। वे देवेन्द्र को बहुत प्यार करती थीं। उसे लगता कि उसकी दो माँएँ हैं। बड़ा होते हुए उसने जाना कि यह अनोखी बात थी—किसी की दो माँएँ नहीं हो सकतीं। मगर एक फ़र्क था। लक्ष्मी चाची कभी हँसती नहीं थीं। देवेन्द्र बहुत याद करते। उन्हें लक्ष्मी चाची का कोई हँसता चेहरा याद नहीं आता था। वे सुन्दर थीं। क्या इसीलिए नहीं हँसती थीं?

जैसे देवेन्द्र के दद्दा लक्ष्मी चाची को ले आए थे, देवेन्द्र क्रान्ति कक्का को घर लाए थे। उन्होंने घर में हमेशा गाँव से रिश्तेदारों को आते और ठहरते देखा था। हमेशा खाना इस तरह बनता था कि एक-दो आदमियों के अचानक आ जाने से कोई फ़र्क नहीं पड़ता था। दद्दा घर में यही रिवायत छोड़ गए थे जो उनके जाने के बाद भी चलती रही। पौर में अक्सर कोई रिश्तेदार रहता था। अब कक्का पौर में रहते थे। देवेन्द्र सहाय कभी-कभी सोचते कि कक्का चले गए तो पौर कितनी सूनी हो जाएगी!

जब वे छोटे थे, गर्मियों की छुट्टियों में हर साल गाँव जाते थे। गाँव में दादा-दादी थे और बड़ा आँगन था, जिस पर धरती को घेरे पूरा आसमान छाया रहता। रात में आकाश सितारों से भर जाता था। आँगन में चारपाई पर लेटे हुए

उसे लगता कि सितारे आहिस्ता-आहिस्ता धरती की ओर सरक रहे हैं। कभी-कभी रात में आँख खुलती तो लगता कि देवेन्द्र सितारों की बस्ती में आ गया है और सप्तऋषि की तरफ़ बढ़ रहा है। सुबह आसमान साफ़ हो जाता—सड़क की तरह। गाँव में एक सड़क थी। सारी गलियाँ इसी से आकर मिल जाती थीं। एक बारिश की रात जब वह सड़क से अपने घर की गली में आया तो एक साँप उसके पैरों से उलझकर दूसरी तरफ़ चला गया था—वह उसे काटना भूल गया था। देवेन्द्र छपर-छपर करता घर पहुँचा। तब पीछे पलटकर उसे पता चला कि साँप ही उसके पैरों से लिपटा था और उसने उसे काटा नहीं था। अगले दिन वह आम के बाग़ में तीन दोस्तों के साथ गया था और उन्होंने आम तोड़कर खाए थे। तब हल्की-हल्की बूँदें पड़ रही थीं और आकाश में तारों की जगह घूमते हुए बादल थे। घर पहुँचते-पहुँचते वे भीग गए थे। तब भीगने से ठंड नहीं लगती थी।

गाँव में उसका लिबास अधिकतर जाँघिया-बनियान होती थी जैसे दूसरे लड़कों की। कभी-कभी बनियान के ऊपर कमीज़ या कुर्ता डाल लिया जाता जब वह दोस्तों के साथ आम या महुआ के बाग़ों में या बाज़ार जाता। बाज़ार में मैली-सी कपड़ों और बिसात की दुकानें थीं। एक तरफ़ सुनार था, दूसरी तरफ़ वैद्यजी का दवाखाना था। अनाज की मंडी पीछे की तरफ़ थी, जहाँ हर साल रामलीला होती थी और दशहरे में रावण पटाखों के साथ मरता था। मिठाई और चाट की दुकानें मुख्य सड़क पर थीं जो झाँसी को कानपुर से जोड़ती थी और जहाँ बसें रुकती थीं। मिठाई और चाट को देखते हुए वे आम के बाग़ की ओर चले जाते थे। उनके साथ अक्सर एक दोस्त होता था जिसका जाँघिया और बनियान थोड़े गन्दे और फटे थे। उसका नाम भोपे था। उसके माँ-बाप नहीं थे। वह लक्ष्मी चाची की तरह अपने चाचा के साथ रहता था। उसके हाथ में कभी-कभी गुड़ का एक टुकड़ा होता था, जिसमें काग़ज़ का कोई टुकड़ा चिपका होता। वह काग़ज़ के साथ ही गुड़ खा जाता था। वह ग़रीबी की रेखा के नीचे था—हालाँकि तब ग़रीबी की रेखा नहीं थी। तब देवेन्द्र को पता नहीं था कि वह भी ग़रीब है क्योंकि फ़्रिज या टी.वी. किसी के घर में नहीं था—न गाँव में, न शहर में। सबके पास साइकिल थी जो उसके पिता के पास थी और जो अब उसके पास भी थी।

महुआ और आम तब ज़्यादा मीठे होते थे। लीला पकते महुए-सी महकती थी और पौर के अँधेरे में उससे टकरा जाती थी जब देवेन्द्र के ऊपरी होंठ पर रेख निकल रही थी। गाँव में अँधेरा ज़्यादा था। वह लीला के जिस्म में कुछ ढूँढ़ता था जिसका उसे ख़ुद पता नहीं था। अब भी देवेन्द्र सहाय को कभी-कभी यही लगता था कि वे अँधेरे में कुछ खोज रहे हैं जिसका उन्हें ख़ुद पता नहीं। सफ़ेद

बालों की चमक अँधेरे में दरार पैदा करने को काफ़ी नहीं थी। काला बादल उसी तरह घुमड़ता रहता। बिजली निस्तेज उसके बीच चमकती और बुझ जाती। सड़क पर वह लड़का जिसकी मसें भीग रही थीं—साइकिल चलाता नज़र आता। साइकिल चलती रहती। लड़के के बाल रफ़्ता-रफ़्ता सफ़ेद होते हुए एकदम सन की तरह चमकने लगते। उसकी टाँगों के बीच में साइकिल फँसी रहती जैसे वह साइकिल पर बैठा हुआ बूढ़ा हो गया हो।

हाथ लीला के शरीर की गदराहट नहीं भूलते। आँखों को उसकी हँसी याद थी। उसके लाल होंठ दमकते दाँतों पर फैल जाते थे। उसके गले की कोई आवाज़ थी जिसका शक उसे महुए और आम के बाग़ों में भी होता था जब पक्षी बोलते और पानी की फुहार पड़ती। तब महुए कभी-कभी अपने-आप धरती पर गिर जाते या कोई आम टपकता। भीगी धरती पर फल ऐसे गिरते थे जैसे आकाश से गिरे हों। लड़के ख़ुद भीगते हुए उन्हें बटोर लेते थे।

गाँव की दोपहरें तपती थीं। आँगन में नंगे पैर नहीं चल सकते थे। पैर आँगन में दौड़ते थे और कोठरी के भीतर कोठरी में घुसकर लेट जाते थे जिसके छप्पर पर धूप का समुद्र लहराता था। देवेन्द्र कभी-कभी चुपचाप जलती गलियों में अकेला निकल जाता था और किसी दोस्त के घर दोपहर-भर ताश खेलता रहता था। तब अकेलापन नहीं था। दूसरों का होना या न होना था। यदि घर में कोई साथ न होता तो वह घर के बाहर किसी दूसरे घर में साथ ढूँढ़ लेता। जहाँ साथ मिलता वहीं घर हो जाता था। यह बन्दिश नहीं थी कि भूख लगे तो अपने घर में ही खाना खाया जाए। जहाँ भूख लगे, वहीं घर हो जाता था। देवेन्द्र को लगता जैसे वह अपने घर में नहीं, गाँव में रहता है।

एक ढलती दोपहर देवेन्द्र और भोपे एक-साथ अपने घर के बाहर सड़क पर आए और उस ओर चल दिए जहाँ गाँव ख़त्म होता था। गाँव के बाहरी छोर पर मेहतरों के लिपे-पुते घर थे, माली की झोपड़ी थी और बाग था जिसमें महुए और आम के पेड़ थे। बाग चौकोर था। उसके बाहर सूने खेत थे। जब वे घर से निकले हवा गर्म थी और सूरज बाग के पश्चिमी पेड़ों के पीछे डूब रहा था। वे महुए के एक पेड़ के नीचे खड़े हो गए और चारों तरफ़ देखने लगे। दोनों जाँघिया-बनियान पहने थे। अलबत्ता, देवेन्द्र के जिस्म पर कपड़े कम मैले थे—उसके जिस्म की तरह। भोपे काला था। जब उसे ज़मीन पर कोई फल नज़र नहीं आया तो उसने ज़मीन से एक पत्थर उठाया और पेड़ की शाखों की ओर फेंका। उसका निशाना अचूक था। दो महुए गिरे। उसने दोनों उठाए और एक देवेन्द्र को दिया। महुए गदरा गए थे। बहुत मीठे थे।

जिस शाख पर भोपे का पत्थर लगा था, उससे दो पक्षी चीं-चीं करते हुए उड़े थे। वे दूसरे पेड़ पर बैठ गए थे। क्या उन्हें चोट लगी थी?—महुआ खाते हुए देवेन्द्र ने सोचा। वह ऊपर पेड़ की पत्तियों की ओर देख रहा था। पत्तियों के पीछे आसमान एकाएक साँवला होकर कुछ नीचे झुक आया। फिर कुछ बादल घिरने लगे। भोपे ने दूसरा पत्थर ऊपर फेंका, फिर तीसरा। एक पत्थर देवेन्द्र ने भी उठाया और फेंका। कुछ महुए नीचे गिरे। महुए बीनते हुए देवेन्द्र ने कहा—'मेरा निशाना पक्का है न?'

'इसमें क्या शक है?' भोपे हँसा। उसने एक महुआ मुँह में डाल लिया था। 'मीठा भी है,' वह बोला।

'क्या?' देवेन्द्र ने नज़रें ऊपर उठाईं।

'निशाना,' भोपे पीले दाँत निकालकर हँसा।

देवेन्द्र भी हँसने लगा। वह भोपे की तरफ़ देख रहा था। भोपे ने गर्मी की वजह से फटी बनियान उतार दी थी। उसके जिस्म पर पसीना चमक रहा था। काले बदन पर चमकते पसीने और लँगोटी-से जाँघिए की वजह से वह किसी भील की तरह लगता था।

गर्म हवा कहाँ गई, कुछ पता नहीं चला। सूरज भी ग़ायब हो गया। बादल कुछ घने हुए। फिर टपकने लगे। यह मौसम की पहली बूँदें थीं। भोपे पेड़ों के इर्द-गिर्द दौड़ने लगा। देवेन्द्र पेड़ों के बीच में आकाश की जानिब देख रहा था। बूँदें सहसा पानी की धारें हो गईं। पेड़ों पर पानी झमाझम बरसने लगा। पेड़ अपनी जगह खड़े रफ़्ता-रफ़्ता हिल रहे थे जैसे नाच रहे हों। उनके हज़ारों हाथों पर पानी की बूँदें मेंहदी की तरह रच गई थीं।

भोपे पेड़ों की तरह नाच रहा था। देवेन्द्र का मन हुआ कि वह भी नाचे। तभी दूर कोई लड़की खेतों से बाग़ की ओर दौड़ती नज़र आई। देवेन्द्र टकटकी बाँधे उसी तरफ़ देखने लगा। लड़की पानी की धारों के साथ पास आती जा रही थी। ऐसा लगा जैसे वह पेड़ों को भी अपने साथ ला रही है। जब पानी के पीछे उसका चेहरा नज़र आया तो देवेन्द्र ने लीला को पहचाना। देवेन्द्र पेड़ों के बीच खड़ा था। वह उसी की ओर चल रही थी। उसका दौड़ना ख़त्म हो गया था। उसके बाएँ हाथ में एक ख़ाली लोटा था।

भोपे दूसरी तरफ़ पेड़ों के पीछे था। उसने अचानक तान छेड़ी—'मार कटारी मर जाना...।' लीला चौंकी। उसने एक नज़र तान की ओर देखा : उधर पानी का धुँधलका था। फिर उसने देवेन्द्र की आँखों में देखा। उस क्षण पानी का धुँधलका ग़ायब हो गया था। बस, दो आँखें दो आँखों में देख रही थीं! और कुछ

नहीं था। पानी, पेड़ और आकाश सब बिला गए थे।

'कौन है?'

आवाज़ उस ओर से आई थी जिस ओर माली की झोपड़ी थी।

'कक्का, हम हैं...लीला।'

'क्यों, भीग गईं?'

'हाँ।'

'जाओ...घर जाओ।'

वह बाग से घर की ओर चली। बाग की मिट्टी भीग गई थी। कहीं-कहीं पानी भर गया था। दोनों लड़के उसके पीछे चले। एकाएक देवेन्द्र के पैर लड़खड़ाए। वह पानी के एक चहबच्चे में गिर गया। भोपे उसके पीछे से आगे निकल गया जहाँ लीला जा रही थी। देवेन्द्र ने पानी में उठते हुए देखा कि उसके बाएँ घुटने में ख़ून निकल आया है, जो पानी की परत के ऊपर छलछला रहा है। जाँघिया-बनियान भीगकर उसके जिस्म से चिपक गए थे। यह पहली बारिश थी जो भीतर तक उतर गई थी। भीतर बेचैनी थी। लीला आगे कहीं दूर निकल गई थी। भोपे भी नज़रों से ओझल था। क्या वह देवेन्द्र को टँगड़ी मारकर लीला के पीछे भाग गया था?

बरसते पानी से मेहतरों की झोपड़ियों का रंग बदल गया था। उनके आस-पास कोई और झोपड़ी नहीं थी। कुछ दूर आगे जाकर गली से गाँव शुरू होता था। तीसरे घर से आल्हा की सुरीली तान आ रही थी। उसे सुनते हुए देवेन्द्र आगे बढ़ा और कुछ देर बाद अपने घर में घुस गया। आँगन में सबसे पहले दादी ने उसे देखा और चिल्लाई। उसके कपड़े बदलकर उसके घुटने पर हल्दी-चूना लगाया गया और पूछा गया कि यह कैसे हुआ? बाग के पानी में फिसल गया था, उसने कहा।

'बरसते पानी में फिसलने के लिए बाग में जाने की क्या ज़रूरत थी?'

'मैं वहाँ पानी के पहले महुए खाने गया था,' देवेन्द्र ने कहा।

उस शाम पानी बरसता रहा और वह घुटने पर हल्दी-चूना लगाए पौर में तख़्त पर बैठा रहा जिसके सामने बड़ा दरवाज़ा था जो गली में खुलता था। उसी गली से शाम के धुँधलके में लीला आई थी।

चाहे गाँव हो या शहर, तब पड़ोस में दूसरे नहीं थे। जब वह गाँव पहुँचता या गाँव छोड़ता तो सबके पैर छूता—दादा-दादी और पड़ोसी चाचा-चाची से लेकर गाय और आम के पेड़ों तक। सब उसे आशीर्वाद देते। आँगन के चाँद-सितारे भी। जब स्कूल का नतीजा आता तो वह मोहल्ले में चाचा-चाचियों या भाई-भाभियों

के पैर छूता। बाई शहर-भर के मन्दिरों में ले जाती थीं और वह देवताओं के सामने माथा नवाता था जैसे वे नवाती थीं। और तो और नाग-पंचमी के दिन वह नाग के पैर भी छूता था, जो नज़र नहीं आते थे। बचपन में जब पहली बार वह नाग के पैर छूने झुका तो उसने सपेरे से पूछा :

'नाग के पैर कहाँ हैं?'

'नाग अपने पैर नहीं दिखाता,' सपेरा हँसा, 'तुम धरती छू लो।'

फिर सपेरे ने देवेन्द्र के गले में साँप डाल दिया था।

वह जिस तरह अपने गले में साँप देखकर चौंका था, उसी तरह सुहागरात में अपने पलँग पर लीला को देखकर चौंका। अलबत्ता, वह उस क्षण मुस्कुराई नहीं जब उसने उसका घूँघट हटाया : उसकी ऊपर उठी आँखें स्तब्ध थीं। वह उसकी आँखों में लीला की हँसी खोजता हुआ बोला था :

'तुम्हारा नाम क्या है?'

वह पहली बार मुस्कुराई और बोली, 'जैसे तुम्हें नहीं मालूम?'

उसकी नाक की नथ हिली। देवेन्द्र को शक हुआ।

'भूल गया हूँ,' वह हँसा।

'मालती।'

देवेन्द्र का शक पक्का हो गया। उसने पाँच बरस से लीला को नहीं देखा था। जब कभी वह गाँव जाता, वह दिखाई नहीं देती थी। वह पाँच वर्ष भूल गया था। मालती के चेहरे में लीला का चेहरा पाँच वर्ष पुराना था। एकाएक उसे भूले पाँच वर्ष याद आए और वह चौंक गया। फिर उसने मालती को इतनी देर तक चूमा कि उसकी साँस रुकने लगी। उसने देवेन्द्र को दोनों हाथों से हटाते हुए कहा—'क्या मार ही डालोगे?' वह देर तक हाँफ़ती रही थी जैसे पाँच बरस दौड़कर आ रही हो।

उनका दाम्पत्य सुखद था। जब भैया पैदा हुआ तो देवेन्द्र ने जाना कि उसे दद्दा कितना चाहते होंगे! उसने ख़ुद ऐसी कशिश कभी अपने भीतर नहीं देखी थी। यह एक दर्द की तरह थी, जो भैया को बिना दाँत के हँसता हुआ देखकर उभर आता था। देवेन्द्र कभी नहीं जान पाए कि नन्हे जब आया तो यही कशिश रबर की तरह खिंचकर भैया और नन्हे—दोनों के बीच फैल गई थी। क्रान्ति कक्का के घर में आने के बरस ही नन्हे पैदा हुआ था। देवेन्द्र को यह किस्मत का खेल लगता था। उन्हें यह भी लगता था कि नन्हे पर क्रान्ति कक्का की छाया पड़ी है। तब उन्होंने यह कभी नहीं सोचा था कि नन्हे घर से बाहर निकलकर एक दिन पानी का धन्धा करेगा और कक्का उसे दूसरे लगेंगे जिनके

लिए घर में जगह नहीं होगी!

साइकिल पर बैठे ट्यूशन के लिए जाते देवेन्द्र सहाय को लगता कि वे घर के सबसे अच्छे दिन थे जब नन्हे बड़े हो रहे थे और कक्का उसे गोद में बिठाए कहानियाँ सुनाते थे। जब कक्का ने उसे पहले-पहल कछुए और ख़रगोश की कहानी सुनाई तो नन्हे हँसने लगा था। उस दिन नन्हे की नाक बह रही थी। उसकी नाक अपनी धोती से पोंछकर कक्का ने पूछा :

'क्यों हँस रहे हो?'

'ख़रगोश पर हँस रहा हूँ,' नन्हे ने दूध के दाँत दिखाते हुए कहा।

'क्यों?'

'ख़रगोश मूरख है।'

'क्यों?'

'मैं दौड़ के रास्ते में कभी नहीं सोऊँगा,' वह फिर हँसा।

कक्का ने उसे झुककर चूमा। फिर पूछा—'क्या तुम्हें कछुए का धीरज अच्छा नहीं लगता?'

'धीरज क्या होता है?' नन्हे ने पलटकर कक्का की दाढ़ी को देखते हुए पूछा।

नन्हे के बाल घुँघराले थे। काले घुँघराले बाल कक्का की सफ़ेद दाढ़ी के नीचे हँसते हुए लगते थे।

'धीरज कछुए का स्वभाव है।' कक्का ने कहा, 'वह धीरे-धीरे चलता है। लेकिन दौड़ में कभी रुकता नहीं।'

'अच्छा, दादू, एक बात बताइए।'

'पूछो।'

'क्या कोई ख़रगोश कछुए की तरह नहीं दौड़ सकता?'

'तुम्हारा मतलब है कि वह कुलाँचें भरे और रुके भी नहीं?'

'हाँ।'

'ऐसा कोई ख़रगोश नहीं होता।'

'मैं ऐसा ही ख़रगोश हूँ,' यह कहते हुए नन्हे कक्का की गोद से उठा और दौड़कर अन्दर आँगन में चला गया जहाँ मालती बैठी थी। कक्का उसे दौड़ता हुआ देखते रह गए। कक्का उसकी दौड़ती पीठ नहीं भूलेंगे। नन्हे ने कक्का की आँखें नहीं देखी थीं। उसके पास भूलने को कुछ नहीं था।

कक्का ने उसे रामायण-महाभारत की कहानियाँ सुनाई थीं। कहानियाँ सुनते-सुनते वह सो जाता। फिर वे चन्द्रशेखर आज़ाद की कहानियाँ सुनाने लगे। जब वे काकोरी कांड की कहानी सुना रहे थे तो वह बिना पलक झपकाए सुन

रहा था। कक्का ने रेल को रोकने का, सरकारी खजाने के बक्से नीचे फेंकने का, रेल के कर्मचारियों और क्रान्तिकारियों की मुठभेड़ का चाक्षुष वर्णन किया।

'क्या आप आज़ाद के साथ थे, दादू?'

'नहीं।'

'फिर आपको सब-कुछ कैसे मालूम?'

'आज़ाद ने मुझे बताया था।'

'आज़ाद ने आपको यह भी बताया होगा कि वे खजाना कहाँ ले गए थे?'

कक्का हँसे, 'उस पैसे से बन्दूकें और पिस्तौलें ख़रीदी गई थीं।'

'क्या वे बन्दूकों का बिज़नेस करते थे, दादू?'

'नहीं।' कक्का हँसे, 'उन बन्दूकों से वे अंग्रेज़ों से लड़े।'

'क्यों?' नन्हे ने आँखें ऊपर उठाईं।

'आज़ादी पाने के लिए।'

कुछ देर नन्हे कक्का की दाढ़ी को घूरता रहा। फिर उसने पूछा–

'आज़ादी क्या होती है, दादू?'

'जब तुम ख़ुद अपनी मर्जी के मालिक हो।'

'अच्छा,' नन्हे ने आँखें नीचे कर लीं।

जब देवेन्द्र शाम को स्कूल से लौटते तो क्रान्ति कक्का उन्हें अपने और नन्हे के दिन-भर के संवाद सुनाते और हँसते। तब नन्हे ने शिशु मन्दिर जाना शुरू कर दिया था और भैया विपिन बिहारी कॉलेज में पढ़ते थे। भैया शुरू से कम बोलते थे। नन्हे इस तरह बोलता था जैसे बात करते हुए ही पैदा हुआ हो। वह पेट में था, तभी बहुत पैर चलाता था–मालती बताती थी। वह देवेन्द्र का हाथ लेकर अपने फूले पेट पर रखकर कहती–'देखो, कैसे पैर मार रहा है? यह अभी से इतनी लातें चला रहा है, आगे क्या करेगा?' वह हँसने लगती।

नन्हे भैया की तरह बड़ा नहीं हो रहा था। भैया कहीं जाता तो मालती से कहकर जाता। नन्हे घर से बाहर कभी भी चला जाता और कभी भी लौटकर आता जैसे घर उसके बाप का हो। वह यही कहता–मेरा घर है, कभी जाऊँ, कभी आऊँ। जब मालती कहती कि मुझे चिन्ता हो जाती है तो वह हँसकर कहता कि अम्मा, मैं अब बड़ा हो रहा हूँ। जब वह बड़ा हो रहा था तो उसने घर में एक नया अभियान शुरू किया। आँगन में नीम का पेड़ था। घर में सुबह और शाम चिड़ियों के चहचहाने से होती थी। सूरज का आना-जाना बाद में पता चलता। जब चिड़ियों की चूँ-चूँ घर में गूँजती तो घर के लोग जानते कि सूर्य की किरण आँगन में आनेवाली है या आँगन से जानेवाली है। चिड़ियों के घोंसले पेड़ की हर

डाल पर थे और घर की हर दीवार पर। चिड़ियों के अंडे कभी-कभी नीचे आँगन में गिर जाते या घर के किसी कोने में। नन्हे जैसे ही अंडा देखता, बाहर फेंक आता–चाहे उस अंडे से बच्चा निकल रहा हो। यदि अंडे से बच्चा निकल आया हो तो वह अंडा और बच्चा–दोनों को बाहर नाली में फेंक आता था। नाली में फेंकने के पहले वह बच्चे को मार देता था जैसे मक्खी मार रहा हो।

जब मालती ने पहले-पहल नन्हे को चिड़िया मारते देखा तो वह चिल्लाई थी। उसके बाद नन्हे चिड़िया को उठाने के पहले चारों ओर चोर की तरह देखता था।

नन्हे की चोरी की बात मालती ने क्रान्ति कक्का और देवेन्द्र को बताई। क्रान्ति कक्का ने पौर के चबूतरे पर नन्हे को सामने बिठाकर पूछा :

'सुना है, तुम चिड़िया के बच्चे का शिकार करते हो।'

नन्हे मुस्कुराया। बोला कुछ नहीं।

'यार,' कक्का ने कहा, 'शिकार करना है तो शेर के बच्चे का शिकार करो।'

'यार,' नन्हे हँसा, 'आपने मुझे यार कहा, दादू।'

'हाँ,' कक्का हँसे, 'तुम मेरे दोस्त हो।'

'अच्छा, तो मैं आपको एक दोस्ताना बात बताता हूँ।'

'बताओ।'

'आज मैं चिड़िया का शिकार करता हूँ।' नन्हे ने कहा, 'कल शेर का शिकार करूँगा।'

क्रान्ति कक्का नन्हे का चेहरा देखते रहे।

देवेन्द्र ने रात को पलँग पर लेटे हुए मालती से कहा–'हमारे घर में यह चिड़ीमार कहाँ से आ गया?'

'मेरे पेट से।' मालती हँसी, 'लेकिन इसे मेरे पेट में डालनेवाले तो तुम्हीं हो।'

तर्क अकाट्य था। देवेन्द्र चुप रहे। फिर खीझकर बोले, 'यह वंशावली तो चिम्पैंज़ी तक जाएगी।'

कुछ देर बड़ी अटारी के अँधेरे में सन्नाटा छाया रहा।

एकाएक सन्नाटे में कोई आह-सी उभरी, फिर देवेन्द्र की आवाज़ तैरने लगी, 'भैया तो ज़मीन पर गिरा बच्चा वापस घोंसले में रख देता है।'

शायद मालती की आँख लग गई थी। वह कुछ नहीं बोली। अँधेरे में सन्नाटा फिर लौट आया। नीम की पत्तियों में हवा के सरसराने की आवाज़ छत से आ रही थी जैसे छत किसी दूसरे ग्रह पर हो।

जैसे-जैसे भैया और नन्हे बड़े हुए, उनकी दोस्ती की अलग-अलग शैलियाँ नज़र आने लगीं। भैया के दोस्त शहर-भर में थे। नन्हे के दोस्त इने-गिने थे; वे

विशिष्ट थे : कोई बड़े सेठ का बेटा था, कोई बड़े वकील का बेटा था, कोई बड़े डॉक्टर का सपूत था। देवेन्द्र सहाय उम्र के अलावा लड़के के कपड़े देखकर पहचान जाते थे कि यह भैया का दोस्त है या नन्हे का—नन्हे के दोस्त के चेहरे पर रईसी झलकती थी। इधर भैया जब दिल्ली से घर आता तो घर के बाहर भी चिड़ियाँ बोलने लगतीं। देवेन्द्र मालती से यही कहते : 'जब भैया घर आता है तो उसके दोस्त घर के बाहर खड़े चिड़ियों की तरह बुलाते हैं...राम...राम... ।'

शायद लक्ष्मण अपने दोस्तों से घर के बाहर ही मिलता था। दोस्तों के बैठने के लिए घर में पौर थी, जिसमें अक्सर क्रान्ति कक्का बैठे रहते थे। भैया के दोस्त चबूतरे पर खड़े-खड़े हँसते रहते या कोई-कोई सीधा ज़ीना चढ़कर छोटी अटारी में चला जाता। वह घर में भैया के साथ खाना भी खा लेता। नन्हे का कोई दोस्त घर में खाना नहीं खाता था।

देवेन्द्र सहाय ने कई बार भैया को मालती का सिर या पैर दबाते देखा था। भैया नन्हे का भी ख़्याल रखता था जैसे घर-बाहर उसका अभिभावक हो। नन्हे छोटा था। उसे कभी किसी का ख़्याल रखने की ज़रूरत महसूस नहीं होती थी। जैसे घर उसी के लिए बना हो। ऐसे ख़्याल देवेन्द्र सहाय के दिमाग़ में कौंधते जब वे साइकिल पर पैडिल मार रहे होते। क्रान्ति कक्का ने कई बार उनसे पूछा :

'रोज़-रोज़ साइकिल पर कहाँ जाते हो?'

देवेन्द्र हँसने लगते, 'घर में ऊब जाता हूँ, कक्का। बाहर जाता हूँ तो खुली हवा में कुछ देर अच्छा लगता है।'

'घर में नीम है।' कक्का आँखें सिकोड़कर कहते, 'हवा खुली है।'

'इसीलिए तो जल्दी लौट आता हूँ।'

'फिर घूमने साइकिल पर क्यों जाते हो?' कक्का देवेन्द्र को घूरते।

'आदत पड़ गई है।'

'आदत तोड़ो।' कक्का कहते, 'कोई साइकिल पर नहीं घूमता।'

'साइकिल पर सब घूमते हैं, कक्का,' देवेन्द्र मुस्कुराते, 'अख़बारवाला, आइसक्रीमवाला, गुब्बारेवाला...फेरीवाला।'

'वे साइकिल पर काम करते हैं।' कक्का गम्भीर हो जाते, 'क्या तुम काम करते हो?'

'न...नहीं...,' फिर जैसे कुछ अचानक याद आया हो, वे कहते, 'कुछ लड़के-लड़कियाँ भी घूमते हैं।'

'तुम लड़के नहीं हो।'

जब देवेन्द्र चुप रहते तो कक्का फिर कहते, 'कोई दूसरा साठ पार साइकिल

पर दिखे तो मुझे बताना।'

देवेन्द्र सहाय मुस्कुराते हुए साइकिल निकालते और चले जाते।

जब एक दिन साइकिल से उतरते हुए देवेन्द्र सहाय का पायजामा फिर साइकिल की सीट में फँसा तो हरि की तरह सँभालने को कोई आस-पास नहीं था। वे सड़क पर गिर गए। बाएँ घुटने में चोट आई। थोड़ा ख़ून निकला। वे चोटिल घुटना लिए घर लौटे। मालती ने तुरन्त 'बेंड एड' लगा दी। फ़िर उसने देवेन्द्र को याद दिलाया कि दसेक बरस पहले राम ने उनके लिए स्कूटर ख़रीदने की पेशकश की थी। वह घर में एक दोस्त का स्कूटर लाया था। उसने देवेन्द्र को स्कूटर चलाना सिखाने की कोशिश भी की थी। जब क्लच-गियर समझाकर उसने पहली बार देवेन्द्र को स्कूटर की सीट पर बिठाया और स्कूटर स्टार्ट करके कुछ दूर साथ दौड़कर उसे छोड़ा तो स्कूटर ताजिए की तरह हिलता हुआ आगे बढ़ा और कुछ दूर सड़क पर जाकर एक ओर लुढ़क गया। देवेन्द्र सहाय की बाईं टाँग स्कूटर के नीचे आ गई थी। राम ने दौड़कर स्कूटर उठाया और उसे खड़ा करके देवेन्द्र को खड़ा किया। तब भी बाएँ घुटने में ख़ून निकला था और राम उन्हें स्कूटर पर पीछे बिठाकर घर लाया था।

'आपसे भी बड़ी उम्र के लोग स्कूटर चलाते हैं, पापा,' राम ने कुछ खीझकर कहा जब चोटिल घुटने को देखते हुए देवेन्द्र बोले कि मैं स्कूटर नहीं चला सकता।

'वे दूसरे लोग हैं,' देवेन्द्र बोले।

'असल में आप बदलना नहीं चाहते,' राम ने कहा।

वे हँसे। बोले कुछ नहीं।

एक दशक बाद मालती ने अपने खिचड़ी बालों की लट पीछे हटाते हुए फिर कहा–'तुम बदलना नहीं चाहते।' मालती का सुझाव था कि देवेन्द्र के साइकिल-हादसे की ख़बर वह फ़ोन पर दोनों बेटों को दे ताकि वे कुछ करें।

'वे क्या करेंगे?' देवेन्द्र ने मुस्कुराते हुए पूछा।

'जो उन्हें करना चाहिए।' मालती बेचैन थी।

'वह तो तुमने कर दिया है।'

'क्या?'

'बैंड एड।' वे हँसे।

'यह हँसने की बात नहीं है।' मालती ने भँवें सिकोड़ीं।

आँगन से दो चिड़ियाँ चूँ-चूँ करती हुई दालान में आ गई थीं, जहाँ वे तख़्त पर आमने-सामने बैठे थे। आँगन में धूप थी। कुछ साए थे। कोई नीम की पत्ती हवा में झूमती हुई नीचे आती और धूप में बिना साए के नीचे गिर जाती।

'वे क्या करेंगे, मालती?' देवेन्द्र ने यक्ष-प्रश्न दुहराया, 'नन्हे फिर कहेगा कि कक्का हमारी ज़िम्मेदारी नहीं हैं।'

'राम तो यह नहीं कहता,' मालती ने कहा।

'उसकी नौकरी छोटी है,' देवेन्द्र आँगन में देखते हुए बोले, 'और उसका बेटा बड़ा है। राम बता रहा था कि उसकी इंजीनियरिंग की पढ़ाई के लिए उसने पी.एफ. से ढाई लाख का कर्ज लिया है।'

मालती को सहसा याद आया कि राम की टेक्सटाइल डिप्लोमा की पढ़ाई के लिए देवेन्द्र ने ट्यूशन किए थे। वे स्कूल से पढ़ाकर लौटते थे और कुछ देर बाद चार लड़के घर में पढ़ने आ जाते थे।

'बाप का बेटे के लिए फ़र्ज़ होता है।' मालती ने कहा, 'क्या बेटे का बाप के लिए फ़र्ज़ नहीं होता?' उसकी आँखें आँगन की धूप की ओर थीं। ऐसा लगता था कि वे धूप में बिना साए की गिरती पत्ती को देख रही हैं।

'उस तरह नहीं होता।' वे मुस्कुराए।

यह वाक्य संवाद पर बिन साए की पत्ती की तरह गिरा। दोनों कुछ क्षण चुप रहे। वे आँगन की तरफ़ देख रहे थे। अब उनके चेहरे आमने-सामने नहीं थे।

'हर आदमी अपनी साइकिल ख़ुद चलाता है।' देवेन्द्र सहाय ने ठंडी साँस छोड़कर कहा, 'ज़िन्दगी साइकिल का कैरियर नहीं है।'

देवेन्द्र सहाय सड़क के किनारे शहर के परकोटे की टूटी दीवार पर बैठे थे। उनका चेहरा पूरब की ओर था जहाँ नीचे शहर घाटी में बसा लगता था और उसके पीछे सूरज निकल रहा था। सूरज की किरणें शहर की छतों पर बिखर रही थीं। दूर पूरब में ऐसा लगता था कि सूरज अभी कैमासन की टौरिया के पीछे से निकलकर आसमान में चमका है। उत्तर की ओर भी विन्ध्याचल की शृंखला नज़र आती थी। शहर की छतों पर इधर-उधर धूप के साथ कुछ धुआँ भी नज़र आ रहा था जैसे चूल्हे जल रहे हों। आकाश कोरा था जैसे तारे कोई अफ़वाह थे। सामने नीचे से किले पर चढ़ती सड़क पर कुछ लोग थे। यह सड़क इस पहाड़ी की चोटी पर दो-फाड़ होकर सीधी पहाड़ी के दूसरी ओर नीचे उतरती थी और दाईं ओर क़िले के मुख्य-द्वार की ओर जाती थी जो थोड़ी चढ़ाई पर था और अभी खुला था। देवेन्द्र सहाय की नज़र कभी-कभी उस ओर चली जाती।

उन्होंने सुबह का घूमना रिटायर होने के बाद शुरू किया था। वे मुँह अँधेरे उठ जाते और घर से निकल पड़ते। सड़क पर इक्का-दुक्का कोई आदमी नज़र

आ जाता। कोई कुत्ता भौंकता। कभी-कभी सड़क के खम्भे जले होते। खम्भों के नीचे रोशनी में घुलते अँधेरे को देखते हुए सूनी सड़क पर चलना अच्छा लगता था। मानिक चौक की सड़क भी वीरान होती। सड़क के दोनों ओर दुकानों पर ताले लटके होते। बन्द बाज़ार में सूनी सड़क पर चलना सुकून देता था। बाज़ार पार करते-करते अँधेरा छँटने लगता। भोर फूटती लगती। वे तेज़-तेज़ चलते और गिरिजाघर को पार करके मिनर्वा के सामने पहुँच जाते जहाँ जवानी के दिनों में उन्होंने 'देवदास' देखी थी। अब इस सिनेमाघर में सिनेमा नहीं होता था। वे दाईं तरफ़ मुड़कर किले की चढ़ाई पर चलते जो उन्हें टूटे परकोटे की दीवार तक ले जाती जहाँ वे अभी बैठे थे।

सूरज निकल आया था।

देवेन्द्र सहाय सड़क पर कूदे जैसे थोड़ा उछलकर वे परकोटे पर बैठते थे। पत्थर की दीवार दोहरी थी जिसके दोनों ओर पहाड़ी की ढलान थी। वे सुबह-सुबह घर से निकलकर किले की दीवार पर इस तरह बैठ जाते थे जैसे आकाश में सूरज को उतारना उनकी ड्यूटी हो। ड्यूटी पूरी करके वे सड़क पर उतरे और किले के मुख्य-द्वार को देखते हुए बाईं ओर सड़क की ढाल पर चलने लगे। एक क्षण उन्हें ऐसा लगा जैसे सूरज उनके पीछे-पीछे आ रहा है। उन्होंने तुरन्त पलटकर पीछे देखा : सूर्य मुस्कुरा रहा था। वे आगे बढ़ गए। दाईं ओर खाई के पार किले की ऊपर उठती दीवार थी जिसके पत्थरों पर काई सुबह की धूप में चमक रही थी। सड़क की ढाल भी इसकी एक वजह हो सकती थी। मगर उनकी चाल में कुछ तेज़ी आ गई जैसे वे अभी बच्चे की तरह किलकारी भरते हुए दौड़ पड़ेंगे। शायद भीतर-ही-भीतर वे ख़ुश थे। उन्हें ख़ुद इसका पता नहीं था।

सड़क के मोड़ पर दाईं ओर ऊपर चट्टानों पर 1857 के युद्ध की लौह-झाँकी लगी थी। एक ओर अंग्रेज़ों की सेना थी, दूसरी ओर रानी लक्ष्मीबाई अपनी सेना के साथ अपने दौड़ते घोड़े पर एक हाथ में तलवार उठाए अपनी सनातन जुझारू मुद्रा में थीं। रानी की आँखें तनी थीं जैसे वे पलक झपकना भूल गई हों। देवेन्द्र सहाय सड़क छोड़कर चट्टानों पर चढ़ गए और युद्ध-दृश्य निहारने लगे। शायद उनकी पलकें एक पल झपक गई थीं। जब उनकी आँखें खुलीं तो उन्हें लगा कि सामने कुरुक्षेत्र सजा है। आमने-सामने पांडवों और कौरवों की सेनाएँ हैं, मगर अर्जुन के रथ के सारथी कृष्ण नहीं हैं...अब गीता कौन सुनाएगा? युद्ध कैसे आरम्भ होगा? दोनों ओर खड़ी सेनाएँ जड़ीभूत हो गई हैं। फ्रीज़! वक्त बीतता है, लेकिन आगे नहीं बढ़ता। तभी रानी का घोड़ा हिला और उसने अपना हवा में उठा पैर नीचे रखकर दूसरा पैर हवा में उठा दिया। रानी की तलवार चमकी...

'हर-हर महादेव' के समवेत स्वर हवा में गूँजे। युद्ध शुरू हो गया।

युद्ध जारी है।

'अंग्रेज़ों को एक दिन जाना होगा'...ऐसा कुछ देवेन्द्र सहाय बुदबुदाए और चट्टान पर पीछे मुड़कर नीचे उतर गए। वे सड़क पर चल रहे थे और सोच रहे थे कि वे अभी पीछे इतिहास में लौट गए थे या इतिहास कपड़े बदलकर आगे आ गया था! किले में अब टी.वी. टावर तिरंगे झंडे से ऊँची गड़ी थी। उन्होंने पीछे देखकर आगे देखा। सड़क के दोनों तरफ़ वीरान रेत थी जिस पर धूप झिलमिला रही थी। धूप के परे बियाबान था। वे चलते रहे। एक लड़का दौड़ता हुआ पीछे से आकर आगे निकल गया। वह चमचमाते सफ़ेद निक्कर-टी-शर्ट और जूते पहने था। दो युवक आगे से मुस्कुराते आए और उन्हें नमस्कार करके आगे बढ़ गए। वे उन्हें पहचान नहीं सके। उनके पुराने विद्यार्थी युवा हो गए थे और अक्सर पहचान में नहीं आते थे। सामने से तीन प्रौढ़ एक कतार में एक भजन गाते हुए आए : कब लोगे ख़बर भगवान, बड़ी देर भई...

बड़ी देर भई।

आहिस्ता-आहिस्ता सड़क पर लोगों की संख्या बढ़ने लगी। ऐसा लगा जैसे शहर के लोग शहर से घबराकर शहर के बाहर भाग आए हैं और ज़ोर-ज़ोर से साँसें ले रहे हैं। सहसा बाईं ओर रेत और धूप से कुछ समवेत ठहाकों की आवाज़ें आईं। देवेन्द्र सहाय ने चौंककर उस ओर देखा : दस-बारह लोग एक घेरे में खड़े थे और हाथ उठाए मुँह फाड़े हँस रहे थे...हा-हा, हा-हा...हा-हा-हा। इधर कुछ बरसों में इस सम्मिलित हँसी का स्वास्थ्य से अटूट रिश्ता मान लिया गया था। अब इस छोटे-से शहर में भी सुबह-सुबह लोग इकट्ठा होकर इसी तरह हँसते दिखाई दे जाते थे जैसे दुनिया में सारे कारक हँसी के हैं और कहीं कोई बात नहीं है। धूप पर जो चुप्पी छा गई थी अचानक फिर टूटी और रेत पर हँसी चमकने लगी। हँसी के परे रेत के टीले थे और घाटियाँ थीं और दूर-दूर तक चिलचिलाती अनन्त धूप थी जिसमें हँसी गूँज रही थी। जब देवेन्द्र सहाय की नज़र सामने म्यूज़ियम पर पड़ी तो उन्हें लगा कि रानी के अवशेषों के साथ इस हँसी के नमूने को भी रख देना चाहिए।

हँसी के नमूने को अपनी जगह छोड़ देवेन्द्र सहाय दाईं ओर पार्क में मुड़ गए। पार्क में सड़क से ज़्यादा भीड़ थी। शायद भीड़ से ज़्यादा भीड़ इसलिए लगती थी कि लोग पेड़-पौधों के साथ इधर-उधर झुंड में दिखाई देते थे। झुंड में कभी-कभी अलगाना मुश्किल हो जाता। हवा चलती तो पत्तियाँ और वस्त्र फड़फड़ाने लगते। वे बाईं ओर गोल रास्ते पर मुड़ गए जहाँ लोग तेज़-तेज़ चल रहे थे।

रास्ते के बाईं ओर पेड़ थे, दाईं ओर फूलों की क्यारियाँ थीं, घास थी, बीच में फिर पेड़ों के झुंड थे और तालाब था जिसमें कमल खिल रहे थे। पत्थर के रास्ते पर दो लोगों के चलने की जगह थी। देवेन्द्र बाएँ चल रहे थे। कोई सामने से आता तो अपने बाएँ निकल जाता। कभी वह मुस्कुराता, कभी नहीं मुस्कुराता। कोई युवा होता तो हाथ जोड़ देता। एकाएक सामने से दो युवक आए। उन्होंने हाथ जोड़े। देवेन्द्र ने भी हाथ जोड़ दिए। मगर उन्होंने उन्हें नहीं पहचाना। चूँकि सामने दो युवक हाथ जोड़े आ रहे थे देवेन्द्र सहाय को लगा कि उनमें से एक रास्ते से नीचे उतर जाएगा। वे आगे बढ़ते रहे। सामने कोई रास्ते से नहीं हटा। टक्कर से बचने के लिए अन्तिम क्षण देवेन्द्र ने अपना बायाँ पैर बाईं ओर बढ़ाया, वहाँ पानी भरा था। पानी में देवेन्द्र के बाएँ पैर के बाद दाएँ पैर की आवाज़ हुई...फचाक्। वे बाटा के कपड़े के जूते पहने थे। पैरों के साथ दोनों जूते भीग गए। अपने पैरों को देखने के बाद उन्होंने रास्ते की ओर देखा जहाँ दोनों लड़के हाथ जोड़े हुए हँस रहे थे।

वे छपर-छपर करते हुए रास्ते पर आए और आगे बढ़ गए। जब वे दाईं ओर मुड़े तब कुछ दूर सामने रास्ते पर आता हुआ वही सफ़ेद बालों वाला बूढ़ा दिखाई दिया जो जवानों की तरह चलता था। वे उसे कई दिन से देख रहे थे। वह अपने शहर का नहीं लगता था। अपने शहर का कोई बुज़ुर्ग होता तो वे उसे पहचान लेते। उसके बाएँ हाथ में प्लास्टिक में लिपटे कुछ काग़ज़ थे। कोई और बुज़ुर्ग हाथ में काग़ज़ लिए पार्क में नहीं घूमता था। जब वह सामने आया तो मुस्कुराया, वे भी मुस्कुराए। वह रास्ते पर अपनी तरफ़ आगे बढ़ गया। देवेन्द्र सहाय सीधे चलते रहे। इस बार उन्होंने उसका चेहरा ग़ौर से देखा था। उसका चेहरा छुहारे की तरह पिचका हुआ था। भँवें काली थीं—वे उम्र का भेद नहीं खोलती थीं। बाल अलबत्ता सफ़ेद थे। देवेन्द्र सहाय की तरह। उसका क़द छोटा था। बदन गठीला था। उसने सैन्डो बनियान पर कमीज़ पहनी थी। उसे कोई चलता हुआ देखता और बालों की सफ़ेदी घटा देता तो उसकी उम्र पचास के ऊपर नहीं आँक सकता था।

ये अक्टूबर के आखिरी दिन थे। देवेन्द्र सहाय स्वेटर पहने थे। यद्यपि पानी में भीगे पैर और जूते कुछ-कुछ सूख गए थे, फिर भी गीले थे। उनका मन हुआ कि जूते उतार दें। वे रास्ते से उतरकर बीच में आ गए और फ़व्वारे के सरोवर के किनारे बेंच पर बैठ गए। उन्होंने जूते उतारकर धूप में पलट दिए और नंगे पैर सामने फैला दिए। वे सामने सरोवर में कमल के फूलों को देख रहे थे। सूर्य की किरणें पानी में इधर-उधर चमक रही थीं। फूल इन्हीं के इर्द-गिर्द थे। देवेन्द्र

सहाय को अचानक लगा कि कोई बेंच के दूसरे कोने में आकर बैठ गया है। उन्होंने उस ओर देखा : वही मुस्कुराता हुआ छुहारा-चेहरा था। वह उनके सामने फैले नंगे पैरों को देख रहा था। उसने पूछा—

'क्या कहीं फिसल गए?'

'नहीं,' देवेन्द्र बोले, 'गिर गया।'

'कहाँ?'

'गड्ढे में।'

'कैसे?'

'दो नौजवान पिस्तौल की तरह हाथ जोड़े सामने आ गए।' वे हँसे।

वह भी हँसा।

'अब सफ़ेद बालों का ज़माना नहीं रहा।' वह बोला, 'सफ़ेद बालों की जगह अब रद्दी की टोकरी है।'

वे कुछ नहीं बोले। सामने पानी और धूप में फूलों को देखते रहे।

'आपकी क्या उम्र होगी?' उसने पूछा।

'पैंसठ साल।' उन्होंने उसकी ओर देखा, 'और आपकी?'

'पचासी वर्ष।' उसके छुहारा-चेहरे से गर्व छलक रहा था। रेखाएँ कुछ धूमिल हो गई थीं।

देवेन्द्र सहाय की आँखें खुली-की-खुली रह गईं। उन्हें कोई कारण नज़र नहीं आया कि वह व्यक्ति झूठ बोले। उन्हें यह ज़रूर लगा कि उनकी शरीर-भंगिमा उससे ज़्यादा बूढ़ी है। शायद उसे सामने आता देखकर दोनों युवक हाथ नहीं जोड़ते। उनकी नज़र फिर सामने अपने सूखते जूतों पर पड़ी जो उल्टे रखे थे।

'आप चश्मा नहीं लगाते?' उन्होंने पूछा।

'नहीं।' वह बोला, 'मैं योग करता हूँ।'

'योग तो मैं भी करता हूँ,' वे बोले।

'कौन-से?'

'वही पाँच।' उन्होंने कहा, 'जो रामदेव टी.वी. पर बताते हैं।'

वह हँसने लगा।

'क्यों हँस रहे हैं?' उन्होंने पूछा।

'वे सब ग़लत योग हैं,' उसने पूरे आत्म-विश्वास से कहा और अपने हाथ में पकड़े लिफ़ाफ़े को दूसरे हाथ से खोलने लगा।

उसने अपने हाथों में काग़ज़ों पर बनी आकृतियों की मदद से रामदेव की मुद्राओं की त्रुटियाँ बताईं। फिर बोला कि मैं आपको सही योग-मुद्राएँ एक माह

में सिखा सकता हूँ। केवल पाँच सौ रुपए लूँगा। यदि आप सही योग करेंगे तो सौ बरस जिएँगे जैसे पुराने ज़माने में ऋषि जीते थे।

'यह शरीर ईश्वर ने सौ बरस के लिए बनाया है।' उसने कुछ आगे झुककर आँखें उठाकर कुछ धीमे स्वर में पूछा—'क्या आप सौ बरस नहीं जीना चाहते?'

'मैं नहीं जानता,' उन्होंने उसकी आँखों में देखते हुए कहा।

'क्यों?'

'मैं तब तक जीना चाहता हूँ जब तक साइकिल चला सकूँ।' वे मुस्कुराए।

वह एकदम बेंच पर आगे खिसक आया और गिरते-गिरते बचा। पीछे सरक कर पहली बार उसने अपना सिर बेंच की पीठ पर डाल दिया। उसकी समझ में नहीं आ रहा था कि कोई साइकिल चलाने के लिए क्यों जीना चाहता है?

'मैं आपकी साइकिल देखना चाहता हूँ,' उसके मुँह से निकला।

'कल।' देवेन्द्र सहाय बोले, 'कल बारह बजे मुझे रानीमहल के सामने मिलिए।'

वे बेंच से उठे और सड़क पर आ गए।

वह बेंच पर लेट गया।

5

सगा भतीजा था। जीन्स का खेल था। इसमें तअज्जुब की क्या बात थी? लेकिन राम देखते रह गए जब उन्होंने लम्बे होते पवन को ग़ौर से देखा। उसके ऊपरी होंठ पर मूँछ की काली रेखा उभर आई थी। क्षण-भर वे इस असमंजस में रहे कि सामने लक्ष्मण खड़ा है या पवन! यद्यपि लक्ष्मण बरसों के पर्दे पार करके आया था। क्या समय का आईना अचानक तिरछा हो गया था? जैसे हो आईना सीधा हुआ, पवन सामने से झाँकने लगा। उसने कहा कि बंगलुरु के एक इंजीनियरिंग कालेज में मेरा एड्मीशन हो सकता है—डेढ़ लाख डोनेशन देना होगा।

'डेढ़ लाख?' राम की आँखें फैल गईं।

'हाँ,' पवन ने कहा, 'और कोई चारा नहीं है।'

पवन ने यह भी बताया कि कॉलेज में उसे आई.टी. मिल जाएगा—जिसकी इन दिनों बड़ी माँग थी। सुनहरे भविष्य के लिए सबकी मुलाकात हर्षद मेहता से नहीं हो सकती, राम जानते थे। यह ज़रूर था कि पी.एफ. से भारी ऋण लेकर उनका अपना भविष्य अधर में लटक जाएगा। जब राम ने अपनी इस आशंका का ज़िक्र सुधा से किया तो सुधा ने कहा कि हमारा इकलौता बेटा है, क्या वह अपने इकलौते माँ-बाप का ख़्याल नहीं रखेगा? यह कहते हुए सुधा के चेहरे पर मुस्कान थी। कोई चिंता नहीं थी। उसके सफ़ेद, सुघड़ दाँत चमक रहे थे। उसका रंग कुछ ज़्यादा साँवला था—जिसे वह हँसकर 'कायस्थ रंग' कह देती थी। कमरे में शाम का धुँधलका था। यदि उसके चेहरे पर कोई रेखा उभरी थी, तो राम उसे देख नहीं सके थे। या शायद उसके चेहरे पर पवन-ही-पवन हो। पवन कुमार! एक भरा-पूरा चमकती आँखोंवाला सुन्दर लम्बा पुरुष, जिस पर नज़र पड़ते ही ठहर जाती थी—जिसे वह इस धरती पर लाई थी।

राम ने ऋण लिया। पवन बंगलुरु चला गया। इन्हीं दिनों पहली बार राम ने

मिल में वह ख़बर सुनी। उसने सुना कि पुरानी दिल्ली में मिल की ज़मीन का भाव सोने का भाव हो गया है जैसे मिल की ज़मीन सोने की लंका हो। यह भी अफ़वाह थी कि राजधानी के किसी बिल्डर से बात चल रही है जो ज़मीन ख़रीदकर उस पर एक बहुमंजिली रिहायशी कॉलोनी और मॉल बनाएगा। मॉल क्या? कोई पूछता। मॉल सुपरमार्केट का बाप है, जानकार कहता, जिसमें एक नहीं, चार-पाँच सिनेमाघर होते हैं। चार-पाँच सिनेमाघर एक-साथ? कोई आँखें फैलाता। हाँ, जानकार कहता, जैसे होटल में कमरे होते हैं : एक-साथ, और अलग-अलग भी। सिनेमा का होटल! चार-पाँच फ़िल्मों का मेनू है। मेनू देखो और अपनी फ़िल्म चुन लो! क्या ऐसा अभी धरती पर कहीं है? कोई पूछता। जानकार हँसता, हँसकर कहता, अमरीका में है न? जो कुछ धरती पर है, अमरीका में है। जो अमरीका में नहीं है, कहीं नहीं है।

अमरीका में अमरीका नहीं समाया था। अमरीका दुनिया-भर में फैल गया था।

इस अफ़वाह के साथ यह सवाल भी उठा : हमारा क्या होगा? जब ज़मीन बिकेगी तो उसके साथ मिल का स्टाफ़ तो बिक नहीं सकता। मिल के स्टाफ़ को घर बैठना होगा। कुछ माह का वेतन बतौर 'गोल्डन हैण्डशेक' मिल जाएगा। मगर यह 'गोल्डन हैण्डशेक' कैसे हुआ? किसी ने कहा, यह तो मालिकों का धोबी-पछाड़ हो गया जिसमें सारे कर्मचारी अखाड़े में चित्त नज़र आएँगे। कुछ माह का वेतन कुछ माह चलेगा। उसके बाद क्या होगा? क्या सबका स्वर्ग में परिवार सहित आरक्षण हो जाएगा? कोई हँसकर पूछता। ज़्यादा मुश्किल उन लोगों की थी जो चालीस पार कर गए थे। उन्हें दूसरी नौकरी मिलना मुमकिन नहीं था। एक तो उनका अनुभव पिछली सदी की मशीनों का था, दूसरे नए लोगों की कमी नहीं थी। ज़माना अचानक जवानों और कम्प्यूटर का हो गया था। पके बालों की जगह इज़्ज़त में नहीं थी, कूड़ेदान में थी। अमरीका की तरह! सुनते थे अमरीका में कोई बूढ़ा नहीं होता। जो बूढ़ा होता है, उसे काला कौआ उठा ले जाता है—वह शहर की सड़कों पर नज़र नहीं आता। अमरीका को जवानी चलाती थी। बिन्दास!

लेकिन यह अफ़वाह जैसे उठी थी, उसी तरह एकाएक ग़ायब हो गई जैसे कभी पैदा ही नहीं हुई थी। लोग उसी तरह हँसने और झगड़ने लगे। एक शाम राम मिल से आकर घर के दूसरे कमरे में चले गए जिसमें पहले लक्ष्मण रहता था, फिर पवन रहा और अभी पिछले हफ़्ते पवन रहा था जब वह बंगलुरु से छुट्टी में आया था। कमरे में शाम का अँधेरा उतर रहा था। राम ने बिजली नहीं जलाई थी। जब सुधा ने सहसा कमरे में आकर बिजली जलाई तो उसने देखा कि राम

पवन की कुर्सी पर बैठे हुए रो रहे हैं। सुधा को देखकर वे चौंके और उन्होंने मुँह फेर लिया। फिर पैन्ट की जेब से रूमाल निकालकर उन्होंने आँसू पोंछे।

'क्या हुआ?' सुधा भौंचक्की थी।

'कुछ नहीं।' राम ने मुस्कुराने की कोशिश की।

'क्या मिल में फिर बॉस से झगड़ा हुआ?'

'नहीं।'

'क्या फिर कोई अफ़वाह उड़ी?'

'नहीं।'

'फिर?'

'ऐसे ही..,' राम का रोया चेहरा मुस्कुरा रहा था, 'यह कमरा...घर कितना सूना लगता है?'

सुधा हँसी, 'मैं तो इसी घर में दिन-भर रहती हूँ।' फिर उसने कुछ रुककर कहा–'और अपने हिस्से का रो लेती हूँ।'

बाहर अँधेरा घिर आया था। भीतर उजाला था, जिसमें कमरा नंगा लग रहा था। कमरे में पलंग था, मेज-कुर्सी थी–मगर न पवन के कपड़े थे, न किताबें थीं। मेज़ के ऊपर दीवार पर टँगा कैलेंडर फड़फड़ा रहा था।

'और तुम तो उससे ज़्यादा बात भी नहीं करते,' सुधा ने उसकी रोती आँखों में देखा।

'बात से क्या होता है!' मुस्कान में हताशा थी।

'हम लोग कुछ भूलते नहीं,' सुधा खिड़की के बाहर धुँधलके में देखती हुई बोली।

'हाँ।'

'और उसे कुछ याद नहीं आता।'

राम ने अचरज से सुधा की जानिब देखा।

'वह कह रहा था,' सुधा हँसी, 'कि मैं इतना बिज़ी रहता हूँ कि मुझे कुछ याद करने का वक्त नहीं मिलता।'

उस रात बत्ती बुझाकर पलंग पर आँखें मूँदते ही सुधा की आँखों में पवन की सूरत झूलने लगी : वह अपनी मूरत में हँस रहा था। फिर बगल में लेटे राम की सूरत आँखों में आ गई जो उसने शाम को देखी थी। बेटा हँस रहा था, बाप रो रहा था। क्या मिल में कोई अफ़वाह फिर उड़ी थी? कभी-कभी राम उसे पूरी बात बताते नहीं थे। क्या पता उन्हें ख़ुद पूरी बात पता ही न हो? क्या राम इसीलिए रो रहे थे? पवन हर बार छुट्टियों में आता था और घर का ख़ालीपन

और गहरा करके चला जाता था। वह पवन के बंगलुरु जाने के बाद ही हुआ था कि राम कभी-कभी शाम को उसे करौलबाग या कनॉट प्लेस ले जाते और वे आइसक्रीम खाकर या कॉफ़ी पीकर वापस आ जाते। तब तक रात हो जाती। वे घर आकर खाना खाते और सो जाते जैसे घर घर न हो, होटल हो।

जब पवन पैदा हुआ तो सुधा उसकी नींद सोती थी उसकी नींद जागती थी। उसे लगता कि वह इसीलिए जतन से खाती है ताकि पवन को दूध कम न पड़े। पहले वह अपना दूध बेटे को देती थी, फिर वह चुनिन्दा चीज़ें उसके लिए रखने लगी—चाहे वह इमरती हो या बादाम या कोई सब्ज़ी जो पवन को पसंद हो। घर पवन की पसंद से चलता था—घर ही क्या दुनिया! एक बार रात का शो देखने वे कनॉट प्लेस के ओडियन सिनेमा में गए थे। शो खत्म होने पर वे बाहर आए। बाहर अँधेरा था। पवन शो के दौरान सो गया था। गोद में बाहर आकर उसने आँखें खोलीं। उसे लगा सवेरा हो गया है और वह बाज़ार में घूमने आया है। उसने सड़क की रोशनी और कुछ ठेलों को देखा जिन पर रोशनी थी। 'हाथी,' उसने कहा, 'मुझे हाथी चाहिए।' जब उसे बताया गया कि अभी रात है और सारी दुकानें बन्द हैं तो उसे लगा कि उसे बहलाया जा रहा है। वह रोने लगा। राम और सुधा उसे लेकर कुछ देर कनॉट प्लेस के गलियारों में घूमते रहे थे। राम उसे हर दुकान के शटर और शटर पर लगे ताले दिखाते। कुछ देर बाद उसने कहा—'मुझे दूसरे बाज़ार ले चलो।' 'दूसरा बाज़ार भी बन्द है, बेटा,' राम ने कहा। पवन उसकी गोद में कुछ पीछे झुका, फिर उसने अपनी दाईं हथेली खोलकर राम के गाल पर चाँटा रसीद कर दिया। राम ठहाका मारकर हँसे थे। जब हँसी सुनकर पवन रोया तो राम हँसते हुए रोने लगे थे और वे ऑटो में बैठकर घर आ गए थे। पवन रोते हुए सो गया था।

जब वह बड़ा हो रहा था तो दिन-भर घर में माँ के पीछे घूमता था। अन्दर के कमरे से बाहर के कमरे में और बाहर के कमरे से किचन में। किचन से जब वह बाथरूम में जाती तो वह बाथरूम में आने की ज़िद करता और जब वह अन्दर से कुंडी लगाती तो वह बाहर से दरवाज़ा पीटने लगता। शुरू-शुरू में वह उसे अपने साथ नहलाती थी और उसे प्लास्टिक के टब में खेलता हुआ छोड़कर खुद नहा लेती थी। वह कभी-कभी टब से नज़रें उठाकर उसकी नंगी देह को टुकुर-टुकुर देखता था। पवन के लिए माँ दोस्त थी, खिलौना थी और माँ थी। तब वह माँ का मतलब नहीं जानता था जैसे कि माँ ईश्वर का मतलब नहीं जानती थी यद्यपि वह रोज़ सीता-राम की मूर्ति के सामने हाथ जोड़कर आँखें मूँदे प्रार्थना करती थी : त्वमेव माता च पिता त्वमेव! पवन सुधा के चारों ओर घूमता हुआ बड़ा हुआ।

छोटे में पवन को फ़र्श पर एक जगह खड़े हुए चारों ओर घूमना और घूमकर गिर जाना अच्छा लगता था। वह कहता, 'देखो मम्मी, मैं चकरी बन गया।' तब घर के सारे खिलौने टूट चुके थे और दीवारों पर भग्न गुफ़ाओं के आदिवासी चित्र उभर आए थे जब पवन को पड़ोस के सेंट मेरी स्कूल में दाख़िल कराया गया। सुधा उसे स्कूल भेजने जाती और लेने जाती। उसे हँसी आ जाती जब कभी उसे बीच में लगता कि वह क्या करे जैसे उसकी साँस अब पवन के आस-पास ही घूमती थी। धीरे-धीरे स्कूल का वक्त बढ़ता गया, पवन अपने-आप स्कूल जाने लगा और कभी-कभी देर से आने लगा। जब पवन को देर हो जाती तो सुधा की साँस ऊपर की ऊपर और नीचे की नीचे रह जाती। शुरू में दो-तीन बार वह पवन के घर में घुसने पर रो दी।

'क्यों रो रही हो, मम्मी?' पवन हैरत से पूछता।

'क्योंकि तुम आ गए हो।' वह हँसने लगती।

आँखों से आँसू ढुलकाती और होंठों से हँसती माँ पवन को पहले-पहले किसी चमत्कार की तरह लगी थी। उसने हँसती-रोती माँ को चूम लिया था। यह सिलसिला जारी रहा। मगर ऊपरी होंठ पर रेख आते-आते पवन को चिढ़ होने लगी।

'मम्मी,' वह कहता, 'तुम तो ऐसे रोने लगती हो जैसे मैं मर गया हूँ।'

'नहीं, बेटा,' वह कहती, 'मैं इसलिए खुशी से रोती हूँ कि मैं ज़िंदा हूँ।'

राम हँसने लगते। वे कहते, 'तुम पागल हो, सुधा। दिल्ली की सारी माँओं के बेटे देर से लौटते हैं। क्या वे सब रोती हैं?...और जो बेटे नहीं लौटते—क्या माँ के रोने से वे लौट आते हैं?'

'माँ इसीलिए रोती है,' सुधा मुस्कुराने लगती।

उन्हीं दिनों नीचे की मंज़िल में एक सिख परिवार आया था। पास ही बाज़ार में उनकी किराने की दुकान थी। दुकान की वजह से ही वे पंजाबी बाग से रैगड़पुरा आ गए थे। किराया कहीं भी देना है, सरदारजी मुस्कुराते हुए बोले थे। मुस्कुराते सरदारजी को पता नहीं था कि यह घर बदलना दुनिया बदलना होगा। उनका एक ही लड़का था जो पवन की उम्र का था और पवन के स्कूल में ही भरती हो गया था। उसका नाम गुरनाम था—गुरनाम सिंह। गुरनाम और पवन की दोस्ती होने में देर नहीं लगी। कौन किसी घर में दूसरे के साथ खेलता हुआ उसी घर में खाना खा ले, यह पता नहीं चलता था। दूसरे घर में माँ खाना लिए बैठी रहती।

तब दोनों बच्चों में कोई फ़र्क ही नज़र नहीं आता था। दोनों स्वस्थ-सुन्दर थे, गोरे थे; दोनों की आँखें कंचों की तरह हँसती थीं; दोनों शैतान थे। वे आपस

में झगड़ते थे और आपस में सुलह कर लेते थे। दोनों माताओं को आश्चर्य होता कि बच्चों का झगड़ा कभी उन तक क्यों नहीं आता था। कभी-कभी किसी घर में गेंद या बल्ले या चिड़िया को लेकर झगड़े की कुछ आहटें ज़रूर सुनाई देतीं। लेकिन जब कोई माँ घटना-स्थल पर पहुँचती वह दोनों बच्चों को हँसता हुआ पाती। कभी वे एक-दूसरे के हाथों में या गले में हाथ डाले नज़र आते। कभी वे एक-साथ गाना गाते। फिर गाते हुए एक-दूसरे के गले में हाथ डाले नाचने लगते जैसे भाँगड़ा कर रहे हों।

गुरनाम की माँ कुलवंत कौर कहती कि उसे ऐसा पड़ौस मिलेगा, उसने सपने में भी नहीं सोचा था। पंजाबी बाग के पड़ौस में गुरनाम से बड़ा एक लड़का था जो अक्सर उसे मारता था और गुरनाम रोता हुआ घर आता था। यहाँ बच्चे तभी रोते थे जब खुद गिरते थे या उनकी माताएँ उन्हें मारती थीं। कभी-कभी ऐसा भी होता कि एक घर में एक बच्चा रोता तो दूसरा बच्चा दूसरे घर से आकर पूछता, 'क्या हुआ?' इस सवाल से पहला बच्चा चौंक जाता और रोना भूलकर दूसरे बच्चे के साथ खेलने लगता। जब कभी एक बच्चा रोने की ज़िद पकड़ लेता तो उसकी माँ दूसरे घर से दूसरा बच्चा लाकर उसके पास छोड़ देती जो रोते बच्चे से पूछता, 'क्या हुआ?'

दोनों माताओं को एक और सुविधा थी। दोनों को रोज़-रोज़ अपने बच्चे को भेजने और लेने स्कूल जाने की ज़रूरत नहीं थी। एक माँ दोनों बच्चों को ले जाती, दूसरी ले आती। दोनों को दूर से पहचानना मुश्किल हो जाता था। दोनों पास आते तो एक के सिर पर बाल बँधे नज़र आते। पवन के हर महीने बाल कटते थे। गुरनाम उसे राम के साथ स्कूटर पर जाते देखता और जब वह लौटता तो मुस्कुराता। जब कभी पवन सुबह-सुबह गुरनाम के घर के अन्दर जाता और वहाँ उसके मम्मी-पापा को बाल खोले घर में घूमते देखता तो उसे सरदारजी की दाढ़ी देखकर तसल्ली होती थी। तसल्ली के साथ-साथ उसके भीतर डर की कोई लहर भी उठती और गुम हो जाती जब वह सरदारजी का बालों से घिरा चेहरा देखता—उसे लगता जैसे उनकी आँखें कहीं दूर चेहरे के भीतर छिपी हैं।

सुधा ने कुलवंत से छोले-भटूरे बनाना और दही खाना सीखा। उसका ख़्याल था कि दही सिर्फ़ गर्मियों में दोपहर के खाने के साथ खाया जाता है। दही हर मौसम में हर खाने के साथ खाया जाता है, यह उसने कुलवंत से जाना। कुलवंत ने सुधा से साड़ी बाँधना और मेंहदी रचाना सीखा। दोनों कभी-कभी दोपहर में एक-दूसरे के बाल निकालतीं। सुधा को कुलवंत के दमकते गोरे रंग से ईर्ष्या थी, मगर कुलवंत कहती कि उसे सुधा का साँवला रंग ज़्यादा पसंद है क्योंकि उसके

चेहरे से उसे फूटता सवेरा या घिरती शाम याद आती है। गोरा रंग दोपहर की तरह है, वह हँसकर कहती।

सरदारजी महीने में दो-तीन बार रम की बोतल लाते थे। उस शाम किसी एक घर में बकरे या मुर्गे का गोश्त बनता। दोनों बच्चे एक कमरे में खेलते रहते। दूसरे कमरे में बड़े बैठते। वह उपमहाद्वीप में ग़ज़लों की धूम का नया ज़माना था। मेंहदी हसन और गुलाम अली की आवाज़ें पाकिस्तान से हिन्दुस्तान आकर देश-भर में फैल गई थीं। करतार सिंह के पास फ़िलिप्स का रिकॉर्ड-प्लेयर था और ग़ज़लों के रिकॉर्डों का स्टॉक था। बैठक में देर रात तक बेग़म अख़्तर या मेंहदी हसन की आवाज़ें गूँजती रहतीं और कभी-कभी वाह-वाह सुनाई देती या कोई मिसरा...

वो जो हममें तुममें करार था
तुम्हें याद हो कि न याद हो...

बेग़म के स्वर में एक नैसर्गिक खराश थी जो उसकी कशिश को एक दर्द की तरह बढ़ा देती थी...तुम्हें याद हो कि न याद हो...जैसे एक ही आवाज़ में मर्द और औरत का दर्द समा गया हो। काइनात रो दे...ऐसी आवाज़। मद्धिम रोशनी और शराब के उजाले में ऐसा ही लगता था। लगता था चारों ओर छाया अँधेरा रो रहा है। कोई भटके हुए आँसू करतार सिंह की आँखों में राम ने देखे थे। आँसू आँखों से निकलते और चेहरे का रास्ता तै करके दाढ़ी में खो जाते...

राम सन्न रह गए थे। यह बेग़म का जादू था। रोते करतार सिंह की छवि राम की आँखों में अटक गई थी। गुरनाम एक ओर बैठा अपने पिता के चेहरे को ताक रहा था। उसने अपने पिता को कभी रोते नहीं देखा था—न अब कभी रोते देखेगा। वह उनकी रैगड़पुरा में पहली बारिश थी। वे पिछले जाड़ों में पंजाबी बाग से आए थे और अगले जाड़ों में चले गए थे।

राम मिल में था। जब इन्दिरा गांधी की हत्या की ख़बर अचानक फैली। अगले दिन दो सिख कर्मचारियों ने इस्तीफ़ा दे दिया। उन्होंने कहा कि दिल्ली में उनकी जान को ख़तरा है, वे जलन्धर के आगे अपने गाँव चले जाएँगे। घर लौटकर शाम को राम ने सुधा को यह बताया। सुधा ने राम से कहा कि कुलवंत अफ़वाहों से बहुत डर गई है। उसने आज गुरनाम को घर से बाहर नहीं निकलने दिया। सरदारजी नहीं माने। दुकान चले गए। जब तक वे नहीं लौटे, राम के कान नीचे लगे रहे। बारिश बीत चुकी थी। हवा में ठंडक आ गई थी। यह दिल्ली का सबसे खूबसूरत मौसम था। दिन में पेड़ों के आसपास धूप ठंडी होने लगी थी। आकाश में दिन-रात रोशनी के वृत्त घूमते—धूप के या चाँदनी के।

जब करतार सिंह लौटे तो गली में सन्नाटा था। कुछ कुत्ते भौंक रहे थे।

मिल में अगला दिन तरह-तरह की अफ़वाहों के बीच बीता। लोग कहते कि दिल्ली में अब सिखों की ख़ैर नहीं। उनके घरों और दुकानों की निशानदेही हो रही थी। आदमियों के सिर पर बढ़े केश और चेहरे पर बढ़ी दाढ़ी ख़तरा थे। सिर्फ़ दिल्ली में ही नहीं। कानपुर, जयपुर, लखनऊ, आगरा में भी। बल्कि देश-भर में। कोई बोला कि आदमी के इतिहास में आदमी के बाल कभी उसकी जान का ख़तरा नहीं बने थे। यह पहली बार था। रफ़्ता-रफ़्ता ख़बरें आने लगीं कि कुछ लोग सड़कों पर बालों का पीछा कर रहे थे। सड़कें वीरान होने लगीं जैसे ताज़ा-ताज़ा इमर्जेंसी लगी हो। इमर्जेंसी को एक दशक भी नहीं बीता था। फिर लम्बे बालों पर इमर्जेंसी लग गई थी।

दोपहर में ख़बर आई थी कि कुछ बाज़ारों में कुछ लोग तेल के पीपे लिए घुसे थे और उन्होंने सिखों की दुकानों में आग लगा दी थी। दुकानों के साथ केश भी घास की तरह जल रहे थे। राम को तुरंत करतार सिंह की याद आई थी। घर में फ़ोन नहीं था। वे काम में लग गए थे। कुछ देर बाद उन्हें फ़ोन पर बुलाया गया। दूसरी तरफ सुधा थी। उसने कहा कि मैं पड़ौस की एक दुकान से बोल रही हूँ, गुरनाम के पापा की दुकान जला दी गई है, तुम फ़ौरन घर आ जाओ। राम ने पूछा कि गुरनाम के पापा तो ठीक हैं? मगर तब तक लाइन कट गई थी।

मुख्य सड़क पर जाती हुई धूप थी और भरपूर सन्नाटा था जैसे सब लोग मकानों को अकेला छोड़कर कहीं भाग गए हों। बाज़ार दूसरी तरफ़ था। अपनी गली में घुसते हुए भी राम को कुछ पता नहीं चला। अपने घर में घुसते ही उसका सामना हिचकी बाँधकर रोती हुई कुलवंत से हुआ। कुलवंत का सिर सुधा के कंधे पर था। सुधा की आँखों में आँसू थे। पवन और गुरनाम दूसरे कमरे में थे। राम का दिल बैठा जा रहा था।

'क्या पूरी दुकान जल गई?' राम ने पूछा।

'हाँ,' सुधा ने कहा।

'सरदारजी कहाँ हैं?'

कुलवंत की हिचकी पल-भर टूटी, चीख़-सी कुछ तेज़ आवाज़ आई, लेकिन फिर एक झटके से हिचकी बँध गई। चीख़ती कुलवंत को सुधा ने आँखें तरेरकर देखा था। 'गुरनाम की तरफ़ देखो,' वह फुसफुसाई। सुधा ने बताया कि मोहल्ले में यह अफ़वाह है कि सिखों के घरों की भी पहचान हो गई है, दुकानों के बाद घरों का नम्बर आएगा। इस सन्नाटे में चीख़ सिख-घर की पक्की पहचान होगी।

'सरदारजी कहाँ हैं?' राम ने फिर पूछा।

'करतार को दुकान के साथ जला दिया,' कुलवंत ने उसकी ओर आँखें घुमा

कर कहा जैसे कोई सूचना-अधिकारी कोई सूचना देता है।

राम ने सुना था कि इंदिरा गांधी की हत्या का बदला सिख मर्दों से लिया जा रहा है और बच्चों को भी नहीं बख़्शा जा रहा। वह बाथरूम में गया जिसमें पानी की एक बड़ी टंकी रखी थी। उसने ढक्कन खोलकर टंकी में झाँका : तली में थोड़ा-सा पानी था। उसने नल खोल दिया। पानी बहने लगा। उसने गोल ढक्कन हाथों में लेकर उसके व्यास का अनुमान लगाया : कोई बच्चा टंकी के मुँह से अन्दर-बाहर हो सकता था। टंकी खाली होने में देर नहीं लगी। राम उस कमरे में गया जिसमें दोनों बच्चे साँप-सीढ़ी खेल रहे थे। वह खड़ा हुआ कुछ पल नीचे फ़र्श पर फैले साँप-सीढ़ी और दोनों बच्चों को देखता रहा। फिर उसने कहा—'आओ, तुम दोनों को एक नया खेल बताऊँ।' दोनों खड़े हो गए और राम के पीछे चले। बाथरूम में घुसकर राम ने पानी की टंकी से ढक्कन उठाया और नीचे रख दिया। उसने देखा कि ढक्कन में कुछ छेद थे और वह टंकी पर इतना फ़िट नहीं बैठता था कि हवा को रोक सके। फिर उसने पवन से कहा, 'खेल यह है कि जब मैं तुमसे कहूँ 'अन्दर,' तो तुम्हें झट अन्दर जाकर बैठ जाना है और ऊपर ढक्कन रख लेना है। अन्दर तुम्हें बिना किसी आवाज़ के चुप बैठना है जब तक मैं 'बाहर' न बोलूँ।' पवन ने कहा—'पहले मैं।' 'ठीक है,' राम बोला। पवन की बारी के बाद गुरनाम की बारी आई। जब गुरनाम टंकी में बैठ गया और उसने ढक्कन उठाकर टंकी के ऊपर रख लिया तो राम ने ढक्कन पर हाथ फिराकर देखा। ढक्कन ठीक था। उसे रखने पर लगता था कि टंकी में पानी भरा है।

जब वे बाथरूम से बाहर आए तो सुधा ने राम को किचन में बुलाकर कहा—'हम गुरनाम के बाल भी काट सकते हैं।'

'एक तो बाल ठीक नहीं कटेंगे,' राम फुसफुसाया, 'दूसरे, बच्चा डर जाएगा।'

दंगाई रात में आए थे। उन्होंने नीचे किवाड़ भड़भड़ाए। फिर दरवाज़े पर ताला देखकर ज़ीने पर धड़धड़ाते हुए ऊपर चढ़े। जब नीचे के किवाड़ भड़भड़ाए तो राम अन्दर के कमरे में गया और उसने मुस्कुराते हुए गुरनाम से कहा—'अन्दर।' गुरनाम की गोट साँप-सीढ़ी के खेल में साँप से कटकर निन्यानबे से एक पर आ गई थी। वह ग़मज़दा था। जब उसके कान में राम की आवाज़ पड़ी तो उसे छुटकारा मिला। वह तुरंत दौड़कर टंकी में छिप गया। दंगाइयों ने ऊपर आकर किवाड़ पर एक-साथ तीन थापें दीं। राम ने किवाड़ खोले, 'क्या बात है?'

'नीचे सरदारजी का घर बन्द है?'

'हाँ।' राम ने ठंडी आवाज़ में कहा, 'वे नहीं रहे।'

'मगर उसकी बीवी और बच्चा?' पूछनेवाले की आँखें तनी थीं।

'वे शाम को लुधियाना चले गए।'

बाहर अँधेरे में सन्नाटा छा गया।

फिर कोई बोला—'दोनों अन्दर हैं।'

कोई दूसरा राम को धक्का देते हुए अन्दर घुसा। उसके पीछे चार आदमी और घुस आए और चारों ओर फैलकर तलाशी लेने लगे। राम उस आदमी के पीछे गया जो बाथरूम की ओर गया था। वह बाथरूम में घुसकर छत की ओर देख रहा था। उसकी नज़र छत से उतरी और फ़र्श पर खाली बाल्टी से होती हुई राम पर आ गई, 'कहाँ है?'

'कौन?' राम ने बाहर आते हुए पूछा।

'बच्चा,' पीछे आते आदमी ने कहा।

राम पलटा। उसने कहा, 'मैंने कहा न कि वे लुधियाना चले गए।'

एक आदमी किचन के सामने खड़ा अन्दर घूर रहा था। उसने पास आते राम से पूछा—'ये कौन हैं?'

'मेरी पत्नी।'

'दो-दो।' वह हँसा।

'दूसरी मेरी बहन है।' राम ने कहा, 'आज सुबह तालबेहट से आई है।'

तभी पीछे से पवन का हाथ पकड़े एक आदमी आया और उसने अपने साथी से कहा—'इसके तो बाल ही नहीं हैं।'

'यह मेरा बेटा है, पवन।' राम ने दोनों की ओर देखते हुए कहा। उसे अन्दर-ही-अन्दर हँसी आ रही थी कि वह अजनबियों के सामने अपनी ही गवाही देने को मजबूर था।

पाँचों अजनबी ज़ीने की सीढ़ियों पर धड़धड़ाते हुए उतर गए जैसे धड़धड़ाते हुए ऊपर आए थे। राम नीचे उतरा। जब अजनबी गली से बाहर हो गए तो उसने ज़ीने का दरवाज़ा बन्द करके कुंडी लगा दी। फिर वह खुद सीढ़ियों पर चढ़ा जैसे किसी अजनबी को अपने साथ ले जा रहा हो। घर का दरवाज़ा बन्द करने के बाद वह बाथरूम में गया और बोला—'बाहर।' फिर वह पीछे मुड़कर अचानक रोने लगा जैसे उसकी गोट को साँप ने डस लिया हो।

अगले दिन कुलवंत गुरनाम को लेकर लुधियाना चली गई थी जहाँ उसका मायका था।

गुरनाम अब उतना ही बड़ा होगा जितना पवन था जो अभी बंगलुरु में था। पवन की कुर्सी पर बैठे हुए राम को कभी-कभी गुरनाम की याद आती थी...गुरनाम

के साथ गुरनाम के पिता की याद आती थी...तुम्हें याद हो कि न याद हो। वे इसका ज़िक्र सुधा से नहीं करते थे क्योंकि इस ज़िक्र से सुधा की आँखों में पानी उतर आता था। उन्हें कुलवंत या गुरनाम की कोई ख़बर नहीं थी। 'देखो' सुधा कहती, 'उनका दस महीने साथ होना ऐसा हो गया जैसे हम रेल के सफ़र में मिले थे।' 'और करतार सिंह,' राम ऊपर छत की ओर देखते हुए कहते, 'किसी बीच के स्टेशन पर पानी लेने उतरा और नहीं लौटा क्योंकि उस शहर में किसी आदमी के इतने लम्बे बाल नहीं थे जो करतार की पगड़ी के अन्दर छिपे थे।' बीस साल पहले कुलवंत का एक कार्ड आया था जब वह लुधियाना पहुँची। कार्ड पर उसका पता नहीं था। दूसरा कार्ड नहीं आया। क्या कुलवंत ने जानबूझकर अपना पता नहीं लिखा था?

जब पवन का कार्ड आता तो सुधा फ़ौरन उसे पत्र लिखती कि फिर तुमने कार्ड पर चार सतरें लिख दीं, तुमसे मैंने कितनी बार कहा है कि तुम लिफ़ाफ़ा नहीं तो कम-से-कम अंतर्देशीय डाला करो जिसमें तुम्हारा विस्तृत हाल हो। मैं ठीक हूँ, आप ठीक होंगे, चरण स्पर्श–यह कोई ख़त हुआ? यह तो ख़बर भी नहीं है। पिछली बार जब वह दीवाली में आया तो उसने कहा था कि मेरी नौकरी लगने पर पहला काम मैं यह करूँगा कि घर में फ़ोन लगवाऊँगा–ताकि मम्मी, तुम जब चाहो, जितना चाहो मुझसे बात कर सको। सुधा हँसी थी, 'ठीक है, तब तुझे चिट्ठी भी नहीं लिखना पड़ेगी।' अभी वह हर हफ़्ते चिट्ठी लिखने का वादा करके जाता था–और हर माह कार्ड भेजता था। वह कहता कि मम्मी, क्या करूँ, वक्त ही नहीं मिलता। जब सुधा का चेहरा कुछ उदास होता, तो वह उदास चेहरा अपने हाथों में लेकर कहता, 'मम्मी, मैं इसीलिए ख़ूब पढ़ता हूँ कि तुम्हें वे सारे सुख दे सकूँ जो तुम्हें नहीं मिले।' सुधा उसकी आँखों में अपना चेहरा देखती और मुस्कुराने लगती।

'क्या तुमने अमरीका देखा है?' वह पहेली पूछता।

'नहीं।' वह हँसती।

'एक दिन मैं तुम्हें अमरीका ले जाऊँगा।'

सुधा की आँखों में अमरीका के चित्र तैर जाते जो उसने बम्बइया फ़िल्मों में देखे थे : ऊँची-ऊँची इमारतें जो पिंजरों-सी थीं और आकाश चूमती थीं; चटक नीली नदियाँ, चटक हरे पहाड़; और इतने सारे समृद्ध लोग जो इस धरती के नहीं लगते थे! अमरीकी चाल की इमारतें गुड़गाँव में बन रही थीं–सुधा जब लक्ष्मण के घर जाती तो देखती थी। नीली नदियाँ और हरे पहाड़ देश के नक़्शे में फैले थे। समुद्र बचता था, जो धरती पर हर द्वीप-महाद्वीप को घेरे था। क्या एक दिन

इण्डिया भी अमरीका हो जाएगा?

'क्या अमरीका में सारे लोग ऐसे ही फ़्लैटों में रहते हैं जैसे लक्ष्मण रहता है?' सुधा ने पूछा।

'उससे भी अच्छे।'

'हाँ, शकुन्तला ने मुझे हरि के फ़्लैट की तस्वीरें दिखाई थीं,' सुधा ने कहा। फिर वह मुस्कुराई, 'लेकिन तस्वीर क्या असल से ज़्यादा सुन्दर नहीं होती?'

पवन हँसा।

'फिर हर तस्वीर में एक गोरी मैम थी जो उसे और मोहक बना रही थीं,' सुधा ने कहा।

'यही अमरीका है, मम्मी,' पवन ने कहा।

'तेरे लिए,' सुधा हँसी।

पवन ने सुधा के गले में बाँहें डालकर कहा–'मम्मी, वहाँ सब-कुछ है जो यहाँ नहीं है।'

'और जो यहाँ है?' सुधा ने पवन की आँखों में देखा।

'उसे मैं अपने साथ ले जाऊँगा।' पवन ने माँ को चूम लिया।

पवन दीवाली में ही घर आया था। सुधा ने घर इस तरह सजाया था जैसे कौशल्या के राम बनवास से घर आए हों। ख़ूब पकवान बने थे। रात को लक्ष्मीजी की पूजा हुई थी। पूजा के बाद कौड़ियाँ फेंकने की रस्म हुई। राम को पाँच बार कौड़ियाँ फेंकनी पड़ीं, तब तीन चित आईं। पवन ने पहली बार कौड़ियाँ फेंकी और पाँचों चित आ गईं! सुधा ने तालियाँ बजाईं। राम ने साथ दिया। यह पवन के अगले वर्ष प्रबल सौभाग्य का संकेत था। सबने प्रसाद खाकर मुँह मीठा किया। फिर फ़्लैट में चारों ओर रखे दिए जला दिए गए। पवन ने नीचे गली में उतरकर ख़ूब पटाखे चलाए। खाने के बाद पवन ने ताश निकाल लिए। तीनों सौ-सौ रुपए लेकर बैठे। फ्लैश खेला गया। आख़िरी चाल में राम के पास गुलाम की त्रेल थी। उसने सारे पैसे लगा दिए। सुधा ने पहले ही अपने पत्ते फेंक दिए थे। पवन के पास बादशाह की त्रेल निकली। जब खेल ख़त्म हुआ माँ-बाप हार गए थे, सारी पूँजी बेटे के पास थी।

'बादशाह!' सुधा हारकर हँसते हुए उठी। राम भी ख़ुश थे। दोनों के मन में पुलक भर गई थी कि आगामी वर्ष में बेटे के भाग्य का सितारा चमकेगा। घर की दीवारों और छत पर दीवाली की रोशनी थी।

घर झिलमिला रहा था जैसे पवन लगातार हँस रहा हो। रामचन्द्र ने अयोध्या लौटने के लिए अमावस की रात क्यों चुनी थी? दीये कुछ देर में बुझ जाएँगे।

दौज की शाम पवन गुड़गाँव में डी.एल.एफ. कॉलोनी के गेट पर खड़ा था जहाँ नन्हे चाचा रहते थे। नन्हे चाचा के घर में घुसना अपने घर में घुसना नहीं था कि घंटी बजाई, दरवाज़ा खुला और घर के अन्दर। गेट के अन्दर जाने से पहले रजिस्टर में अपना नाम-पता दर्ज करना पड़ता था, फिर गार्ड नन्हे चाचा के घर में फ़ोन करता था और वहाँ से हाँ हो जाने पर ही कोई गेट के अन्दर जा सकता था। गेट के अन्दर दोनों ओर गाड़ियों के लिए चौड़े रास्ते थे और बीच में लम्बा लॉन था जो क्यारियों से घिरा था। क्यारियों के पार एक दरवाज़े के भीतर लिफ़्ट थी। नन्हे चाचा की मंज़िल पर लिफ़्ट से बाहर आकर पवन दाईं ओर मुड़ा और उसने घंटी बजाई। दरवाज़ा नन्हे चाचा ने खोला।

'आओ,' वे ख़ुश हो गए।

पवन अन्दर आया। दोनों सोफ़े की ओर बढ़े और आमने-सामने बैठ गए।

'कैसे हो, पवन?' लक्ष्मण मुस्कुरा रहे थे। वे अपनी ही तरह लम्बे और गोरे पवन को देखकर प्रसन्न थे।

'अच्छा हूँ, चाचा।' पवन मुस्कुराया।

पवन की मुस्कान में आत्मविश्वास छलक रहा था। लक्ष्मण को एकाएक हर्षद के भूले हुए शब्द याद आए : 'मुझे तुममें कुछ वही बात दिखाई देती है जो मुझमें है।'

'दीवाली कैसी रही?' लक्ष्मण ने पूछा।

'घर में ही जुआ खेला था,' पवन हँसा।

'कौन जीता?'

'मैं।'

'मैं भी जीतता था,' लक्ष्मण बोला, 'भैया-भाभी हारते थे।'

एक ख़ाली क्षण के बाद पवन ने कहा—'मुझे मम्मी-पापा से जीतना अच्छा नहीं लगता।'

'यह खेल है, पवन,' लक्ष्मण मुस्कुराया, 'कोई क्या कर सकता है?'

'कोई कॉफ़ी पी सकता है,' यह कहती हुई शकुन्तला पीछे से आई। उसके हाथ में एक छोटी-सी ट्रे थी जिसमें कॉफ़ी के दो प्याले थे।

जब वह ट्रे रखकर खड़ी हुई तो पवन ने उसके पैर छुए। फिर उसने लक्ष्मण के पैर छुए और कहा, 'मैं पहले भूल गया था।'

'अगर भूला हुआ याद आ जाए,' शकुन्तला मुस्कुराई, 'तो भूलना भूलना नहीं होता।'

तभी रानी हँसती हुई अन्दर से आई और पवन से लिपट गई।

'तू कहाँ थी?' पवन ने पूछा।

'कम्प्यूटर पर खेल रही थी।'

'खेल ख़त्म हो गया?'

'हाँ।'

पवन ने उसे दोनों बाजुओं से पकड़कर सामने खड़ा किया और कहा—'क्या ड्रेस है!'

'नई है,' रानी ने कहा।

'तुम्हें टीका करने को ख़रीदी है,' शकुन्तला ने मुस्कुराते हुए जोड़ा।

'अच्छा!' पवन ने उसे चूमकर कहा, 'मैं इसकी कीमत तुम्हें अगली दीवाली पर दूँगा।'

'अगली दीवाली क्यों?' रानी ने पूछा।

'अगली दीवाली तक मैं ख़ुद कमाऊ हो जाऊँगा।'

'वाह,' लक्ष्मण बोला, 'क्या यह तुम्हारा आख़िरी साल है?'

'हाँ, चाचा।'

'ओह, मैं भूल गया था।'

लक्ष्मण काँच के दरवाज़े की ओर देखने लगे। उनके बगल में रानी बैठी थी जो गुड़िया-सी लग रही थी। बल्कि परी-सी। उसकी ड्रेस झक्क सफ़ेद थी, कुछ ऊपर हवा में उठती-सी। उसका गोरा रंग सफ़ेदी में झिलमिला रहा था। लगता था अभी वह सोफ़े से ऊपर उठेगी और काँच के पारदर्शी दरवाज़े से निकलकर उड़ती हुई बाहर हवा में चली जाएगी। पवन उसी के चेहरे को ताक रहा था।

'आई.टी. इंजीनियर तो आजकल उड़कर सीधे अमरीका जा रहे हैं,' लक्ष्मण ने मुस्कुराते हुए कहा।

पवन ने अपनी नज़र लक्ष्मण की ओर घुमाई।

'वहाँ वेतन ज़्यादा होगा,' लक्ष्मण ने फिर कहा।

'सिर्फ़ वेतन ही नहीं, वहाँ माहौल अलग है,' पवन ने कहा।

पवन ने कॉफ़ी का अन्तिम घूँट पिया। लक्ष्मण अपना प्याला पहले ही ख़ाली कर चुका था।

'हाँ,' लक्ष्मण बोला, 'मुझे हरि बता रहा था।'

'काम का माहौल,' पवन ने कुछ रुककर कहा, 'और जीने का माहौल।'

'मुझे हरि बता रहा था,' लक्ष्मण ने फिर कहा।

'क्या बता रहा था?' पवन ने उत्सुकता से पूछा।

'वह बता रहा था कि वहाँ हवा और पानी बिल्कुल साफ़ हैं। पेड़-पौधे और

घास तस्वीर की तरह चमकते हैं।'

'और लोग?'

लक्ष्मण हँसा—'नमूने तो यहाँ भी आते हैं।'

'मुझे मैरी तो बहुत अच्छी लगी थी,' एक तरफ़ बैठी शकुन्तला बोली।

'मैरी कौन, चाची?' पवन ने शकुन्तला की ओर देखा।

'हरि की पत्नी।'

'अच्छा, हरि चाचा ने अमरीकी से शादी की है।'

'हाँ,' शकुन्तला ने कहा, 'उसने उसे हरि से हैरी बना दिया।' वह हँसी, 'पूरा अमरीकीकरण!'

रानी अन्दर चली गई थी। लक्ष्मण काँच के पार हवा में देख रहा था। उसने हवा के शून्य में देखते हुए कहा :

'क्या अमरीका, क्या इंडिया! दुनिया एक गाँव है।'

'यही भूमण्डलीकरण है,' पवन ने कहा।

'तरक्की अपने घर के आँगन में नहीं रहती।' लक्ष्मण बुज़ुर्ग की तरह बोल रहा था, 'उसे ढूँढ़ने बाहर जाना पड़ता है।'

सब चुप थे। पवन की नज़र भव्य ड्राइंग-रूम में चारों ओर घूमी। सामने ही टी.वी. का बड़ा पर्दा था जो सिनेमा के पर्दे-सा लगता था। छत से झिलमिल फ़ानूस लटक रहा था और रोशनियाँ नज़र नहीं आती थीं। लगता था रोशनी दीवारों से झर रही है जैसे कोई तिलिस्म हो। बाहर रात उतर रही थी।

'अगर मैं झाँसी में ही रह जाता,' लक्ष्मण बाहर देखते हुए कह रहा था, 'तो रोज़ पापा की तरह साइकिल पर बैठकर रानीमहल की तरफ़ जाता।'

शकुन्तला इस बीच अन्दर चली गई थी। वह एक हाथ में अक्षत-हल्दी और दूसरे में मिठाई की प्लेट लिए लौटी। रानी उसके साथ थी। रानी ने पवन का टीका किया। पवन ने उसके पैर छूकर उसे चूमा और एक सौ का नोट उसके हाथ पर रख दिया—जो उसे सुधा ने दिया था।

'रानी, भैया को रसगुल्ला खिलाओं,' शकुन्तला ने कहा।

दोनों ने एक-दूसरों को रसगुल्ला खिलाया।

काँच के परे अंधकार छाया था। काले आसमान के कुछ कोनों में कुछ रोशनियाँ थीं।

'खाना लगाऊँ?' शकुन्तला ने कहा।

'भई, मैं तो थोड़ी व्हिस्की पिऊँगा।' लक्ष्मण ने पवन की ओर नज़रें घुमाकर कहा, 'तुम अब बड़े हो गए हो। थोड़ी ले लो।'

'नहीं।' पवन मुस्कुराया।

'कभी-कभी पीते तो होगे।'

पवन चुप रहा।

'थोड़ी ले लो।' लक्ष्मण हँसा—'मैं भैया-भाभी को नहीं बताऊँगा।'

लक्ष्मण कबर्ड से जॉनी वाकर की बोतल निकाल लाया। फिर उसने दो गिलासों में शराब डाली। सोडा और बर्फ़ डालकर एक गिलास पवन को थमाते हुए उसने कहा—'चियर्स।'

'चियर्स।'

दोनों ने गिलास ऊपर उठाए, फिर होंठों से लगा लिए। लक्ष्मण ने बड़ा घूँट लिया, पवन ने छोटा। शकुन्तला अन्दर चली गई थी।

तीसरा घूँट लेकर लक्ष्मण ने कहा—'लगता है, अगले साल तुम अमरीका चले जाओगे।'

'अभी कुछ सोचा नहीं।' पवन ने कुछ संदिग्ध नज़रें ऊपर उठाईं।

'मौका मिले तो छोड़ना नहीं चाहिए।'

'नौकरी तो मुझे यहाँ भी मिल जाएगी।'

'मैं बाहर के मौके की बात कर रहा था।'

'मेरे मन में एक उलझन है, चाचा।' पवन काँच के पार अँधेरे में देख रहा था।

'क्या?'

'मम्मी-पापा यहाँ अकेले रह जाएँगे।'

लक्ष्मण ठहाका मारकर हँसा—'हम भी अकेले रह जाएँगे—जब रानी की शादी हो जाएगी।'

'आपके पास पानी की रियासत है, चाचा।' पवन मुस्कुराया, 'आप कभी रिटायर नहीं होंगे।'

लक्ष्मण के होंठ फैले थे और दाँत चमक रहे थे। कोई आवाज़ नहीं थी। सहसा होंठ हिले और आवाज़ आई :

'तुम पैसे भेजते रहना।'

'क्या पैसे काफ़ी होंगे, चाचा।'

'पैसा सब-कुछ है।'

शकुन्तला ने गैलरी से सोफ़े की ओर आते हुए कहा—'पैसा सब-कुछ नहीं है। डाइनिंग टेबिल पर आओ। खाना लग गया।'

उस रात पवन के जाने के बाद झाँसी से फ़ोन आया। फ़ोन घर से था। आवाज़ देवेन्द्र सहाय की थी। उन्होंने लक्ष्मण को बताया कि इधर कक्का की

तबियत काफ़ी ख़राब रहने लगी है, वे तुम्हें रोज़ याद करते हैं, एक बार आकर मिल लो। फ़ोन पर तो लक्ष्मण ने यही कहा कि देखिए, मैं कोशिश करता हूँ। मगर फ़ोन रखने के बाद उसका सिर घूम गया। हो सकता है इसकी वजह व्हिस्की हो। व्हिस्की के अलावा उसके सिर में झुँझलाहट भी थी। झुँझलाहट इस बात पर थी कि झाँसी के लिए कोई फ़्लाइट नहीं थी। फ़्लाइट होती तो वह इतवार को सुबह जाकर शाम को वापस आ जाता। रेल से जाने के लिए दो-तीन दिन चाहिए। फिर शहर में बिजली की समस्या तो थी ही। दिन तो कट जाएगा। लेकिन रात! पता नहीं, कक्का उसे रोज़ क्यों याद करते थे? वह तो रोज़ कक्का को याद नहीं करता। रोज़ क्या, वह तो उन्हें तभी याद करता था जब कोई याद दिलाए जैसे अभी पापा ने फ़ोन किया था। जिस आदमी के सामने भरी-पूरी ज़िंदगी हो, वह पीछे क्यों देखे? और पीछे था भी क्या जो कोई देखे?—एक बूढ़ा बच्चे के साथ बच्चे की तरह खेल रहा था। लक्ष्मण जब कभी उस बच्चे की निकर-कमीज़ पहने तस्वीर देखता तो उसे हँसी आ जाती थी : उसे लगता, वह कोई और था!

देवेन्द्र सहाय ने राम को भी उसके पड़ौस के एक नम्बर पर फ़ोन किया था जब पवन गुड़गाँव से रैगड़पुरा के रास्ते में था। राम को पता था कि पवन का अगली रात का बंगलुरु के लिए रिज़र्वेशन है। गाड़ी का रास्ता झाँसी से होकर ही था। वह पवन के साथ स्लीपर में जा सकता था—टी.सी. की मुट्ठी में पचास का नोट रखना होगा। पवन को नीचे की बर्थ मिली थी। राम ने उसके बगल में फ़र्श पर चादर बिछा ली जब कैबिन के पाँचों लोग अपनी बर्थ पर लेट गए। फिर वह पेशाब करने गया। जब वह लौटा तो पवन फ़र्श पर लेटा था। उसने पवन को उठाकर अपने साथ बर्थ पर बिठाया और उसे हँसते हुए बताया कि वह जवानी में अक्सर इसी तरह सफ़र करता था क्योंकि आरक्षण की बहुत मारामारी थी; दूसरे, झाँसी आधी रात में आएगा, तुम जागकर क्या करोगे? पवन ने बहुत इसरार किया। लेकिन राम नीचे लेट गया। पवन ने कहा कि झाँसी पर मुझे ज़रूर जगा देना। डिब्बे में अँधेरा था। कुछ नीली मद्धिम रोशनियाँ ज़रूर जल रही थीं। उसी नीले अँधेरे में झाँसी स्टेशन पर रुकी गाड़ी में राम ने अपनी चादर समेटी और पवन के सिर पर हाथ फेरा। वह गहरी नींद में था। राम अपने बेटे के बाल छूकर नीचे प्लेटफ़ार्म पर उतर गया जो दोनों ओर अँधेरे में फैलता चला गया था।

जब गाड़ी चली तो पवन की आँख खुल गई। उसने नीचे झाँका : फ़र्श ख़ाली था। वह दौड़कर डिब्बे के दरवाज़े पर पहुँचा। राम प्लेटफ़ार्म पर खड़ा उसी डिब्बे की ओर देख रहा था। पवन ने दाहिना हाथ हिलाया। राम ने भी हाथ हिलाया। उसकी डबडबाई आँखों में पवन की दूर होती आकृति घुलने लगी।

6

सुबह जब राम की आँख खुली तो आँगन में धूप उतर आई थी। वह ज़ीने के ऊपर कुछ पल खड़ा अपने घर को निहारता रहा जहाँ वह बड़ा हुआ था। ऊपर नीम की पत्तियाँ थीं, नीचे नीम की पत्तियों के साए धूप में खेल रहे थे। अम्मा रसोई में थीं। जब वह धड़धड़ाता हुआ ज़ीने से उतरा तो अम्मा ने रसोई से कहा—'चाय बनाऊँ?'

'हाँ।'

राम आँगन पार करके पौर में पहुँचा जहाँ कक्का चबूतरे पर अख़बार सामने फैलाए बैठे थे। वह चबूतरे की ओर बढ़ा। जब कक्का ने उसकी ओर मुँह मोड़ा तो उसने देखा कि कोई आँसू उनकी आँखों से लुढ़ककर गाल पर बहने लगा।

'दर्द कहाँ है, कक्का?' राम ने पूछा।

वे कुछ नहीं बोले।

'क्या पीठ में बहुत दर्द है?'

राम को देवेन्द्र सहाय ने बताया था कि कक्का को पीठ में दर्द रहता है। कभी-कभी वे कराहते थे।

'नहीं,' कक्का पहला शब्द बोले।

'फिर?'

कक्का दूसरा शब्द नहीं बोले। उन्होंने अख़बार की ओर उँगली से इशारा किया। राम ने फ़ौरन अख़बार उठा लिया। मुख्य-पृष्ठ पर ही दाईं ओर मौत की ख़बर थी। एक नौजवान की हृदय-गति रुकने से मौत हो गई थी। वह टी.वी. के सामने बैठा था। एक क्रिकेट-मैच देख रहा था। यह खेल लाहौर में हो रहा था। पाकिस्तान और भारत की टीमें आमने-सामने थीं। एक दिनी खेल था। पाकिस्तान पहले खेलकर 314 रन बना चुका था। आख़िरी गेंद पर भारत का स्कोर 310 था। एक गेंद बाकी थी और भारत को जीत के लिए 5 रन चाहिए

थे। बल्ला तेन्दुलकर के हाथ में था। गेंद फेंकी गई। तेन्दुलकर ने बल्ला घुमाया। गेंद आकाश से होती हुई पवेलियन में लोगों के बीच गिरी। छक्का पड़ा था। भारत जीत गया था। भारत पाकिस्तान से जीत गया था। यह चमत्कार था। युवा दिल इतनी ख़ुशी झेल न सका।

कक्का रो रहे थे।

'मत रो, कक्का,' राम ने कहा, 'अब ऐसी दुर्घटनाएँ होने लगी हैं।'

'क्या लोग खेल-खेल में ख़ुशी से मर जाते हैं?'

'हाँ।'

'क्या अब युवाओं को मरने के लिए और कुछ नहीं बचा?' क्रान्ति कक्का की दाढ़ी ऊपर-नीचे हिल रही थी। उन्हें अपनी युवावस्था की मौत की शर्त याद आ गई थी जो क्रान्तिकारी आपस में बदा करते थे। मौत की शर्त थी : कौन पहले कुर्बानी देगा?

राम चुप था। मालती चाय रख गई थी। वह चाय सुड़कने लगा।

'झाँसी में पहले कभी ऐसी मौत नहीं सुनी थी,' कक्का फिर बोले।

इस बीच देवेन्द्र सहाय चबूतरे पर आकर बैठ गए थे और उन्होंने अख़बार उठा लिया था। उन्होंने मुँह खोला :

'यह भीतर छिपा हिंस्र राष्ट्रवाद भी है।'

'आत्महत्या के खेल में!' कक्का के मुँह से निकला।

'हाँ।'

'यह तो कबीलाई ज़्यादा लगता है।'

'आदमी के वही गहरे समूहमूलक संस्कार हैं, जिनके रूप बदल गए हैं।'

'कबीला राष्ट्र हो गया।' कक्का हँसे।

'हाँ।'

राम दोनों बुज़ुर्गों के चेहरे देख रहा था।

'इस शहर में?' कक्का ने भोलेपन से पूछा।

'यह शहर इसी देश में है, कक्का,' देवेन्द्र ने कहा।

'नहीं,' कक्का एक झटके से उदास हो गए, 'मैं इसी शहर के बारे में सोच रहा था।'

'क्या?'

'यह शहर आज़ाद के ज़माने में क्रान्ति का हैडक्वार्टर था।' कक्का कुछ रुककर बोले, 'अब इन्हीं पत्थरों के बीच एक नौजवान टी.वी. का परदा देखते हुए ख़ुशी से मरा।'

'कक्का,' देवेन्द्र हँसे, 'टी.वी. सर्वशक्तिमान और सर्वव्यापी है।'

'ये तो ईश्वर के विशेषण हैं,' कक्का ने हैरत से आँखें ऊपर उठाईं।

'टी.वी. ईश्वर है, कक्का।' देवेन्द्र ने कहा, 'यह ईश्वर के बच्चे पैदा करता है। जब चाहे, किसी को हीरो बना दे।'

हवा का कोई झोंका दरवाज़े से पौर में आया। राम ने उस तरफ़ ऐसे देखा जैसे कोई आदमी आया हो।

'आपकी तबियत कैसी है, कक्का?' राम ने पूछा।

'तबियत?' कक्का बोले जैसे किसी ने पानी से सिर ऊपर निकाला हो।

'हाँ।'

'कभी-कभी मैं भूल जाता हूँ कि मैं बीमार हूँ।' कक्का बोले जा रहे थे, 'जैसे यह भूल जाता हूँ कि मैंने दातुन की या नहीं या कितनी रोटियाँ खाईं।'

'पीठ का दर्द?' राम ने पूछा।

'पुराना है।' कक्का हँसे, 'पुरानी चीज़ें बहुत याद आती हैं।'

देवेन्द्र सहाय ने बताया कि एक हफ़्ते से रोज़ शाम को कक्का को बुखार हो जाता है—104^0 तक। कल ज़रूर सिर्फ़ 100^0 था।

'कल मुझे पता चल गया था कि तुम आ रहे हो,' कक्का बुदबुदाए।

देवेन्द्र सहाय ने शिकायत की कि कक्का डॉक्टर को दिखाने को तैयार नहीं होते।

'अब डॉक्टर के पास मेरा इलाज नहीं है,' कक्का मुस्कुरा रहे थे।

'फिर किसके पास है?' राम की आवाज़ थी।

'किसी के पास नहीं है,' कक्का ने कहा।

कक्का हँसे। जब वे हँसते थे तो उनका पूरा चेहरा दाढ़ी समेत हिलता था। पता नहीं चलता था कि चेहरा ऊपर-नीचे हिल रहा है या दाएँ-बाएँ। या शायद चेहरा चारों तरफ़ या गोल-गोल चक्राकार हिलता था। लगता था यह चेहरा दुनिया की हर चीज़ पर हँस रहा है।

'डॉक्टर को दिखाने में क्या हर्ज है?' राम ने कुछ धीमे स्वर में कहा।

'हर्ज की बात नहीं है।'

'फिर?'

'कोई ज़रूरत नहीं है।'

'क्यों?'

असली बात कुछ और थी। पिछले हफ़्ते एक सुबह जब देवेन्द्र डॉक्टर से कक्का के बुखार की दवा पूछने गए थे तो हार्डीगंज से सेठ बनवारीलाल का नौकर

आया था और उसने बताया था कि कल देवेन्द्र सहाय बच्चों को पढ़ाने नहीं गए थे। पिछले दिन देवेन्द्र कक्का के तेज़ बुखार की वजह से ही बाहर नहीं गए थे। तब कक्का ने जाना था कि देवेन्द्र रोज़ तीन घंटे बाहर क्यों जाते हैं। कक्का सन्न रह गए थे। तो देवेन्द्र सहाय इस उम्र में ट्यूशन करने के लिए मजबूर हुए थे! क्यों? भैया नौकरी करता था और अपने बेटे को बंगलुरु में पढ़ाता था। नन्हे का पानी का कारखाना था और बाप रिटायर होकर ट्यूशन कर रहा था! क्या यही अब परिवार की परिभाषा हो गई थी? कक्का को इस निष्कर्ष पर पहुँचते देर नहीं लगी कि ट्यूशन का एक कारण वे स्वयं थे। यदि उन्हें पता चलता कि वे ही ट्यूशन का मूल कारण हैं तो शायद वे उसी क्षण घर से भाग जाते। देवेन्द्र सहाय जब दवा लेकर लौटे तो कक्का ने कहा कि मैंने फ़ैसला किया है कि मैं अब डॉक्टर की कोई दवा नहीं लूँगा। क्यों? देवेन्द्र ने पूछा।

'जब विनोबा भावे मुझसे कम उम्र में अन्न-पानी छोड़ सकते हैं,' कक्का ने इस बार राम को देखते हुए दुहराया, 'तो क्या मैं डॉक्टर नहीं छोड़ सकता?'

राम ने उन्हें मनाने की बहुत कोशिश की। पर कक्का नहीं माने। देवेन्द्र भी नहीं माने थे जब अगले दिन कक्का ने पेशकश की कि मैं तुम्हारे साथ बहुत रह चुका, अब मैं स्वतन्त्रता-सेनानी निवास जाना चाहता हूँ। देवेन्द्र के कानों ने यह सुना और उनकी आँखों में आँसू छलछला आए। कक्का ने डबडबाई आँखें देखकर कहा :

'क्या हुआ?' कक्का हँसे, 'क्या स्वतन्त्रता-सेनानी निवास में रहना मेरा अधिकार नहीं?'

'वहाँ जो जाता है, उसका कोई नहीं होता।'

कक्का का मन हुआ कि देवेन्द्र से कहें कि जिसका सचमुच कोई होता है, वह बुढ़ापे में सेठ की चाकरी करने साइकिल से नहीं जाता। लेकिन मन जैसा होता है, वैसा क्या कोई कह सकता है? क्या दुनिया मन से चलती है? कक्का को अचानक गुस्सा आ गया। उनकी आवाज़ तेज़ हो गई :

'मैंने शादी नहीं की। परिवार नहीं बनाया। मैं अकेला हूँ।'

'मैंने परिवार बनाया, कक्का,' देवेन्द्र समतल स्वर में बोले, 'आप मेरे परिवार के मुखिया हैं।'

'ठीक है,' कक्का ने ठंडी आवाज़ में कहा, 'मुखिया की हैसियत से मैं तुम्हें हुक्म देता हूँ कि अब कभी तुम मुझसे डॉक्टर की बात नहीं करोगे।'

देवेन्द्र सहाय इसीलिए चुप थे।

जब चुप्पी असह्य हो गई तो राम पौर से उठकर आँगन में आ गया और उसने

चौके में झाँककर फिर चाय माँगी। फिर वह आँगन के किनारे चौके की देहरी पर बैठ गया। आधे आँगन में अकेली धूप थी, आधे आँगन में नीम की नन्ही पत्तियों के साए जुम्बिश खा रहे थे। पेड़ पर पक्षियों का कलरव नहीं था। कुछ बिखरी हुई चहचहाहट थी जैसे सूर्य की किरणें यहाँ-वहाँ पत्तियों पर चमक रही थीं।

'पवन कैसा है?' मालती ने पूछा।

'अच्छा है, अम्मा।'

'उसे देखे बहुत दिन हो गए।'

'वह मेरे साथ घर आना चाहता था।' राम ने झूठ बोला, 'मगर उसे छुट्टी नहीं थी। वह सीधा बंगलुरु चला गया।'

'क्या तुम उसी के साथ ट्रेन में थे?'

'हाँ।'

'मुझे बता देते,' मालती हँसी, 'मैं स्टेशन आ जाती।'

'आधी रात को?' अब राम की हँसने की बारी थी।

'तो क्या हुआ?' मालती बोली, 'तुम्हारे पापा भी साथ आते।'

वह चाय का कप लिए अपनी जगह से उठने लगी। लेकिन राम ने तुरन्त उठकर उसके हाथ से कप ले लिया और वापस अपनी जगह पर आकर बैठ गया। उसने चाय सुड़ककर ऊपर आँगन में देखा जहाँ पेड़ की शाखें हवा के साथ हिल रही थीं। हवा में ठंडक आने लगी थी।

'सब ठीक चल रहा है न, अम्मा?' राम ने रसोई के अन्दर झाँकते हुए पूछा।

'ठीक ही है,' मालती का स्वर ठंडा था।

तभी सामने दालान से देवेन्द्र सहाय निकले और पौर की ओर मुड़ गए। उनके साइकिल उठाने और बाहर जाने की आवाज़ आई।

'इस वक्त साइकिल से पापा कहाँ जा रहे हैं?' राम ने कहा, 'अब स्कूल तो छूट गया।'

देवेन्द्र सहाय ने मालती को कसम दिलाई थी कि वह किसी बेटे को उनकी ट्यूशनों के बारे में नहीं बताएगी। मालती को वह कसम याद थी। किन्तु राम से छिपाने में उसे तकलीफ़ भी हो रही थी। वह कसमसाकर रह गई। जब वह कुछ नहीं बोली तो राम ने फिर पूछा। असल में राम को भी शक हो गया था। वह भूला नहीं था कि राम को टेक्सटाइल का डिप्लोमा कराने के लिए देवेन्द्र सहाय ने ट्यूशनें की थीं।

'पता नहीं,' मालती ने कहा।

राम एकटक माँ के चेहरे को देख रहा था, जो अब सहज नहीं था। उसने

सोचा कि यह पवन की पढ़ाई का आख़िरी साल है। अगले साल सब ठीक हो जाएगा। अगले साल वह पापा की साइकिल उठाकर किले के नीचे दफ़ना देगा।

पौर से कोई आँगन में आया। राम ने नज़रें घुमाईं। रामकली थी। रामकली उसे देखकर मुस्कुराई, फिर बोली, 'कब आए, भैया?'

'कल रात,' राम ने कहा।

राम उसके गहरे साँवले चेहरे को देख रहा था। वह उसी की उम्र की थी। वह तब से घर में काम रही थी जब राम यहीं पढ़ता था और घर में नल नहीं लगा था। तब वह पानी भी भरती थी। एक दोपहर वह पीतल की गागर लिए घर में घुसी थी जब राम घर में अकेला था। गागर में पानी भरा था। रामकली के दोनों हाथ गागर पर थे। उसकी साँस कुछ तेज़ चल रही थी और साँस के साथ दोनों छातियाँ भी बाहर मुँह निकालती लगती थीं। राम आँगन में निकर-कमीज़ पहने खड़ा टुकुर-टुकुर उन छातियों पर आँखें गड़ाए था, जिन्हें गागर के साथ रामकली आँगन में ले जा रही थी। जब वह पास आई तो राम एकाएक उसके सामने आ गया और उसने अपने दोनों हाथ छातियों पर रख दिए। उसे अब भी यह अच्छी तरह याद है कि उसने यह जानकर नहीं किया था। उसे लगा था जैसे उसका स्वायत्त जिस्म अपने आप हरकतें कर रहा हो। रामकली अपनी जगह पत्थर की तरह खड़ी रह गई थी।

उसके बाद राम जब भी उसे देखता उसे वह पत्थर की मूर्ति याद आ जाती और वह मुस्कुराने लगता जैसे वह अभी मुस्कुरा रहा था।

'कैसे हो, भैया?' रामकली ने पूछा।

'अच्छा हूँ।'

कुछ देर बाद वह आँगन में बर्तन माँजते हुए बोली—'अम्मा, मुझे पाँच सौ रुपए चाहिए।'

'पाँच सौ?' मालती चौके में हँसी।

'हाँ।'

'मेरे पास नहीं हैं।'

'भैया से ले लो,' उसने राम की ओर ताका, 'मुझे टी.वी. लेना है। मेरा लड़का कल से रो रहा है। पाँच सौ कम पड़ रहे हैं।'

'कितना बड़ा है तुम्हारा लड़का?' राम ने पूछा।

रामकली ने पलटकर उसकी ओर देखते हुए कहा—'उतना ही बड़ा जितने बड़े तुम थे जब यहाँ पढ़ते थे।'

आँखों की इस तिलिस्मी चमक से राम को तीन दशक पहले की आँखें याद

आई। क्या आँखें बदली नहीं थीं? चेहरे से गुज़रते समय ने क्या आँखों को नहीं छुआ था?

जब रामकली रुपए लेकर चली गई तो राम पैन्ट-कमीज़ पहनकर बाहर निकला और दाईं ओर मानिक चौक की ओर मुड़ गया। उसने सड़क और सड़क के दोनों ओर चबूतरों पर कुछ चेहरों को पहचाना और सड़क पर दो काले-सफ़ेद कुत्तों को लड़ते हुए देखकर उसे लगा जैसे पिछली बार उसने इन्हीं कुत्तों को इसी जगह ऐसे ही लड़ते देखा था। सड़क पर तीन गायें मिलीं। एक सूअर भी था जो नाली में मुँह दिए कुछ ढूँढ़ रहा था। लोगों के चेहरे देखते हुए वह मानिक चौक पहुँचकर बाईं ओर मुड़ गया। इतवार का दिन था। दिन चढ़ आया था। भीड़ कुछ कम थी। वह कुछ कदम ही चला था कि सामने नटवर आता दिखा। वह उसकी ओर देखते हुए मुस्कुरा रहा था। पास आकर दोनों ने हाथ मिलाए और नटवर ने उसके कन्धे पर हाथ रखते हुए कहा—'मेरे साथ आओ।' नटवर उसका सहपाठी रहा था। अब शहर के सफलतम फ़ौजदारी के दो वकीलों में उसकी गिनती थी। वह ग़रीब बाप का बेटा था। उसने शुरू से ही दिन-रात मेहनत की थी और शीर्ष पर पहुँच गया था। वे बाज़ार में बाईं ओर बतियाते जा रहे थे। एकाएक बाईं ओर बुन्देला बार की तरफ़ मुड़ते हुए उसने कहा—'आओ।'

'दिन में?' राम के मुँह से निकला।

'तुम मिले हो—यह ख़ुशी का दिन है।' नटवर ने मुस्कुराते हुए कहा, 'ख़ुशी का कोई वक्त नहीं होता।'

वे एक ख़ाली मेज़ पर बैठ गए थे। बाक़ी मेज़ों पर लोग थे। राम को थोड़ा अचरज हुआ। शहर के बाज़ार के बीचोबीच शराबघर खुल गया था और दिन खुलते ही सारी मेज़ें भर गई थीं।

'इस जगह पहले एक दर्ज़ी की दुकान थी,' राम ने कहा।

'हाँ,' नटवर बोला, 'अब दर्ज़ी की दुकानें कम हो गई हैं। रेडीमेड कपड़ों का ज़माना है।'

'जो कुछ दिल्ली में है,' राम ने मुस्कुराते हुए कहा, 'वही झाँसी में है।'

बैरा दोनों के सामने एक-एक गिलास रख गया था जिसमें जिन का पैग था और जिन में नींबू की एक गोल फाँक तैर रही थी। फिर वह ठंडा पानी और बर्फ़ लाया।

'चियर्स!' दोनों ने गिलास उठाए और पहला घूँट भरा।

'लेकिन जो झाँसी में है, वह दिल्ली में नहीं है।' नटवर ने गिलास हाथ में लिए राम की ओर देखा।

'क्या?'

'हत्या...इस इलाके में हत्याएँ बहुत हैं।'

'अब यहाँ आत्महत्याएँ भी शुरू हो गई हैं।' राम ने कहा, 'आज के अख़बार में फिर ख़बर है कि दूर एक गाँव में एक किसान ने संखिया खा ली।'

ऐसा लगा जैसे बार में शोर अचानक कुछ बढ़ गया। किसी ने ठहाका लगाया था जो शोर को बींधता हुआ एक ओर से दूसरी ओर निकल गया था। चारों ओर मेज़ों पर लोग हँस रहे थे या सन्न थे। राम ने चारों ओर देखा। उसने किसी को नहीं पहचाना जैसे कोई दूसरे लोग शहर में आ बसे हों। जब उसकी नज़र सामने रुकी तो नटवर मुस्कुरा रहा था। उसके सिर के बाल सफ़ेद होने लगे थे। अलबत्ता, राजकपूर-छाप मूँछ काली थी।

बगल की मेज़ पर अकेला बैठा एक अधेड़ दढ़ियल एकाएक उनकी मेज़ पर आकर बैठ गया और बोला—'आपको मालूम है, मैं अपने इलाके में किसान की आत्महत्या की ख़बर पढ़कर ही यहाँ सुबह आ गया था।'

'क्यों?' राम के मुँह से निकला।

'मुझसे बर्दाश्त नहीं हुआ।'

उसकी आवाज़ काँप रही थी। ज़बान लड़खड़ा रही थी। उसने ख़ुद ही बताया कि वह सुबह से पी रहा है।

'क्या बर्दाश्त नहीं हुआ?' नटवर ने हैरत से पूछा।

'अंग्रेज़ों ने किसान को लक्ष्मीबाई की लड़ाई के बाद अकाल से मारा था।' अधेड़ दढ़ियल की आँखों में आँसू उतर आए थे, 'अमरीकी उसे कर्ज़ से मार रहे हैं।'

वह रोने लगा।

'आप जानते हैं,' उसने रोते-रोते कहा, 'हमारा किसान अंग्रेज़ों से लड़ा। उसने कभी आत्महत्या नहीं की थी। यह इक्कीसवीं सदी में पहली बार हुआ।'

वह रो रहा था।

उसने अपनी तरफ़ से पूरी कोशिश की थी कि रोने की आवाज़ न हो। अभी उसे इतना होश था। मगर गले से कुछ चीखें निकल गईं। आस-पास के लोग मेज़ों से उठकर आ गए, 'क्या हुआ? क्या हुआ?'

अधेड़ दढ़ियल मेज़ पर सिर झुकाए रो रहा था। मेज़ पर आमने-सामने राम और नटवर बैठे थे। मेज़ को घेरे कुछ लोग खड़े थे। एक आदमी ने नटवर को पहचानते हुए पूछा—'वकील सा'ब, क्या यह आपका कोई मुवक्किल है जो मुकदमा हार गया है?'

'नहीं, नहीं,' नटवर झट-से बोले, 'ये मेरे मुवक्किल नहीं हैं।'

अधेड़ दढ़ियल ने आहिस्ता-आहिस्ता अपना सिर ऊपर उठाया और नटवर की तरफ़ ऐसे देखा जैसे उसने झूठ बोला हो। फिर वह उसी तरह मेज़ से उठा जैसे उसने अपना सिर मेज़ से उठाया था। वह पलटा और आँसू पोंछता हुआ बाहर चला गया।

लोग अपनी मेज़ों पर लौट गए। राम और नटवर अपनी मेज़ पर अकेले रह गए। बार में एकबारगी चुप्पी छा गई जैसे बार में कोई न बचा हो।

नटवर ने दूसरा पैग मँगाया। रफ़्ता-रफ़्ता मेज़ों से आवाज़ें उठने लगीं जैसे अधेड़ दढ़ियल कोई हादसा था जो बीत चुका था। कोई उसके बारे में बात नहीं कर रहा था। लोग भूल गए थे। नटवर की आँखें गिलास पर थीं जो जल्दी ख़ाली हो गया था।

'जानते हो राम,' नटवर ने तीसरा पैग होंठों से लगाते हुए कहा, 'आज मैं बहुत ख़ुश हूँ।'

'कोई ख़ास बात?'

'हाँ।'

'क्या?'

'मेरे चौबीस साल के बेटे को एक मल्टीनेशनल कम्पनी ने तीन लाख के वेतन पर रखा है।'

'सचमुच,' राम ने आँखें फाड़ीं, 'यह बहुत ख़ुशी की बात है।'

नटवर ने दो बड़े घूँट लिए। उसने तफ़सील से बताया कि उसका बेटा कभी विद्यार्थी जीवन में दूसरे नम्बर पर नहीं आया और यही क्रम आई.आई.एम. अहमदाबाद तक जारी रहा।

राम देख रहा था कि नटवर तीसरा पैग भी तेज़ पी रहा था और चुप हो गया था। वह ख़ुद आहिस्ता-आहिस्ता अपने गिलास को मुँह से लगाकर वापस मेज़ पर रखता रहा और चारों ओर चहकते चेहरों को देखता रहा।

'जानते हो राम,' अचानक सामने से नटवर की आवाज़ आई।

'क्या?'

'मैं एक महीने में तीन लाख अभी तक नहीं कमाता।'

'तो क्या हुआ?'

'मैं पच्चीस साल से दिन-रात मेहनत कर रहा हूँ!' उसका स्वर कुछ तेज़ था।

'असल में,' राम ने नटवर को समझाने की कोशिश की, 'तुम्हारा बेटा भूमंडलीकरण की पैदावार है।'

'यह भूमंडलीकरण नहीं है,' नटवर चीख़ा।

राम चुप उसे देख रहा था।

'यह लंडीकरण है!'

नटवर की चीख़ हॉल में गूँजी। लोगों ने मुस्कुराते हुए उसकी जानिब देखा।

बार के मैनेजर ने फ़ौरन उनकी मेज़ पर आकर पूछा—'क्या वकील सा'ब की तबियत ठीक नहीं? ऑटो मँगवा दूँ?'

'हाँ, मँगा दो,' नटवर ने कहा।

जब ऑटो चला गया तो राम घर की ओर मुड़ा। दीवाली के बाद धूप की तेज़ी घट रही थी। उसका रंग भी बदल रहा था। कुछ चौड़े बाज़ार में सायों में लिपटी धूप कुछ सुनहरी-सी लगी। साए हर तरफ़ थे : सड़क पर लोगों के साथ चलते साए, सड़क के दोनों ओर दुकानों में दुकानदारों की तरह बैठे साए। अलबत्ता, ऊपर आसमान में कोई साया नहीं था। कुछ पक्षी किसी अदृश्य सड़क पर दौड़ रहे थे। जब राम ने ऊपर देखा तो उसके पैर पल-भर लड़खड़ाए। उसने नज़रें सीधी कीं और पैर सँभाले। नहीं, उसे दिन में नशा नहीं था, थोड़ा-सा सुरूर था। उसने सुरूर को पैरों में बाँध लिया। तभी सामने वह नज़र आई...प्रिया! वह बाज़ार की सड़क पर दूसरे सायों के साथ चल रही थी। वह सड़क पर बाईं ओर चल रहा था, दाईं ओर देखता हुआ। उसने प्रिया को उसकी आँखों से पहचाना था। उसने अपने शहर में इतनी बड़ी आँखें नहीं देखी थीं...। यह तब की बात है जब वह दसवीं में पढ़ता था और प्रिया दूसरी दो लड़कियों के साथ टीचर की टेबल के दाईं ओर बैठती थी। राम टीचर की टेबल के बाईं ओर बैठता और सामने प्रिया की आँखों में देखता रह जाता था जैसे कोई पाठ अपलक पढ़ रहा हो। तब उसने पहली बार जाना था कि उसका पूरा जिस्म उसकी आँखों में समा सकता है। वह उससे साइंस की कॉपी माँगती और कॉपी लौटाने के बाद शुक्रिया कहती। एक बार उसने कॉपी में एक काग़ज़ का टुकड़ा रख दिया था जिस पर लिखा था : ऐसा लगता है कि मैं तुम्हें चाहने लगा हूँ। कॉपी के साथ वह काग़ज़ का टुकड़ा भी लौट आया था और उस पर नीचे लिखा था : मुझे भी यही लगता है। इसके दो मानी होते थे : एक, मुझे भी लगता है कि तुम मुझे चाहते हो; दो, जिस तरह तुम मुझे चाहते हो, मैं भी तुम्हें चाहती हूँ! उसकी लिखी पंक्ति पढ़कर राम ने अगले पीरियड में उसकी आँखों में अपना जवाब ढूँढ़ने की कोशिश की थी। उसकी आँखें उसी तरह फैली थीं...बहुत बड़ी और बहुत गहरी। तब तक राम ने समुद्र नहीं देखा था। प्रिया की आँखें देखकर उसे समुद्र याद आया था जो उसने नहीं देखा था। मगर उसे मौका नहीं मिला कि वह उससे उसकी लिखी

पंक्ति का मतलब पूछ सके।

प्रिया अगले माह शहर छोड़कर चली गई थी क्योंकि उसके पिता का तबादला हो गया था। तीन दशक बाद उसने प्रिया की आँखों को पहचान लिया...आँखें उतनी ही बड़ी थीं, मगर चमक खोई-सी लगती थी...हल्का साँवला रंग उतना ही साँवला था...देह कुछ स्थूल हो गई थी। उसने एक बार पलक झपकाकर, फिर आँखें खोलीं। सड़क को इधर-उधर टटोला...तमाम साए थे, प्रिया नहीं थी। राम ने अपने पैरों को सँभाला जो अपनी गली में घुसते हुए कुछ आड़े-तिरछे पड़े थे। गली में एक तरफ़ धूप थी, दूसरी तरफ़ साए थे। वह बीच में चल रहा था। कभी उसके पैर धूप में पड़ते, कभी साए में। क्या बाज़ार में सचमुच प्रिया थी? क्या प्रिया ने उसे पहचान लिया था? क्या वह उसे पहचानकर लौट गई? क्या वह उसकी स्मृति में फिर लौट गई थी?

उसने सीधे चलते हुए अपने घर के सामने अपने पिता को साइकिल चबूतरे पर चढ़ाते हुए देखा। पिता के सफ़ेद बाल धूप में चमक रहे थे। उसे तुरन्त ख़्याल आया कि अब उसे चौके में पिता के साथ बैठकर खाना खाना होगा और यदि वे पास रहे तो पिता को दारू की गन्ध मिल जाएगी। उसे चौके के दूसरे सिरे पर बैठना होगा और कोई चारा नहीं था। अलबत्ता, यदि अभी लक्ष्मी चाची होतीं तो वह उनसे सिरदर्द का बहाना करता और वे छोटी अटारी में थाली ले आतीं। जब तक घर के भीतर चाची थीं और पौर में कक्का थे, घर भरा-पूरा लगता था। अब पौर में कक्का बचे थे।

राम निकर पहनता था जब चाची मरीं। यह पहली मौत थी जो उसने अपने घर में देखी थी। पहली नहीं दूसरी। पहली मौत दद्दा की थी, मगर तब राम इतना छोटा था कि उसे कुछ याद नहीं था। उस सुबह जब वह छोटी अटारी में खाट से उठकर नीचे आँगन में आया तो उसने देखा कि चौके में अम्मा बैठी हैं और ब्रेड की फाँकों के बीच टमाटर काटकर रख रही हैं। उसे लगा था कि ज़रूर चाची बीमार हैं, तभी अम्मा चाची की जगह सुबह-सुबह चौके में बैठी हैं। उसने अम्मा से पूछा तो उन्होंने यही कहा और कहा कि ऊपर जाकर नन्हे को भी जगा दो ओर दोनों आकर खा लो। चौके में घुसने से पहले राम भीतर के कमरे में झाँक आया था जहाँ चाची अपनी खाट पर लेटी थीं। जब वह खाकर पौर में आया तो उसने देखा कि पौर में कुछ लोग जमा हो गए थे और भीतर से अचानक अम्मा के रोने की आवाज़ आने लगी थी। वह इतवार का दिन था। अम्मा ने चौके में कहा था कि अब तुम नन्हे को लेकर किसी दोस्त के घर चले जाओ, दोपहर में आ जाना। अम्मा के रोने की आवाज़ सुनकर पड़ोस की औरतें घर में आ गई

थीं और अम्मा के साथ रोने लगी थीं। भीतर-बाहर इतना जमावड़ा देखकर राम चबूतरे पर रुक गया था। तब देवेन्द्र सहाय बाज़ार से कुछ सामान लेकर लौटे थे और कुछ बाँसों को रस्सी से बाँधकर रेल की बर्थ जितनी चौड़ी एक सीढ़ी बनी थी जिस पर चाची को लिटाया गया था और चार लोग उसे उठाकर चल दिए थे जैसे वे चाची को कहीं पहुँचाने जा रहे हों। कुछ लोग चुपचाप उनके पीछे चल रहे थे। चाची रेल की बर्थ पर लेटकर कहाँ जा रही थीं?

जितना चमचमाता सफ़ेद कपड़ा चाची ने रेल की बर्थ पर ओढ़ा था, उतनी झक धोती पहने राम ने उन्हें पहले कभी नहीं देखा था। क्या यह रेल के सफ़र के लिए था? शायद चाची बहुत दूर जा रही थीं। तभी अम्मा रो रही थीं और पापा चुप थे। मगर किसी को भेजने के लिए भीतर-बाहर इतने लोग क्यों जमा थे? चाची कहाँ गईं? यह राम की समझ में नहीं आ रहा था। उसने शाम को कक्का से यही सवाल पूछा। कक्का मुस्कुराए। उन्होंने कहा :

'चाची बहुत दूर गई हैं।'

'उस स्टेशन का नाम क्या है, कक्का?'

'स्टेशन का नाम मुझे नहीं मालूम।' कक्का फिर मुस्कुराए।

'कितने दिन का सफ़र है?'

'तेरह दिन का।'

'कब लौटेंगी?'

'कभी नहीं।'

राम हैरान था।

'क्या कोई ऐसा भी सफ़र है, कक्का, जिसमें लौटना नहीं है?'

'हाँ।'

'उसका नाम क्या है?'

'मौत।'

यह राम का मृत्यु से प्रथम परिचय था।

दूसरा परिचय राम को उसी शाम देवेन्द्र सहाय से मिला जब वे कक्का को लक्ष्मी चाची की कहानी बता रहे थे। लक्ष्मी कोद्दाभाँवर की थी। उसके माता-पिता बचपन में मर गए थे। उसके चाचा ने उसे पाल-पोसकर बड़ा किया और उसका विवाह किया। उसका ब्याह तालबेहट में हुआ था। रंजीत जिससे उसका ब्याह हुआ था—वह तालबेहट के प्राइमरी स्कूल में शिक्षक था। जब बारात दुलहिन को लेकर तालबेहट पहुँची तो रंजीत उसी शाम बीमार पड़ा। उसे तेज़ बुखार हो गया। उसने खटिया पकड़ ली। सात दिन बाद जब लक्ष्मी के लिबउआ आए तो

रंजीत खाट पर था। लक्ष्मी ने न लौटने की ज़िद की। मगर रिवाज़ था। लौटना ज़रूरी था। जब सात दिन बाद वह वापस तालबेहट लौटी तो उसी सुबह रंजीत की साँस टूटी थी। वैद्यजी रोग पकड़ नहीं सके थे। वे यही कहते रहे कि दवा देते रहो, रंजीत ठीक हो जाएगा। जिस सुबह रंजीत की साँस रुकी, उसे उसकी बहन रूपा ने दवा देने के लिए ही जगाया था। मगर वह नहीं जागा। जब रूपा ने उसे हिलाया तो वह दूसरी ओर लुढ़क गया। रूपा चीख़ी थी। दिन ढले जब लक्ष्मी घर में घुसी तो घर में सन्नाटा था। रूपा फिर चीख़ती हुई उससे लिपट गई थी। लक्ष्मी नहीं चीख़ी। वह रंजीत का चेहरा भी न देख सकी थी—जो उसे अब ठीक से याद नहीं था। जब वह रंजीत का तसव्वुर करती तो उसके ज़ेहन में एक खटिया उभरने लगती जिस पर एक रोगी लेटा था। उसने हड़बड़ाकर रूपा से रंजीत की एक तस्वीर माँगी। तस्वीर पुरानी थी। तस्वीर में मूँछ नहीं थी। रूपा को रंजीत की सिर्फ़ मूँछ याद थी। जब वह बिना मूँछ की तस्वीर देख रही थी तो रंजीत की बाई आँगन से झपटती हुई आई और चीख़ीं :

'मेरे लड़के को खा गई, डायन। अब क्या उसकी तस्वीर खाएगी?'

रंजीत की बाई ने रंजीत की तस्वीर छीन ली और रोते हुए कहा, 'जिसे हम अप्सरा समझे थे, वह डायन निकली।' शादी के बाद घर में पहली शाम को मोहल्ले की औरतें जमा हुई थीं और उन्होंने लक्ष्मी का घूँघट उठाकर एक स्वर से कहा था—'अप्सरा है। ऐसी कोई दूसरी गाँव में नहीं।' लक्ष्मी के लिए अब कोद्दाभाँवर लौटना मुमकिन नहीं था। लक्ष्मी ने चाचा को सन्देश भेजा। कोई जवाब नहीं आया। उनकी दो बेटियाँ शादी के लायक थीं और बेटा छोटा था। लक्ष्मी आहिस्ता-आहिस्ता घर के वे सब काम करने लगी जो कोई और नहीं करता था। दूर की रिश्तेदारी और लड़की की शादी का ख़्याल करके देवेन्द्र सहाय के दद्दा रूपा की शादी में तालबेहट गए थे। ऐन ब्याह के दिन घर में हंगामा हो गया। अपना काम करते-करते लक्ष्मी आँगन में आ गई थी और उसने एक नज़र मंडप की ओर देख लिया था जहाँ रूपा की भाँवरें पड़ रही थीं। कुछ देर बाद आँगन में बैठे देवेन्द्र सहाय के दद्दा ने अन्दर किसी के लगातार पिटने की आवाज़ें सुनी थीं। सिर्फ़ पिटने की आवाज़ें थीं। न कोई रोना था। न चीख़ थी।

दद्दा लक्ष्मी को अपने साथ घर ले आए थे।

किसी ने लक्ष्मी चाची को हँसते हुए नहीं देखा। न रोते हुए। राम जब छोटा था तो कभी-कभी पके बालों वाली चाची की गोद में जाकर बैठ जाता था। कई बार जब वह चौके में बैठी होती तो राम उसकी गोद में जाकर बैठ जाता और उसके आँसू पोंछता जो धुएँ से निकल आते थे। चेहरे से आँसू अलग कर देने

से चेहरे में कोई फ़र्क नहीं पड़ता था। यह राम ने बाद में चाची का चेहरा याद करते हुए जाना। उस चेहरे पर झुर्रियाँ भी पत्थर की लकीरों की तरह थीं। यदि वह चेहरा हँसता तो कैसा लगता? उस दोपहर खाने के बाद छोटी अटारी में लेटे हुए राम हँसती हुई चाची की कल्पना करता रहा। सिर्फ़ चाची के दाँत हँसते हुए नज़र आते थे—जो अब नहीं थे। या बाल जो सफ़ेद हो गए थे। आँखों की भँवें भी सफ़ेद हो गई थीं। भँवें हँसती थीं। आँखें हैरान थीं।

राम तब छोटा था। उसे मालूम नहीं था। लक्ष्मी चाची घर में वे सब काम करती थीं जो कोई और नहीं करता था जैसे खाना बनाना, ज़रूरत पड़े तो बर्तन माँजना और झाड़ू बुहारी करना। यह रिवायत तालबेहट में ही शुरू हो गई थी जो झाँसी में भी चलती रही। किसी को पता नहीं चला। जैसे यह कोई प्रकृति का नियम हो। अलबत्ता, चाची का शरीर किसी और मानव-शरीर की तरह कभी-कभी जवाब दे जाता। जब वे बीमार पड़तीं, तो उनके ठीक होने का इंतज़ार होता। ठीक होते ही वे अपना काम सँभाल लेतीं जैसे कोई राज-पाट हो। उनके चेहरे पर न ख़ुशी होती, न ग़म। जब वे कक्का को थाली परोसती थीं तो कभी-कभी ऐसा सन्देह होता कि वे मुस्कुरा रही हैं। मगर यह ख़ाली सन्देह था। चेहरे के विन्यास में कोई फ़र्क नहीं दिखाई देता था। शायद कोई परछाईं-सी चेहरे को छूकर भाग जाती थी जैसे आकाश में उड़ते किसी पक्षी की छाया हो। ऐसा लगता था कि कोई अदृश्य पक्षी चाची की देह से निकलकर आसमान में उड़ गया। वह पक्षी यह चहचहाता हुआ जाता कि घर के अन्दर जैसे चाची हैं, उसी तरह घर की पौर में कक्का हैं—लेकिन कक्का मेरी तरह कोई काम नहीं करते जबकि चाची घर के सारे काम करती थीं जो कोई और नहीं करता था।

कक्का और चाची के घर में साम्य का एक लक्षण यह था कि दोनों को घर में बच्चे-बूढ़े—सब कक्का और चाची कहते थे। वे जगत कक्का और जगत चाची थे। जिस दिन चाची मरीं, उस रात कक्का रोए थे। उन्हें अपनी बाई की याद आ गई थी जो चाची की तरह ही घर के अन्दर सब काम करती थीं और घर के बाहर कन्या पाठशाला में पढ़ाती थीं क्योंकि कक्का के पिता नहीं थे। कक्का ने अपने पिता को नहीं देखा था। वे बहुत छोटे थे जब पिता नहीं रहे। राम के पूछने पर कक्का ने यही बताया जब दिन ढले वह चबूतरे पर उनके पास आकर बैठ गया। राम चुप था। इस बीच देवेन्द्र अन्दर से आकर पौर के चबूतरे पर बैठ गए थे और चुप्पी में शामिल थे। बाहर सड़क से धूप जा चुकी थी।

'नन्हे कैसा है, भैया,' कक्का ने एकाएक पूछा।

'ठीक है, कक्का,' राम ने कहा।

'उसका काम ठीक चल रहा है?'

'हाँ।'

'सुना है, वह बड़ी गाड़ी में चलता है और बड़े घर में रहता है जहाँ कभी बिजली नहीं जाती।'

'हाँ।'

'वह बड़ा आदमी हो गया है!' कक्का ने भँवें सिकोड़ीं।

'हाँ।'

'क्या इसीलिए अब छोटे शहर में नहीं आता?'

राम जानता था कि कक्का नन्हे को बहुत चाहते हैं। वह यह भी जानता था कि नन्हे का उन्हें देखने न आना कक्का को बुरा लगा है।

'शायद उसे कुछ काम होगा।' राम का स्वर धीमा था।

'कुछ-न-कुछ काम तो सभी के पास होता है।' कक्का मुस्कुराए, 'सिवा मेरे।' फिर वे हँसे, 'और नन्हे का तो काम भी बड़ा है : पानी का धन्धा।'

देवेन्द्र सहाय ने चुप्पी तोड़ी, 'ज़माना तेज़ी से बदल रहा है।'

'ठीक कहते हो।' कक्का ने कहा, 'ज़माना इतनी तेज़ी से बदल रहा है कि कभी-कभी पहचान में नहीं आता। इस ज़माने के आईने में कभी-कभी अपने को पहचानना मुश्किल हो जाता है। अब नन्हे के काम को ही लो। 1857 की लड़ाई के बाद इस विद्रोही इलाके में अंग्रेज़ों की कृपा से कई बार अकाल पड़ा। तब भी पानी नहीं बिका। अब जैसे पानी बिकता है, उससे लगता है कि पानी का अकाल पड़ेगा।'

'सूखा पड़ रहा है, कक्का,' देवेन्द्र बोले।

'कहाँ?'

'बाँदा जिले में।'

'वहाँ तो केन नदी है।'

'नदी सूख रही है।'

'नदी सूख रही है,' कक्का ने दुहराया, 'जंगल कट रहे हैं। हवा कहाँ जाएगी?'

कक्का का चेहरा एकदम गिर गया जैसे हवा के लिए तरसा हो। पौर में चुप्पी छा गई।

'देवेन्द्र,' कक्का का उदास स्वर उभरा।

'हाँ, कक्का।'

'कभी-कभी लगता है,' कक्का का स्वर किसी बावड़ी से आ रहा था, 'कि मैं ज़रूरत से ज़्यादा जी लिया।'

'किसकी ज़रूरत?' देवेन्द्र ने हैरानी से उनकी ओर देखा।

'मेरी अपनी,' कक्का का स्वर उखड़ गया, 'और किसकी ज़रूरत?'

'मेरी भी तो ज़रूरत है,' देवेन्द्र ने धीमे स्वर में कहा।

कक्का कुछ नहीं बोले। पहले उन्होंने देवेन्द्र की तरफ़ देखा, फिर भैया की तरफ़। उन्हें अचानक लगा कि भैया की बगल में नन्हे बैठा होता तो कितना अच्छा दृश्य होता।

पौर में अँधेरा घिरने लगा था। सड़क पर कुछ उजाला बाकी था। चलते हुए लोग अपने सायों में तब्दील हो रहे थे। राम ने उठकर स्विच दबाया। बिजली नहीं थी। वह लालटेन लेने भीतर गया। मालती ने लालटेन जलाते हुए पूछा--'अभी कुछ दिन रहोगे न?' 'कल सुबह जाऊँगा, अम्मा।' राम ने कहा, 'ज़्यादा छुट्टी नहीं है। बस, कक्का को देखने आया था। अब तो उनकी तबियत भी ठीक है।'

मालती आँगन में बैठी थी। ऊपर नीम की पत्तियों से चिड़ियों की चहचहाहट झर रही थी। मालती अचानक हँसी।

'क्यों हँसी, अम्मा?'

'कक्का की तबियत!'

लालटेन जल गई थी। मालती ने राम की ओर नज़रें उठाईं।

'कक्का की तबियत क्या?'

'तुम्हारे आने के पहले ख़राब थी। तुम्हारे जाने के बाद फिर न बिगड़ जाए?' अम्मा मुस्कुरा रही थीं।

'इस बार डॉक्टर को ज़रूर दिखा लेना। मैं कुछ ज़्यादा रुपए भेज दूँगा।'

मालती का चेहरा एकाएक उदास हो गया।

'कक्का के बारे में सोच रही हो?'

'नहीं,' मालती ने एक गहरी साँस ली, 'नन्हे के बारे में।'

'क्या?'

'वह कभी घर की ज़रूरतों के बारे में नहीं पूछता।'

'मैं तो पूछता हूँ, अम्मा।' राम ने हँसने की कोशिश की, 'आज रात को आलू के पराँठे बनाना।

'अच्छा,' मालती बोली।

राम पौर की तरफ़ पलटा। मालती चौके में गई।

जब राम लालटेन हाथ में लिए पौर में घुसा तो देवेन्द्र कह रहे थे, 'ज़माना कुछ अजीब करवट ले रहा है, कक्का?'

'क्या हुआ?'

'आज दिन में क़िले के नीचे मैंने एक होर्डिंग देखी...और उसे देखता रह गया।'

'क्या था उसमें?'

'उसमें मेरे जैसा बूढ़ा कह रहा था : बुड्ढा होगा तेरा बाप! और नीचे लिखा था : मेरा भारत जवान!'

'यानी बूढ़े भी जवान हो रहे हैं,' कक्का हँसे।

'अमरीका की तरह।' राम लालटेन चबूतरे पर एक ओर रखकर बैठ गया था।

'अमरीका में लोग बूढ़े नहीं होते?' कक्का ने राम की ओर देखा।

'होते हैं,' राम ने कहा, 'मगर दिखते नहीं।'

'बाल रँग लेते हैं, कक्का।' राम हँसा, 'और औरतों की कमर में हाथ डाले घूमते हैं।'

'क्या भारत में भी ऐसा होगा?'

'ऐसा हो रहा है, कक्का।' राम ने कहा, 'दिल्ली में ऐसा हो रहा है।'

'बीस बरस पहले भारत महान हो गया था।' देवेन्द्र सहाय मुस्कुराए, 'अब जवान हो रहा है।'

लालटेन की रोशनी चबूतरे पर थी। कक्का की दाढ़ी और बाल कुछ सुनहरे-से चमक रहे थे। देवेन्द्र और राम के आधे चेहरों पर छाया थी। चबूतरे के नीचे पौर में धुँधलका था। सड़क पर अँधेरा था। खम्भे की बत्ती गुल थी। पौर का दरवाज़ा खुला था। मगर पता नहीं चलता था कि सड़क पर कोई चल रहा है या सिर्फ़ साए हैं।

पौर में चुप्पी छा गई—अँधेरे में और लालटेन के आस-पास।

देवेन्द्र सहाय ने चुप्पी तोड़ी—'यह नकल का ज़माना है।'

'क्या नकली किस्मत है हमारी।' कक्का सहसा उत्तेजित हो गए, 'पहले हम अंग्रेज़ों की नकल करते थे। अब अमरीकियों की नकल कर रहे हैं। कुएँ से निकले तो खाई में गिरे। अपने-आप खड़ा ही नहीं हुआ जाता। ऊपर से तुर्रा यह कि हम जवान हैं!'

फिर अँधेरे का सन्नाटा।

देवेन्द्र सहाय ने इस बीच खिड़की से थर्मामीटर उठा लिया था और उसे अपने खोल से बाहर निकाल लिया था। जैसे ही संवाद बोलकर कक्का के होंठ एक-दूसरे से मिले देवेन्द्र ने थर्मामीटर उनके बीच खोंस दिया और दाईं ओर दीवार पर टँगी घड़ी देखने लगे जिस पर लालटेन की रोशनी पड़ रही थी। तीन मिनट तक कोई

कुछ नहीं बोला। फिर कक्का के मुँह से थर्मामीटर निकालकर देवेन्द्र ने उसे पढ़ा और बच्चों की तरह चहके : 'नॉर्मल है।'

कक्का देवेन्द्र की ओर ऐसे देख रहे थे जैसे जिस जिस्म की ख़ैर मनाई जा रही थी वह किसी और का हो। उसी तरह उन्होंने पूछा :

'क्या बिलकुल नॉर्मल की लकीर पर है?'

'नहीं,' देवेन्द्र ने कहा, 'थोड़ा-सा नीचे।'

'यह शताब्दी की वजह से है।' कक्का बोले, 'आठ दशक पहले उल्टा था।'

'उल्टा क्या, कक्का?' राम कुछ आगे झुक आया।

'तब एक बार मुझे सात दिन जूड़ी ताप हुआ था।'

'जूड़ी ताप क्या?' राम ने बीच में टोका।

'तेज़ बुखार,' कक्का की दाढ़ी मद्धिम रोशनी में हँसीं, 'जिसमें पहले सर्दी लगती है। तीन दिन बाद खाट से उठ बैठा। डॉक्टर ने थर्मामीटर मेरे मुँह में लगाया, उसे निकालकर देखा और कहा, लेटे रहो। ऐसा एक दिन और चला। पाँचवें दिन तंग आकर मैंने कहा, 'डॉक्टर सा'ब, न मुझे अब ठंड लगती है, न बुखार लगता है, मैं क्यों लेटा रहूँ?'

कक्का पूरे मुस्कुराए। फिर बोले :

'डॉक्टर थर्मामीटर देखकर अचम्भे में था। वह बोला, मैं क्या करूँ? तुम्हारा तापमान नॉर्मल से थोड़ा-सा ऊपर है। जब मैंने आज़ाद को यह बताया तो उन्होंने ठहाका मारकर मुझे गले से लगा लिया और कहा, तू फ़िक्र न कर। क्रान्तिकारी का तापमान नॉर्मल से थोड़ा-सा ऊपर होता है।'

अन्तिम वाक्य बोलते हुए कक्का उल्लास से उदासी तक पहुँचकर चुप हो गए।

'फिर क्या हुआ?' राम ने पूछा।

देवेन्द्र सहाय बारी-बारी से राम और कक्का की ओर देख रहे थे।

'फिर आज़ाद मुझे सतारा के किनारे अपनी झोपड़ी पर ले गए। तीन दिन सुबह-शाम मैं नदी में नहाया और चंगा हो गया। लौटकर घर आया तो अपनी गली में पड़ोसी डॉक्टर मिल गया। उसने मुझसे दवाखाने में आकर तापमान नपवाने को कहा। मैं नहीं गया। तीन दिन बाद जब उसने मुझे फिर अपने चबूतरे पर डंड पेलते देखा तो कहा, 'अब तुम मेरे दवाखाने मत आना। थर्मामीटर ग़लत है।' '

कक्का ने कहकहा लगाया। वह कुछ ज़्यादा देर चला। लालटेन की मद्धिम रोशनी में उनकी दाढ़ी ऊपर-नीचे हिलती रही। जब हँसी रुकी तो उन्हें खाँसी आ

गई। शायद खाँसी कुछ ज़्यादा देर चली। मालती भीतर से गिलास में पानी लेकर आई। जब खाँसी कुछ थमी तो उसने कक्का के हाथ में गिलास पकड़ा दिया। कक्का ने पानी के पाँच घूँट पिए। खाँसी रुक गई। आँखों में कुछ आँसू बचे। जैसे वे शरीर के अवशेष हों।

अगली सुबह जब राम स्टेशन जाने के लिए अपनी अटैची ऊपर से लेकर नीचे आया और पौर में घुसा तो चबूतरे पर लेटे कक्का की आँखें बन्द थीं और होंठ खुले थे। उनके भीतर से कुछ ऐसी आवाज़ें आ रही थीं :

'आज़ाद, मैं तुम्हारे साथ सतारा चलूँगा।...फिर भगतसिंह को लेकर हम बम-परीक्षण के लिए जाएँगे।...कैलाश वह गाना सुनाओ...राजा कुठे गुन्तला।'

वे गा रहे थे।

7

सखये तो प्राण माझा
राजा कुठे गुन्तला...

मेरा प्राण...राजा कहाँ अटक गया। कैलाश गा रहे थे। असल में वे झाँसी के ही भगवानदास माहौर थे, जिनका संगठन का नाम कैलाश था। मेरा संगठन का नाम राजाराम था जो संक्षिप्त होकर राजा हो गया था। इसीलिए कैलाश गाते हुए जब राजा उच्चारते तो मुस्कुराते हुए चमकती आँखों से मेरी ओर देखते थे। कैलाश के गले में सरस्वती थी। उन्हें सुनते हुए लोग मन्त्र-मुग्ध हो जाते थे। यह सुबह का वक्त था। पिछली रात हम सब ताज देखने गए थे। सुबह चाय पीते हुए हम लोग ताज की बातें कर रहे थे जब राजगुरु ने अपना पहला और आख़िरी शेर सुनाया :

अब तक नहीं मालूम था इश्क क्या चीज़ है
रोजे को देखकर मेरे भी इश्क ने बलवा किया।

'इश्क ने बलवा किया' दुहराकर कोई चीख़ा, कोई चिल्लाया। भगतसिंह चुप रहे। फिर वे रिवाल्वर उल्टी पकड़कर राजगुरु की ओर बढ़ते हुए बोले—'तुझे नहीं जीने देना है तो ले मार दे। नहीं तो वादा कर कि अब तू आइन्दा शेर, चीता, भेड़िया, बकरी, कुत्ता, गधा—कुछ नहीं बनाएगा।' उल्टी रिवाल्वर देखकर राजगुरु सहम गए थे। तब कैलाश से 'राजा कुठे गुन्तला' सुनाने को कहा गया था। अन्तरे पर आते ही सबकी आँखें मुँदने लगीं जैसे सब पिछली रात के ताजमहल से रूबरू हो रहे हों। चाँदनी रात थी। ताज की दीवारें और गुम्बद उम्मीद की तरह चमकते थे। पूर्णिमा का पूर्ण चन्द्रमा आकाश के बीचोबीच सम्राट की तरह विराजमान था जिसके चारों ओर तारे जगमगा रहे थे। ऐसा लगता था जैसे ताज धरती का चाँद है। ताज धरती की अकेली उम्मीद लगता था, जो कहीं ठहर गई थी। राजा कुठे गुन्तला...

नूरी दरवाज़े के एक दुमंजिले मकान की ऊपरी मंजिल के एक कमरे में क्रान्तिकारी दल के जो सदस्य उस सुबह बैठे थे, उनकी आँखों में ताज और चाँद की रोशनी घुलमिल रही थी। ताज में चाँद उतर आया था और उसकी दीवारें रुपहली हो गई थीं। वे ताज का चक्कर लगाकर फ़व्वारों को पार करते हुए मुख्य द्वार के चबूतरे पर ताज की ओर मुँह करके बैठ गए थे। कुछ देर बाद किसी ने कहा था—'ऐसा लगता है जैसे ताज अभी अपनी जगह से उठेगा और यमुना के किनारे नाचने लगेगा।'

क्रान्तिकारी दल के सदस्य जवान हो रहे थे। उन्हें चाँदनी से खेलते ताज को देखते हुए लगता था कि वे कोई सपना देख रहे हैं। किसी को किसी लड़की का चेहरा याद आता था, किसी को कोई चेहरा याद नहीं आता था। सब सन्न और बेचैन थे। राजा कुठे गुन्तला...

कमरे के फ़र्श पर सब कटे-फटे अख़बारों पर बैठे थे जिन पर रात को सोए थे। सबको भूख लग रही थी क्योंकि चाय के साथ खाने को कुछ नहीं था। मेरी नाश्ते की आदत छूट गई थी जब से बाई 1918 के इन्फ़्लुएंजा में मरी। जब तक वह थी रोज सुबह वह मुझे दो कुचैय्या (छोटी रोटी) आम के अचार के साथ देती थी या कुछ नहीं तो आलू की टिकिया ही बना देती थी। अब मैं नाश्ता नहीं करता था—यह कहना ठीक नहीं है। मुझे कहना चाहिए कि अब नाश्ते की कोई जुगाड़ नहीं थी। मगर यह आदत टूटने से एक और नई आदत बन गई थी। मुझे हमेशा लगता कि मैं भूखा हूँ। खाना खाने के बाद भी।

बाई दोपहर में खाना खाकर ही लेटी थी। उसे तेज़ बुखार चढ़ा। डॉक्टर ने दवा दी। लेकिन तीन दिन बाद उसे क्षैतिज स्थिति में ही चारपाई से उठाकर अर्थी पर रखा गया। बाई का मरना मेरी समझ में नहीं आया। मेरी यह समझ में नहीं आया कि कोई जीता-जागता व्यक्ति एकाएक चुप होकर आँखें कैसे मूँद सकता है! रोने को तो मैं तुरन्त रो दिया जैसे जंगल में बाई अचानक खो गई है और मैं उसे ढूँढ़ रहा हूँ। मैंने पिता को नहीं ढूँढ़ा था क्योंकि मैंने उन्हें मरते हुए नहीं देखा था। मरने के बाद ढूँढ़ा नहीं जाता—यह मैंने बाद में जाना। बाद में यानि रोने के बाद। बल्कि रोते इसलिए हैं कि कुछ बचता नहीं—न व्यक्ति, न उसे ढूँढ़ना। यह एक संयोग था कि तब तक मैंने मास्टर रुद्रनारायणसिंह के अखाड़े में जाना शुरू कर दिया था यद्यपि मेरे होंठ पर अभी रेख नहीं आई थी। इसका पहला कारण तो यही था कि मैं टकसाल में उनके पड़ोस में ही रहता था। मास्साब की पत्नी को मैं काकी कहता था। काकी ने ही तीन दिन मेरी बाई की देखभाल की जब वे उस खाट पर लेटी जिससे उन्हें नहीं उठना था और उसी खाट से सीधे

मरघट जाना था। असल में बाई का मरना मुझे मरघट में ही पता चला जब मैंने उनके मुँह में आग भरी और एक छड़ से उनकी खोपड़ी तोड़ी। वरना बाई का और मेरा मारपीट का रिश्ता नहीं था। उनके चुम्बनों का बदला मैं उन्हें नेस्तनाबूद करके दे रहा था। यह खोज का अन्त था।

उस रात काकी ने मुझे अपने हाथ से रोटी-सब्ज़ी खिलाई थी। रोटी घी से चुपड़ी थी और सब्ज़ी आलू-मटर की थी। मैंने दिन-भर कुछ नहीं खाया था—जब पहला कौर मेरे मुँह में पड़ा तो मैंने जाना। फिर मैंने पेट-भर खाया। मुझे कोई और काम नहीं था। दिन में मैं स्कूल जाता, शाम को अखाड़े। रफ़्ता-रफ़्ता मास्साब मुझे चाहने लगे। वे स्वयं हृष्ट-पुष्ट थे और स्वस्थ फुर्तीले लड़कों को पसन्द करते थे जो अखाड़े में आते थे। जब वे लेट जाते तो उनकी छाती पर पत्थर रखकर उसे मैं ही तोड़ता था। उस मोटर पर भी वे मुझे बिठा देते थे जो वे सामने से दोनों हाथों से थाम लेते—मोटर स्टार्ट होती थी, मगर टस-से-मस नहीं होती थी। मैं धीरे-धीरे पैरेलल बार और सिंगल बार पर भी करतब करना सीख गया। सौ डंड और दो सौ बैठकें लगाने लगा।

काकी को मैं काकी ही कहता था। एक बार ग़लती से मैंने उन्हें बाई पुकारा क्योंकि बाई कहने की मेरी पुरानी आदत थी। वे 'बाई' सुनकर हँसीं और उन्होंने मुझसे कहा कि अब तुम मुझे 'बाई' ही कहना। उसके बाद वे मेरी बाई हो गईं। आश्चर्य मुझे तब हुआ जब बाई की सूरत एक दिन मुझे उस स्त्री की सूरत लगी जिसकी तस्वीर बैठक में टँगी थी और जिसके चारों तरफ़ भारत का नक़्शा था। मास्साब उसे भारत-माता कहते थे और उसे अंग्रेज़ों के चंगुल से छुड़ाने की बात करते थे। मैं रोज़ सुबह सैंयर गेट के बाहर पहाड़ी पर जहाज की तरह रखे स्कूल में जाता था। एक दिन दोपहर में लौटते हुए मैं सैंयर गेट के अन्दर दाख़िल हुआ तो मैंने देखा कि एक गोरा सिपाही दो देहातियों को बारी-बारी से झापड़ और बूट-सज्जित लातें मार रहा है। दूसरे तीन गोरे पास खड़े हँस रहे थे। इस दृश्य को घेरे में लिए एक भीड़ चुपचाप खड़ी थी जैसे उसे साँप सूँघ गया हो।

उस शाम मास्साब से मैंने उपर्युक्त दृश्य का ज़िक्र किया और उस साँप का पता पूछा जो घेरे में खड़े लोगों को सूँघ गया था जब वे दो देहातियों को पिटता हुआ देख रहे थे। मास्साब ने कहा कि वह साँप हमारे दिल में रहता है और उसी को शहर-बदर करने के लिए मैंने यह अखाड़ा खोला है। उसी अखाड़े में पसीना बहाते हुए एक दिन मैं क्रान्तिकारी दल का सदस्य हो गया। मैंने उस साँप को मारने की कसम खाई जिसे एक दोपहर मैंने सैंयर गेट के अन्दर नहीं देखा था। तभी एक चमत्कार हुआ। मेरे असली नाम रमाशंकर को ढँकने के लिए दल ने

मेरा नाम राजाराम रखा। मुझे आहिस्ता-आहिस्ता महसूस हुआ कि मैं कोई और हो गया हूँ। यह कोई और वही था जो हो जाने का हम अक्सर सपना देखते हैं। जैसे हम जो हैं उसके परे कोई पूर्ण होने का तसव्वुर करते हैं, उसी तरह मैं रमाशंकर की केंचुल झाड़कर राजाराम बन गया। मैंने धीरे-धीरे अपने को जाना कि मैं राजाराम हूँ। मैं भूलने लगा कि मैं रमाशंकर था। कई बार ऐसा हुआ कि मानिक चौक में या लक्ष्मीताल के किनारे किसी ने रमाशंकर को पुकारा और मैंने सड़क पर या ताल की तरफ़ ऐसे देखा कि मैं रमाशंकर को ढूँढ़कर उसे उसकी पुकार के हवाले कर दूँ।

मुझे मेरा नाम राजाराम चन्द्रशेखर 'आज़ाद' ने ही पहली भेंट में दिया था जब मैं उन्हें देखता रह गया था। उस समय हम लोग मास्साब के घर के भीतरी कमरे में बैठे थे। कमरे में एक खिड़की थी। खिड़की से कुछ धूप की रोशनी आ रही थी। अब तो लोग आज़ाद को मास्साब की खींची तस्वीर और उस तस्वीर के आधार पर बनी दूसरी तस्वीरों से जानने लगे हैं। उस वक्त आज़ाद की तस्वीर नहीं थी। आज़ाद ख़ुद खाट पर मास्साब के साथ बैठे थे और हम तीन लोग सामने दरी पर नीचे बैठे थे। मैं आँखें उठाए आज़ाद की ओर देख रहा था : उन आँखों में कोई ऐसी चमक थी जो मैंने किन्हीं और आँखों में नहीं देखी थी। उस क्षण मुझे पता नहीं था कि मैं भी उन्हीं की तरह मूँछें रखूँगा। मुझे नाम देने के बाद उन्होंने मुझसे पूछा :

'तुम्हें अपना नाम राजाराम कैसा लगा?'

'कुछ चनाजोरगरम जैसा है।' मैं मुस्कुराया।

मेरे अगल-बगल बैठे भगवान और शिवराम हँसे।

आज़ाद मुस्कुराते हुए बोले, 'तुम्हें मेरा नाम मालूम है?'

'जी।'

'क्या है?'

'पंडितजी।'

'बताओ, यह भी कोई नाम है!' आज़ाद मुस्कुरा रहे थे, 'यह तो एक लबादा है।'

यह सच था। आज़ाद ने अपना असली नाम ख़ुद ही रखा था। यह अपना नामकरण संस्कार ख़ुद करने की कहानी मुझे मास्साब ने ही सुनाई थी। तब आज़ाद पन्द्रह वर्ष के थे और उनकी मूँछें नहीं आई थीं। उन पर 1921 के असहयोग आन्दोलन में पिकेटिंग करने का आरोप था। काशी की अदालत ने उनसे पूछा :

'तुम्हारा नाम?'

'आज़ाद,' बालक ने सहज स्वर में कहा।

'पिता का नाम?' अदालत गम्भीर थी।

'स्वाधीनता।'

'घर?'

'जेलखाना,' आवाज़ उसी तरह सहज थी।

मजिस्ट्रेट ने भौंहें सिकोड़कर बालक को ऊपर से नीचे तक देखा और पन्द्रह बेंत की सज़ा सुनाई। बालक को सज़ा देने के लिए टिकटिकी से बाँधा गया। हर बेंत पर उसी की गूँज के साथ वह चिल्लाता : 'महात्मा गांधी की जय।' बालक ने पन्द्रह बार यह नारा इस तरह लगाया जैसे उसे अपना नाम महात्मा गांधी से मिला हो।

एकाएक खिड़की के बाहर कोई गुज़रा था और मास्साब ने खिड़की बन्द कर दी थी। खिड़की बन्द करने से अँधेरा नहीं हुआ था। उजाला चला गया था। धुँधलके में आज़ाद नज़र आते थे और नज़र से ओझल भी हो जाते थे। चूँकि खिड़की के बाहर कोई गुज़रा था, इसलिए आज़ाद ने भगवान उर्फ़ कैलाश से कुछ गाने को कहा। आज़ाद अच्छे संगीत पर मोहित हो जाते थे। एक बार रात में कोठों के मोहल्ले से गुज़रते हुए वे अचानक रुक गए थे और साथियों से बोले थे, 'दो मिनट सुन लें!' ऊपर के कोठे से कोई मधुर तान आई थी।

'मेरे शोणित की लाली से कुछ तो लाल धरा होगी ही...' कैलाश ने गाया।

आज़ाद ने फ़ौरन उसे रोक दिया, 'अभी इसका समय नहीं।' उन्होंने बन्द खिड़की की ओर देखा और कहा, 'अभी कुठे गुन्तला सुनाओ।' जब गीत के स्वर कमरे में गूँज रहे थे और धुँधलके में सबकी आँखें अधमुँदी थीं तो किसी ने बाहर खिड़की पर ठक-ठक की। मास्साब की आँखें फ़ौरन चील की तरह चौकन्नी हुईं और वे बिल्ली की तरह दबे पाँव खिड़की तक पहुँच गए। फिर उन्होंने एक झटके से खिड़की के पल्लों को बाहर की ओर ठेला। पल्लों की दोनों ओर दीवार से टकराने की आवाज़ हुई। सबने देखा कि एक कौआ खिड़की से उड़कर पेड़ की ओर आकाश में जा रहा था। सब हँसे। गीत रुक गया था। जिसे जासूस समझा गया था, वह एक कौआ था जैसे उसे मालूम हो कि काकोरी कांड का फरार चन्द्रशेखर आज़ाद इसी कमरे में है—आज़ाद, जिसके सिर पर हज़ारों रुपए का इनाम था और जिसे ढूँढ़ने के लिए फ़िरंगी सरकार नदियों में जाल, गुफ़ाओं में बाँस और कुओं में काँटे डाल रही थी।

जैसे ही थाली में चाय के प्याले रखे काकी कमरे में घुसीं, मैं उछलकर उठा

और मैंने थाली उनके हाथ से लेकर आज़ाद के सामने रोक दी जैसे वही मुख्य अतिथि हों। तब मुझे पता नहीं था कि आनेवाले दिनों में झाँसी से पन्द्रह मील दूर ओरछा की ओर नन्ही-सी सतारा नदी के किनारे आज़ाद एक कुटिया बनाकर रहेंगे और वह कुटिया क्रान्ति का हेडक्वार्टर कहलाएगी। वह झाँसी से एक कम्बल और रामायण का गुटका लेकर गए थे। पास ही ढिमरपुरा गाँव था जिसमें आज़ाद हरिशंकर ब्रह्मचारी बने चबूतरे पर कथा सुनाते थे। मैं दल के काम से साइकिल पर झाँसी और कुटिया के बीच घूमता था जैसे देश में सम्भावित क्रान्ति की बागडोर पर मेरा भी हाथ हो। उन दिनों मेरी मूँछें आ गई थीं और मैंने उन्हें आज़ाद-छाप बना दिया था। चूँकि मेरे कद-काठी और रंग भी आज़ाद की तरह थे, इसलिए एक बार मेरी इच्छानुसार पुलिस ने मुझे आज़ाद के धोखे में पकड़ लिया था और फिर मेरे चेहरे पर आज़ाद की तरह चेचक के दाग न पाकर छोड़ दिया था। हम दोनों में एक साम्य था। उनकी तरह मैं भी सड़क पर चलते हुए हर तीसरे आदमी से मिलता-जुलता था।

मेरे सूने घर के बाईं ओर मास्साब का घर था, दाईं ओर शर्माजी रहते थे जो कचहरी में पेशकार थे। वे सुबह कचहरी जाते, शाम को लौटते। उनको कोई बच्चा नहीं था। उनकी पत्नी अक्सर मुझे घर में बुलाकर कुछ खिला देती। कभी शर्माजी घर में होते, कभी न होते। एक गर्मी की दोपहर भाभी ने मुझे कढ़ी-करेला खाने घर बुलाया। शर्माजी कचहरी गए थे। उसने हमेशा की तरह मुझे घर में बुलाकर घर की साँकल अन्दर से चढ़ा दी। वह तब से ऐसा ही करती थी जब मेरी बाई नहीं रही थीं और मैं जाँघिया पहनता था। उसने उस दोपहर मेरे साथ ही खाना खाया और साग्रह अपने हाथ से एक रोटी ज़्यादा खिला दी जैसा वह कभी-कभी करती थी जब मैं छोटा था। मैं समझा वह अभी भी मुझे छोटा ही समझ रही है यद्यपि मेरे चेहरे पर अब आज़ाद की तरह मूँछें थीं। वह बोली, 'उफ़, कितनी गर्मी है।' फिर वह 'अभी आई' कहकर स्नानघर में घुस गई। नहाकर खाना तो आम था लेकिन खाकर नहाना मेरी समझ में नहीं आया। तभी स्नानघर का एक किवाड़ खुला और एक नंगी टाँग बाहर आई। मेरी आँखें उसी टाँग से उलझ गईं। मैं इस तरह उलझा था कि दूसरा किवाड़ खुला और एक नंगी औरत बाहर आई जिसका चेहरा भाभी से मिलता था। मैं सहमा-सहमा पहली बार एक नंगी औरत को देख रहा था। मेरी उलझन बढ़ रही थी। मेरे पायजामे के बीच में एक छोटा-सा तम्बू तन रहा था। वह अपने मोती-से दाँत चमकाते हुए उसी जानिब देखकर हँस रही थी। वह गज-गामिनी की चाल से मेरी तरफ़ बढ़ी। मैं बदहवास उठा और अपना डोलता तम्बू लिए दरवाज़े की ओर भागा। मैंने कुंडी खोली और मैं बाहर था।

बाहर सूनी दोपहर की सड़क थी। उसके परे अखाड़े के सिंगल बार और पैरेलल बार धूप में निःसंग चिलचिला रहे थे।

मैं जब अपने घर में घुसा तो हाँफ़ रहा था। तब मुझे पता नहीं था कि यह नंगी औरत की फ़िल्म का निगेटिव जो मेरे ज़ेहन में क़ैद हो गया था—उसे मैं कितनी बार भविष्य के परदे पर देखूँगा! नंगी औरत देखने के बाद मैं वह नहीं था जो उसके पहले था। मैंने अपनी बेचैनी का ज़िक्र आज़ाद से किया जब मैं उसी सप्ताह एक रात सतारा किनारे उनकी कुटिया में रुका क्योंकि शाम को वहाँ पहुँचते हुए अँधेरा हो गया था। जब मैंने नंगी औरत का किस्सा आज़ाद को बताया तो वे हँसने लगे।

'क्यों हँस रहे हैं?' मैं भौंचक्का था।

'कैसा संयोग है?' वे बोले।

'क्या?'

'पिछले सप्ताह मेरे साथ भी यही हुआ,' उन्होंने एक गहरी साँस लेकर कहा। 'फ़र्क यही था कि सुन्दरी कुँआरी थी और जगह उसका घर न होकर यह कुटिया थी।'

'समय?' मेरे गले में कुछ अटका।

'यही समय था : रात।'

आज़ाद ने बताया कि वह पास के गाँव ढिमरपुरा में बतौर कथावाचक जाते हैं और रामायण का पाठ करते हैं। श्रोताओं में एक नवयुवती थी जो सबसे आगे बैठती थी और सीता-राम के प्रसंग में आँखें बन्द कर लेती थी। यों वह बीच-बीच में आँखें खोलकर कथा-वाचक की आँखों में देखती थी। आज़ाद यह उसका राम के लिए भक्ति-भाव समझते रहे। जब पुष्प वाटिका प्रसंग आया तो उसने एक बार जो आँखें बन्द कीं फिर नहीं खोलीं। कथा समाप्त होने पर उसे जगाना पड़ा। आँखें खोलने पर उसने आज़ाद के मुख पर आँखें टिका दीं। गाँव की कोई दूसरी औरत उस गाँव की गोरी को हाथ पकड़कर ले गई। उसी रात आज़ाद खाना खाकर लेटे ही थे कि वह कुटिया के दरवाज़े पर आकर खड़ी हो गई। लालटेन जिस कोने में रखी थी, उससे दरवाजे पर रोशनी नहीं पड़ रही थी। आज़ाद उसे पहचान नहीं सके। उन्होंने सिर्फ़ एक औरत की साड़ी को पहचाना।

'कौन?' आज़ाद ने पूछा।

'सीता,' उस औरत ने कहा। वह शायद मुस्कुराई थी। उसके दाँत चमके।

आज़ाद चौंके, 'क्या तुम्हारा नाम सीता है?'

सच्चाई यह थी कि उस क्षण जंगल के बीच एक सूनी कुटी में बैठे हुए

आज़ाद को भूत-प्रेत का ख़्याल भी आया। यद्यपि वे भूत-प्रेत में कोई विश्वास नहीं करते थे। उनका साहस जंगल से बड़ा था।

वह दो कदम आगे कुटी के अन्दर आ गई थी और अब उसके चेहरे पर प्रकाश पड़ रहा था। वह लगातार मुस्कुरा रही थी।

'अरे, तुम!' आज़ाद ने अचानक उसे पहचाना।

'हाँ।'

'गाँव से यहाँ कैसे आईं?' आज़ाद हैरान थे।

'पैदल,' वह हँसी।

'अँधेरी रात में!'

'हाँ।'

'क्यों?'

'सीता राम के पास क्यों आती है?'

जब आज़ाद ने गाँव की गोरी को समझाने की कोशिश की कि वे ब्रह्मचारी हैं तो उसने कहा कि राम भी ब्रह्मचारी थे—सीता से मिलने के पहले। 'हमारे बीच में पर्दा कैसा?' यह कहते हुए उसने साड़ी उतार दी।

पहली बार आज़ाद ने देखा कि विश्वामित्र जैसे योगी का तप कैसे भंग हुआ होगा। उन्होंने अपने शरीर को झकझोरा और बुदबुदाए—'क्रान्तिकारी का शरीर उसका वाहन हो सकता है या उसका अस्त्र! ऐ मेरे शरीर, तुम्हारी और कोई भूमिका नहीं है।'

उस रात जंगल के बीच एक नदी के किनारे एक सूनी झोपड़ी में आज़ाद ने एक मोहक नारी-शरीर पर साड़ी इस तरह डाली थी जैसे कोई मुर्दे को कफ़न उढ़ा रहा हो।

गाँव की गोरी रोती हुई गाँव लौटी थी। जंगल की पगडंडी पर जहाँ उसके आँसू गिरे, वहीं ओस गिरी।

आज़ाद पूर्ण क्रान्तिकारी थे। उन्होंने कसम खाई थी कि कोई जीतेजी उनके शरीर को हाथ नहीं लगाएगा। इलाहाबाद के अल्फ्रेड पार्क में जब पुलिस ने उन्हें छुआ तो उनका सीना गोलियों से बिंधा हुआ था।

झाँसी लौटकर मैं शर्मा भाभी के घर में फिर नहीं घुसा।

आज़ाद जब झाँसी में रहते, तो कभी-कभी मेरे घर में रहते। मेरा घर ख़ाली था। पौर में माता-पिता की तस्वीरें टँगी थीं जिन पर कपड़े के फूलों की मालाएँ थीं। मेरे खाने का कोई नियमित इन्तज़ाम नहीं था। जब आज़ाद होते दल के लोग अपने-अपने घर से दो-तीन रोटियाँ चुराकर ले आते जिनके साथ अचार भी होता।

एक बार कैलाश आज़ाद को सूखी रोटियाँ खाते हुए देखकर भावुक हो गया। वह कहने लगा कि देखो, हम सब लोग घर में भरा-पूरा खाना खाते हैं और आज़ाद सूखी रोटियाँ खा रहे हैं। यह सुनकर आज़ाद मुस्कुराए। उन्होंने अपने मुँह का कौर गले के नीचे उतारा। एक घूँट पानी पिया। फिर वे हँसे और बोले। उन्होंने बात राणा प्रताप के जंगल में घास खाने से शुरू की। फिर कहा कि यह स्वतन्त्रता के संघर्ष की क़ीमत है। उन्होंने बताया कि एक बार उनके नेता रामप्रसाद बिस्मिल को भी घास खानी पड़ी थी क्योंकि खाने को कुछ नहीं था। और देखो, उन्होंने कहा, मैं तो कितनी माँओं के हाथों की बनी स्वादिष्ट रोटियाँ और विविध अचार खा रहा हूँ। तुम सब लोग तो केवल एक माँ के हाथ की बनी रोटी खाते हो। यह कहकर उन्होंने मेरी ओर देखा और कहा कि मेरी और राजाराम की किस्मत एक-सी है। फिर वे हँसे और दूसरा कौर तोड़ने लगे। वे अकेले खा रहे थे। मैंने पहले ही कह दिया था कि मैं एक दोस्त के घर खा आया हूँ। मैं जानता था कि जो रोटियाँ थीं वे आज़ाद को पूरी पड़ेंगी।

आज़ाद ख़ूब व्यायाम करते थे और ख़ूब खाते थे। एक बार नहाने से पहले अपनी माउज़र पिस्तौल—जिसे वे बमतुल बुखारा या पालतू कुत्ता भी कहते थे—को साफ़ करते हुए उन्होंने कहा कि जैसे मैं अपना शरीर रोज़ साफ़ करता हूँ, उसी तरह माउज़र भी साफ़ करता हूँ। मैंने हँसकर पूछा, क्या दोनों में कोई फ़र्क नहीं? दोनों ही मेरे हथियार हैं, वे बिना हँसे बोले।

उनके संकल्प की गहराई का एहसास मुझे उस दिन हुआ था जब हम लोगों को भगतसिंह की गिरफ़्तारी की ख़बर मिली। हम जानते थे कि असेम्बली-कांड के तहत यह गिरफ़्तारी अन्तिम है। फाँसी होगी। हम सबकी आँखें भीग गईं। सबने कमीज़ से अपने आँसू पोंछे। मगर आज़ाद का चेहरा निर्विकार था जैसे कोई पत्थर का टुकड़ा हो। बाद में मैंने उनसे पूछा। वे तरल आँखों से बोले—'मैं क्रान्ति की मशीन हो गया हूँ।' वही इकलौता मौका था जब मैंने आज़ाद की आँखों में आँसू देखे थे।

क्रान्ति की मशीन! मैं ये शब्द कभी नहीं भूला। क्या यही क्रान्तिकारी की नियति थी?

क्रान्तिकारी की नियति मृत्यु थी। दल के सभी लोग जानते थे। सबके बीच आपस में एक होड़ थी। जैसे कोई दौड़ थी जिसमें सब फ़र्स्ट आना चाहते थे। मृत्यु की दौड़। यह ऐसी दौड़ थी जिसमें कोई मेडल नहीं था। न डोर थी। हमारे सेनापति आज़ाद साफ़-साफ़ कहते थे कि हमें ऐसा कोई भ्रम नहीं होना चाहिए कि हमारी इन छिटपुट छापामार कार्रवाइयों से देश में फ़िरंगी राज ख़त्म हो

जाएगा। लेकिन हमारी हड्डियाँ उस रास्ते की मिट्टी बनेंगी जिससे अंग्रेज़ भारत छोड़कर जाएँगे।

यह मैंने बाद में जाना कि आदमी का चरम पराक्रम मृत्यु का स्वीकार है। इसीलिए यक्ष-प्रश्न का उत्तर देते हुए युधिष्ठिर ने आश्चर्य को जिजीविषा से परिभाषित किया था : मृत्यु हर पल घटती है, फिर भी लोग ऐसे जिए जाते हैं जैसे कभी नहीं मरेंगे! तब से आज तक यह गुत्थी नहीं सुलझी। कभी सुलझेगी भी नहीं। जब तक जीवन है। क्योंकि जीवन ऐसी 'हाँ' है जो कभी 'नहीं' नहीं होना चाहती। किसी भी 'नहीं' के लिए कलेजा चाहिए और यह सबसे बड़ी 'नहीं' है : मृत्यु का स्वीकार। क्रान्तिकारियों ने इसे खेल बना दिया था। वे शर्त बदते कि पहले मैं मरूँगा! फिर वे फाँसी को एक मज़ाक बना देते। पहले इस बात पर बहस होती कि कौन कैसे पकड़ा जाएगा। किसी को सोते हुए पकड़ा जाना था, किसी को चाँदनी रात में पार्क की बेंच पर चाँद देखते हुए। कोई सिनेमा देखते हुए हथकड़ियाँ डलवाएगा क्योंकि सिनेमा पूरा देखना चाहेगा। तब फाँसी की दिक्कतों की बात छिड़ती। भगतसिंह के लिए उसके नीचे गड्ढा खोदना होगा क्योंकि उसके पैर ज़मीन छू लेंगे। शिव के पैरों में रेत की बोरी बाँधने की तजवीज होती ताकि वह हवा में उड़ न जाए। आज़ाद के लिए दो रस्सों की ज़रूरत पर ज़ोर दिया जाता—एक उसके गले के लिए, दूसरा उसके भारी पेट के लिए। आज़ाद हँस पड़ते, 'फाँसी तुम्हें मुबारक। मुझे कोई जीवित हाथ नहीं लगा पाएगा।'

मैं कभी-कभी सोचता हूँ कि मौत को लेकर जो खिलंदड़ापन उन दिनों हमारे मन में था—वह क्या कच्ची उम्र की वजह से था? तब मन एक खिलते हुए फूल की तरह था। यदि खिलती पंखुड़ी पर मौत की छाया थी, तो हुआ करे! हम सब बीस के आस-पास थे। किसी-किसी के ऊपरी होंठ के बाल पूरी तरह काले नहीं हुए थे—रोएँ भूरे-भूरे थे। जब मरना एक चुटकुला हो जाए तो कोई डर नहीं रहता। यह मैंने सबसे पहले आज़ाद से जाना था। पन्द्रह वर्ष का बालक अदालत के कटघरे में खड़े होकर अपना नाम आज़ाद और पिता का नाम स्वाधीनता बताए, यह कोई मामूली बात नहीं थी।

'क्या तुम्हें डर नहीं लगता?' एक बार मैंने आज़ाद से पूछा।

'सबसे बड़ा डर क्या होता है?' आज़ाद ने प्रति-प्रश्न किया।

'मरने का डर,' मैंने कहा।

'यदि मन में वही न रहे, तो कौन-सा डर रहेगा!'

यह सच था। जिस रात मैं सतारा नदी के किनारे कुटिया में आज़ाद के साथ

था, उस रात आधी रात को कुटिया में अचानक कुछ मेरे दाएँ पैर पर सरककर गुज़र गया। मैं फ़र्श पर लेटा गहरी नींद में था। जब मैं जागा तो पैर में कुछ सरकने की याद थी। मैंने उठकर लालटेन जलाई और चारों ओर देखा। एक कोने में साँप रेंग रहा था। मैंने तुरन्त आज़ाद को जगाया और उन्हें साँप दिखाया। वे कुटिया में अकेली खाट पर लेटे थे। खाट से उतरकर उन्होंने मुझसे खाट पर लेटने को कहा, लालटेन बुझाई और ख़ुद मेरी जगह लेटकर सो गए। अगले क्षण मैंने उनके खर्राटे सुने। जब सुबह मैंने साँप का ज़िक्र किया तो वे बोले कि साँप ग़लती से हमारी कुटी में आ गया था, ग़लती समझकर अपने घर चला गया होगा।

आज़ाद काकोरी कांड के अकेले फरार थे। अपनी फुर्ती की वजह से वे 'क्विक सिलवर' कहलाते थे। एक बार शहर की एक सड़क पर दो पुलिसवालों को उन पर शक हो गया। वे तुरन्त भगत बन गए।

'क्या तुम आज़ाद हो?' एक पुलिसवाले ने उनसे पूछा।

'भक्त तो हमेशा सारे बन्धनों से आज़ाद होता है।'

'तुम्हें थाने चलना होगा,' दूसरे पुलिसवाले ने कहा।

'क्या तुम्हारा थानेदार मेरे हनुमानजी से बड़ा है?' वे बोले।

जब सिपाही कुछ ज़बर्दस्ती पर आमादा हुए तो आज़ाद उनसे बोले, 'मैं हनुमान का भगत हूँ, अपने हनुमान की बात मानूँगा।' उन्होंने दोनों सिपाहियों को धक्का दिया और भाग निकले। एक फ़रार ने दो सिपाहियों को डरा दिया। उसी तरह ग्वालियर में कैलाश के हॉस्टल में उन्होंने भूतों का प्रपंच रचनेवाले विद्यार्थियों को उल्टा डरा दिया था। जो लड़के भूत बनकर पेड़ और इमारत की छत पर नाच रहे थे, आज़ाद ने उन्हें पत्थरों का निशाना बना दिया था--लड़कों की जान साँसत में आ गई थी।

यह व्यक्ति मुट्ठी-भर साथियों, कुछ टूटी-फूटी पिस्तौलों और हाथ से बनाए कुछ भद्दे बमों के बल पर उस अंग्रेज़ी राज को चुनौती दे रहा था जहाँ सूर्य नहीं डूबता था। वह साँप, सिपाही या भूतों से क्या डरता? डर ख़ुद उससे डरकर कहीं भाग गया था।

मैंने आज़ाद को देखने से पहले ऐसा आदमी नहीं देखा था। मैं ख़ुद ऐसा आदमी बनना चाहता था। तभी एक बार थाने में मैंने कहा--'मैं आज़ाद हूँ।' उन्होंने मुझे धक्का देकर बाहर निकाल दिया। यह मेरी पहली मर्मान्तक हतक थी। यदि उस समय मुझे आज़ाद स्वीकार कर लिया जाता और रामप्रसाद बिस्मिल की तरह फाँसी दे दी जाती तो फाँसी मुझे वही होती जो आज 'भारत-रत्न' होता है।

मगर ऐसा नहीं हुआ। मैं कॉलेज में पढ़ता और कुछ लड़कों को घर-घर जाकर

पढ़ाता रहा ताकि रोटी-कपड़ा मिलता रहे। एक शाम जब मैं दल की बैठक के बाद घर पहुँचा तो मैंने देखा कि चबूतरे पर मदन मामा खड़े हैं। उनके पैरों के पास टीन का एक छोटा-सा बक्सा रखा था और एक गोल दरी थी जो सुतली से बँधी थी। इतना दृश्य सामान्य था। लेकिन गोल दरी के पास दोनों घुटनों पर दोनों हाथ बाँधे एक लड़की बैठी थी जो चलती सड़क को देख रही थी जिस पर मैं अभी चलकर आया था। वह इतने इत्मीनान से बैठी थी जैसे नदी किनारे बैठी हो। पता नहीं, मैं किस चीज़ से विचलित हुआ था--उसके इत्मीनान से या उसकी आँखों से जो एकाएक उठकर मेरी आँखों पर टिक गई थीं। मैंने उस लड़की को पहले कभी नहीं देखा था। मदन मामा ने बताया कि वह उनकी दूर की साली थी जैसे कि मदन मामा मेरे दूर के मामा थे। वे मुझसे कुछ बरस बड़े थे। लेकिन हम दोस्तों की तरह एक-दूसरे से खुले थे। लड़की का नाम किशोरी था। वह मिडिल का इम्तहान देने मदन मामा के साथ शहर आई थी। वे एक माह रहेंगे। घर में जगह की कमी नहीं थी। रसोई ज़रूर वीरान थी। अगले दिन जब मैं कॉलेज से लौटा तो मुझे रसोई के धुएँ को देखकर बाई की याद आई और मैंने रसोई से नज़र हटाकर किशोरी को देखा जो बाल खोले आँगन में खड़ी थी जैसे बाई खड़ी रहती थीं। उस रात मुझे बाई का सपना आया था और मैं सपने में रोया था।

वे पतझड़ के दिन थे। घर के पीछे पीपल से पत्ते झरते और धरती पर फैल जाते। कुछ पत्ते उड़कर छत पर आ जाते जहाँ रात को मैं और मदन मामा सोया करते थे। किशोरी आँगन में खाट डालकर सोती थी। मगर वह कभी सोती नज़र नहीं आती थी। जब मैं सुबह सीढ़ियों से नीचे आता तो वह रसोई में होती। मेरी पदचाप सुनकर वह रसोई से एक हाथ में चाय का प्याला लिए निकलती और मेरे हाथ में चाय थमा देती। मैं खाट की ओर बढ़ता जहाँ मदन मामा बैठे-बैठे चाय सुड़क रहे होते। वे अख़बार हाथ में लिए होते और हम देश-दुनिया की बातें करने लगते। मुझे सुबह-सुबह संयम बरतना पड़ता। मैं यह ध्यान रखता कि मेरे उग्र राजनीतिक विचार उजागर न हों। वे शक पैदा कर सकते थे। हम अपने परिवार और मोहल्ले में दूसरे लड़कों की तरह ही रहते थे जो पढ़ाई में मन लगाते थे या अपने जिस्म में जो व्यायाम और ख़ुराक माँगता था और लड़की की ओर पलटने के लिए मजबूर हो जाता था। हम अपने जिस्म को आख़िरी हरकत से अक्सर ज़ोर-ज़बर्दस्ती करके रोक लेते थे। आज़ाद हमारे नायक थे।

मगर कभी-कभी बस नहीं चलता था। तब मैं सड़क पर चलते हुए पलटकर विपरीत दिशा में जाती सुन्दरी के नितम्ब देखता और फिर दुगुने वेग से पलटकर

सामने नाक की सीध में चला जाता। इधर एक और मुश्किल खड़ी हो गई थी। लड़की घर के अन्दर घुस आई थी। इसका तीखा अहसास मुझे एक दोपहर हुआ जब मैं अपनी कमीज़ ढूँढ़ता हुआ भीतर के कमरे में घुसा जिसके किवाड़ बन्द थे। किवाड़ को धक्का देते हुए मैंने देखा कि किशोरी धोती बदलने की प्रक्रिया में थी। उसके शरीर पर पड़ी धोती नीचे गिर गई थी और दूसरी धोती उसके दोनों फैले हाथों के बीच में फैली थी। उसकी खुली देह धोती के परदे से झाँक रही थी। उसी देह से एक चीख़ बाहर आई जब मेरे साथ दोपहर का उजाला कमरे में घुसा। मैं उसी तरह उल्टे पैर कमरे से भागा जैसे शर्मा भाभी का गदराया जिस्म देखकर भागा था। लेकिन इस बार एक बात अजीब हुई। मेरे कान मुझे धोखा दे गए। मुझे लगा कि किशोरी की देह भी शर्मा भाभी की तरह हँसी थी जबकि उसके मुँह से चीख़ निकली थी।

मैं अपनी यह उलझन किसी को बता नहीं सकता था। मुझे दिन-रात वे पसीने की बूँदें याद आती रहीं जो मैंने उस दोपहर कमरे के औचक उजाले में किशोरी के चेहरे और वक्ष पर देखी थीं। जैसे मैं आज़ाद की तरह तगड़ा और नाटा था, वह आँगन में खड़ी बेल की तरह लम्बी लगती थी। शायद मैं बेल के पास इसीलिए खड़ा नहीं होता था कि वह कहीं मुझसे लम्बी न निकले। जब मदन मामा ने एक सुबह खेल-खेल में हम दोनों को आँगन में आस-पास खड़ा किया तो मदन मामा का फ़ैसला था कि हम दोनों एक-दूसरे के बराबर हैं। वह हँसकर रसोई के अन्दर चली गई और मैं लट्ठे-सा आँगन में खड़ा रहा। मदन मामा हँस रहे थे। मैं संजीदा था। जब उनकी हँसी रुकी तो वे बोले :

'तुम तो ऐसे खड़े हो जैसे सामने समुन्दर हो और तुम्हें तैरना न आता हो।'

उन दिनों मुझे कुछ ऐसा ही लग रहा था जब आज़ाद ग्वालियर चले गए थे और भगवानदास माहौर और सदाशिव मलकापुरकर भुसावल जेल में थे—उन पर जलगाँव में मुकदमा चल रहा था। तब भगतसिंह, सुखदेव आदि पर 'यू.पी., पंजाब षड्यन्त्र' का मुकदमा लाहौर में चल रहा था और वे लाहौर जेल में थे। आज़ाद की योजना क्रान्तिकारी चेतना दक्षिण की ओर ले जाने की थी। राजगुरु पहले ही अकोला चले गए थे। उन्हीं के पास बचा-खुचा असलह लेकर माहौर और मलकापुरकर जा रहे थे जो भुसावल में पकड़ लिए गए थे। एक सुबह मुझे आज़ाद का सन्देश मिला और दोपहर की गाड़ी से मैं ग्वालियर पहुँच गया। आज़ाद ने मुझे वह पिस्तौल देने के लिए बुलाया था जो अन्ततः भात के कटोरे में माहौर के पास भुसावल जेल पहुँची। वह पिस्तौल हाथ में लेकर मेरा चेहरा गिर गया।

'क्या बात है?' आज़ाद ने बन्द कमरे में पूछा जिसमें शाम का अँधेरा घिर रहा था।

'कुछ नहीं।' मैंने नज़रें नीची कर लीं।

'कुछ बात तो है।' आज़ाद मुस्कुराए।

'मैं किसलिए ज़िन्दा हूँ?' मैंने नज़रें ऊपर उठाकर आज़ाद की आँखों में देखा जो चमक रही थीं।

आज़ाद क्षण-भर चुप रहे। फिर बोले :

'क्या चाहते हो?'

'मैं जयगोपाल और फणीन्द्र धोष को मारना चाहता हूँ।'

आज़ाद हँसे। फिर बोले :

'उन्हें तो जलगाँव अदालत में सुनवाई के दौरान मारने की योजना है।'

'मैं उन्हें पहले ही मार दूँगा,' मैंने दृढ़ता से कहा।

'कैसे?' आज़ाद गम्भीर थे।

'उन्हें लेकर भुसावल जाते हुए पुलिस झाँसी में गाड़ी बदलेगी। मैं खुले प्लेटफ़ार्म पर उनका काम तमाम कर दूँगा।'

शायद आज़ाद ने सोचा होगा कि दल के लिए माहौर और मलकापुरकर मुझसे ज़्यादा मूल्यवान हैं। यदि मैं सफल हुआ तो वे हत्या के अपराध से बच जाएँगे। उन्होंने 'हाँ' कर दी। एक पिस्तौल भी दे दी। तभी यह मेरी समझ में आ गया कि दोनों एप्रूवरों के वध में अन्ततः एक ही पिस्तौल इस्तेमाल होगी और एक बच जाएगी। मैंने बाद में हिसाब गड़बड़ा दिया—यह बात अलग है।

अगली सुबह जब मैं घर में घुसा तो आँगन में बेला की गन्ध थी। मैंने दीवार पर चढ़ी बेल को देखा जिसमें चाँदी-से सफ़ेद फूल खिल रहे थे। मुझे ऐसा लगा जैसे एक ही रात में यह चमत्कार हो गया हो। मैं जाँघिया पहने पनारे के पास पड़े चौकोर पत्थर पर बैठ गया और हौदी से लोटे में पानी लेकर नहाने लगा। मैं नहाने लगा और गाने लगा...राजा कुठे गुन्तला। मुझे माहौर की याद आई क्योंकि मैं उसे पछाड़नेवाला था। मैं देर तक गाता रहा और मल-मलकर नहाता रहा जैसे देह पर मैल का एक कण भी नहीं रहने दूँगा!

जब मैं नहा-धोकर, बालों में सरसों का तेल डालकर, धोती-कुर्ता पहने, बाल काढ़े आँगन में आया तो मदन मामा ने मुस्कुराकर कहा :

'बहुत ख़ुश लग रहे हो जैसे ताजमहल हाथ में आ गया हो।'

मैंने मदन मामा से ग्वालियर के बजाय आगरा जाने की बात कही थी। दल का यही नियम था।

'हाँ,' मैं हँसा, 'ताजमहल मेरे हाथ में आ गया है।'

'दिखाओ।'

'वह अदृश्य है।'

'क्या तुम्हें भी नहीं दिखता?'

'मुझे उसे देखने की ज़रूरत नहीं।'

'क्यों?' मदन मामा मजा ले रहे थे।

'क्योंकि मैं उसे हर तरफ़ देखता हूँ।' मैं भी मजा ले रहा था।

'जैसे?'

'जैसे बेला के फूल में।' मैं बेल की तरफ़ देखता हुआ हँसने लगा।

तभी एक हाथ में कचौड़ी की थाली और दूसरे में चाय की प्याली लिए किशोरी आँगन में आई और उसने दोनों चीज़ें खाट पर रख दीं जिस पर हम दोनों आमने-सामने बैठे थे। मदन मामा नाश्ता कर चुके थे। कचौड़ी बहुत लजीज़ थी। मुझे लगा मैं पहली बार कचौड़ी खा रहा हूँ। यह कहने की बात नहीं थी। मैं कहता तो दोनों हँसते।

उस शाम जब मैं ट्यूशन से लौटा तो मैंने देखा कि शर्मा भाभी मेरे घर से निकल रही थीं। उन्होंने मुस्कुराकर मेरी ओर देखा जैसे वे हमेशा देखती थीं। फिर वे अपने घर चली गईं। जब मैं अपने घर में घुसा तो मैंने देखा कि किशोरी के जूड़े में बेला की माला गुँथी है। मैंने तुरन्त दीवार पर लटकी बेल की जानिब देखा जैसे मुझे शक हो कि बेल ही उतरकर किशोरी के जूड़े में बैठ गई है। यह पहली बार था। मैंने किशोरी को जूड़े में फूल बाँधे कभी नहीं देखा था। क्या शर्मा भाभी उसके जूड़े में फूल लगा गई थीं और मुझे देखकर हँस रही थीं?

'आज किसका पर्चा था?' मैंने पूछा जैसे मुझे पर्चे से मतलब हो और फूलों से कोई मतलब न हो।

'हिन्दी का।'

'कैसा हुआ?'

'ठीक।'

'सिर्फ़ ठीक?' मैंने उसे शिक्षक की नज़र से देखने की कोशिश की।

वह हँसने लगी।

'हँस क्यों रही हो?' मैं हतप्रभ था।

'गाँव में मास्टरजी भी यही कहेंगे,' वह बोली, 'तुम नकल ठीक नहीं कर सके।'

'क्या मैं नकल कर रहा था?' मैं भौंचक्का था।

'और क्या!' वह फिर हँसी, 'वह भी ठीक नहीं। मेरा पर्चा कम-से-कम ठीक तो था।'

'और कितने बाकी हैं?'

'चार।'

'अच्छा करना।' मैं हताश था।

'तुम्हारी तरह।' वह मुस्कुराई।

'इम्तहान में पास हो जाओगी न?' मेरे मुँह से निकला।

'तुम्हारी तरह।'

वह हँसकर पीछे मुड़ी और जूड़ा हिलाती हुई रसोई की ओर चली गई। शायद मेरा शक सही था कि वह जान गई थी कि मैं लगातार उसके जूड़े के फूलों को देख रहा था। जब वह पीछे घूमी तो अलबत्ता, मेरी नज़रें क्षण-भर उसके जुम्बिश खाते नितम्बों पर पड़ीं जिन्हें मैंने उस दोपहर अनावृत देखा था।

क्या उसे पता था कि मैं अपने जीवन की कठिनतम परीक्षा से गुज़रनेवाला हूँ? रात-भर आँगन मोंगरे की भीनी गन्ध से गमकता रहा। रात-भर बेल आँगन की हवा में झूमती रही। यही हवा कभी-कभी ज़ीने की सीढ़ियों पर चढ़ती हुई छत पर पहुँच जाती जहाँ मेरी आँखें कभी खुली होतीं कभी बन्द होतीं। नाक हमेशा खुली थी। उसके बिना मैं जी नहीं सकता था। साँस के साथ मोंगरे की गन्ध मेरे भीतर बह आती। मुझे लगता कि यह ख़ुशबू किशोरी के जूड़े से आ रही है।

वे चाँदनी रातों के दिन थे। आँगन में दीवारों के साए थे जैसे दिन में धूप के साए होते। छत पर न धूप के साए होते न चाँदनी के। पीपल अपनी छाया के साथ दूर खड़ा रहता। शायद वह पूनम की रात थी। आख़िरी रात। चाँद आकाश में पीतल की परात-सा पसरा था। दमकता हुआ। मैं खाट पर चित लेटा ऊपर ऐसे देखता जैसे सड़क पर दूर रोशनी का हंडा हो। रोशनी क़ायनात पर हमवार गिर रही थी। दिन को रोशनी एक पुंज में सूरज से आती थी। चाँदनी रात में रुपहली रोशनी नीले आकाश से झरती लगती थी। आँगन में बेला के फूल भाग्य की तरह चमक रहे थे। मैं खाट पर खुली आँखों से यही सोच रहा था। मेरे पास विकल्प नहीं था। मुझे कल सफल होना था। यह मेरे जीवन का चरम था।

मैं जानता था। नीले आकाश से चाँदनी झर रही थी जो आस-पास धरती पर बोलने लगती। उसे सुनते हुए मेरी आँख लगी। कोई सपना नहीं आया। अब सोचता हूँ तो लगता है कि उस रात कोई सपना न आना मेरी नियति थी। उस

रात मुझे सपने की ज़रूरत नहीं थी। मेरी ज़िन्दगी सपना हो गई थी। मुझे मुँह अँधेरे घर से निकलना था। जब मेरी आँख खुली तो चन्द्रमा आकाश में एक ओर सरक गया था। सीढ़ियों पर चाँदनी मद्धिम नहीं हुई थी। आँगन में बेला के फूल उजले थे। किशोरी खाट पर बैठी थी। मुझे ताज्जुब हुआ।

'तुम सोई नहीं?' मैंने पूछा।

'छत पर तुम्हारे उठने से मैं उठ गई।'

वह मुस्कुराई। मुझे चाँदनी में यही लगा।

'मुझे जल्दी जाना है,' मैंने कहा।

'मुझे मालूम है,' वह बोली।

मैं आँगन में अपनी जगह खड़े हुए अचानक घूम गया। चाँदनी फूलों पर चमकी।

'तुम्हें क्या मालूम है?' मेरी आवाज़ कुछ तेज़ थी।

वह अब सचमुच हँसी। फिर उसने कहा, 'यही कि तुम्हें जल्दी जाना है। मैं चाय बनाती हूँ।'

वह रसोई की तरफ़ बढ़ी। मैं जल्दी नहा-धोकर पौर में पहुँचा जहाँ किशोरी चाय लिए बैठी थी। उसने लालटेन जला ली थी। बाहर पक्षियों के स्वर जाग गए थे।

'मदन मामा को बता देना,' मैंने चबूतरे पर बैठते हुए कहा, 'कि मैं ज़रूरी काम से जा रहा हूँ।'

'कब लौटोगे?' उसने कुछ ऐसी व्यग्रता से पूछा कि मैं चौंक गया।

पता नहीं, मैं उसके बिलकुल पास बैठा था या वह मेरे नज़दीक खिसक आई थी। मुझे कुछ याद नहीं। मुझे इतना याद है कि लालटेन की मद्धिम रोशनी में मैंने उसकी आँखों में झाँकने की कोशिश की थी। मुझे यह भी याद है कि उसकी आँखें आहिस्ता-आहिस्ता आईना हो गई थीं।

'ऐसे क्यों पूछ रही हो?' मैंने पूछा।

'मुझे मालूम है, तुम्हारी जेब में पिस्तौल है।' वह लगातार मेरी आँखों में देख रही थी।

'और क्या मालूम है?'

'यह भी मालूम है कि शहर में क्रान्तिकारी दल है।'

हम दोनों एक-दूसरे की आँखों में देखते हुए बोल रहे थे जैसे एक-दूसरे की थाह ले रहे हों। उसकी आँखों में डर नहीं था। मुझे अचम्भा हुआ।

'तुम्हें डर नहीं लगता?' मैंने पूछा।

'तुम्हें यदि डर लगता,' उसने प्रति-प्रश्न किया, 'तो पिस्तौल जेब में क्यों रखते?'

वह कुछ और बोल नहीं सकी क्योंकि उसके होंठों को मेरे होंठों ने ढँक दिया था। उसने मुझे अपनी बाँहों में घेर लिया। आँगन से कोई तेज़ हवा का झोंका आया। लालटेन बुझ गई। हमने अँधेरे में अपने हताश सवालों का जवाब ढूँढ़ लिया। जब मैं अपने कपड़े फिर पहनकर जाने को तैयार हुआ तो उसने अपने सलूके के बटन लगाते हुए कहा, 'जब मैंने तुम्हें पहली शाम चबूतरे पर देखा तो मेरे भीतर कुछ तड़का था।'

जब उसने घर का दरवाज़ा खोला, बाहर अखाड़े के पेड़ पर चिड़िया चहचहा रही थीं। मैं सड़क पर आ गया।

जब वह ट्रेन प्लेटफ़ार्म पर आई तो धूप चारों ओर छाई थी। मैं टी-स्टॉल के पास बेंच पर दोनों हाथों के बीच अख़बार फैलाए बैठा था ताकि कोई मेरा चेहरा न देख सके। मैं अख़बार की ओट से दोनों ओर ट्रेन से उतरती सवारियाँ देख रहा था। सहसा मैंने बाईं ओर देखा कि जयगोपाल और फणीन्द्र घोष एक डिब्बे से उतर रहे हैं और उनके आगे-पीछे एक-एक सिपाही है। दोनों क़ैदियों का एक-एक हाथ आपस में हथकड़ी से बँधा था जिसे तीसरा सिपाही थामे था। यह जुलूस उतरकर सामने एक बेंच पर बैठ गया। एक सिपाही खड़ा था। शायद उनकी ट्रेन अभी नहीं आई थी। एक चायवाला उनके सामने रुका। उनके हाथों में चाय के कुल्हड़ आ गए और वे चाय सुड़कने लगे।

मुझे इससे अच्छा मौका नहीं मिल सकता था। मैं इत्मीनान से उठा जैसे कोई मुसाफ़िर बैठे-बैठे थककर उठता है। फिर मैं उसी बेंच की ओर टहलने लगा। मैंने अपना बायाँ हाथ अख़बार सहित ऊपर उठा लिया था ताकि चेहरे को ओट रहे। मेरा दायाँ हाथ मेरे कोट की भीतरी जेब में था जिसमें पिस्तौल थी। मैं कुछ गुनगुना रहा था। जब मैं ऐन उस बेंच के सामने पहुँचा तो मैंने गुनगुनाना बन्द कर दिया। बाईं ओर घूमते हुए दाएँ हाथ से पिस्तौल जेब से बाहर निकाली और बायाँ हाथ नीचे कर लिया। मैंने दो फ़ायर किए थे कि पिस्तौल जाम हो गया। जयगोपाल और फणीन्द्र घोष मुझे पहचानकर बेंच पर फुर्ती से लुढ़क गए थे। एक गोली एक सिपाही की बाँह पर लगी थी, दूसरी बेंच की पीठ पर। मेरा यह भ्रम जल्दी ही टूट गया कि मैंने दोनों एप्रूवरों को मार दिया है। जब मुझे पकड़ लिया गया और जय और फणीन्द्र फिर से चाय पीने लगे जैसे वे पहले चाय पी रहे थे—तो मैं रोने लगा।

हथकड़ी पहने स्टेशन से बाहर आते हुए एक सिपाही ने मुझसे कहा—'जब

दिल चिड़िया का है तो बागी की नौटंकी क्यों करते हो?'

आँसू पोंछते हुए मुझे हँसी आ गई। सिपाही ने हैरत से मेरी तरफ़ देखा। मैंने उसे बताया कि मैं अपनी दोहरी नाकामी पर रोया था। 'दुहरी कैसे?' उसने पूछा। 'मैं दोनों को मारना चाहता था,' मैंने कहा।

फिर सिपाही ने कुछ नहीं कहा।

मैं रानीमहल ले जाया गया जहाँ अब कोतवाली थी। सन् 1857 के बाद अंग्रेज़ सरकार ने यह रूपान्तरण कर दिया था। जिस महल में पहले रानी का निवास था, उसमें अब थाना था। दुमंजिला इमारत पुलिस के ख़ाकी रंग से पुती थी जिसमें शहर के अपराधी ले जाए जाते थे। मैं भी शहर का एक अपराधी था—रानी की तरह। यदि अंग्रेज़ उसे पकड़ पाते तो उसके महल को तुरन्त थाना बनाकर उसी में बन्द करते जैसे मैं अभी सलाखों के पीछे था। मैंने यह किंवदन्ती सुनी थी कि रानी शहर छोड़कर बहुत दूर एक कुएँ के पास बैठी सुस्ता रही थी जब किसी ने उसे पहचान लिया। रानी ने कहा कि मैं तो विधवा हूँ, मुझे विधवा का जीवन जीना था। किन्तु मेरे धर्म ने मुझे बुलाया तो मुझे तलवार उठानी पड़ी। मैंने भी अपने धर्म के लिए पिस्तौल उठाई। जब तक फ़िरंगी हमारी धरती पर था उससे लड़ना हमारा धर्म था।

अगली सुबह अख़बार में पहले पृष्ठ पर ख़बर छपी : झाँसी का शेर कटघरे में! शीर्षक के नीचे सींखचों के पीछे मेरी तस्वीर थी। समाचार में यह ज़िक्र था कि मेरी मूँछें आज़ाद से मिलती हैं—हालाँकि इस शक की काट भी थी कि पुलिस के अनुसार आज़ाद के मुँह पर चेचक के दाग़ हैं जबकि मेरा चेहरा सपाट था। फिर मेरे नाम का खुलासा था और करतब का बयान था। बयान पढ़कर मुझे फिर रोना आया क्योंकि मैंने सोचा कि आज़ाद को भी यह ख़बर मिलेगी और उनके मुँह से निकलेगा : अनाड़ी! तभी मेरी नज़रें उठीं और मैंने देखा कि सींख़चों के पार मदन मामा और किशोरी खड़े थे। किशोरी की आँखें आश्वस्त थीं और पूरे चेहरे पर मुस्कान खिंची थी। मदन मामा हैरत में थे। जब वे विदा हुए तो किशोरी पलटकर सींखचों के पास आई और उसने दोनों हाथों से सींखचों को पकड़कर कहा :

'मैं तुम्हारी राह देखूँगी।'

'कब तक?' मुझे हँसी आ गई। मैं अपना अंजाम जानता था।

'जब तक तुम नहीं आओगे,' उसने कहा।

उसका चेहरा चट्टान की तरह था। उस पर मेरी हँसी का कोई असर नहीं हुआ था।

जब वह आँखों से ओझल हो गई तो मुझे सहसा लगा कि मैं उसे तभी से चाहता था जब मैंने उसे चबूतरे पर पहली बार भरपूर नज़र से देखा था। उस रात मुझे माहौर की याद आई जिसे मैं पछाड़ नहीं सका था। मैं देर तक गाता रहा :

सखये तो प्राण माझा
राजा कुठे गुन्तला...
हे सखि वह मेरा प्राण, मेरा राजा
कहाँ उलझकर रह गया
मेरा मन उदास है, जी को कल नहीं है
देखने को अधीर है...

पहले जब-जब मैं यह गीत सुनता था, मेरी आँखें बन्द हो जाती थीं। इस बार ख़ुद गाते हुए मैं अँधेरे में आँखें फाड़े देख रहा था जैसे कुछ ढूँढ़ रहा होऊँ। अँधेरे में सींखचों के पार महल के आँगन में अचानक फ़व्वारा चलने लगा। फिर रानी मुस्कुराती हुई आई और एक ओर से दूसरी ओर चली गई। मैंने उसका चेहरा देखा : वह किशोरी का चेहरा था!

8

'हेलो।'

'कौन?'

'भैया, आपकी आवाज़ बदली हुई क्यों लग रही है?'

छोटी-सी हँसी।

'घर से लौटा हूँ, नन्हे। शायद जुकाम हो गया है।'

'घर से लौटे हैं?...क्या अभी आप घर से नहीं बोल रहे?'

फिर हँसी।

'घर से लौटा हूँ यानि झाँसी से। हमारा असली घर तो वही है!'

छोटी-सी चुप्पी।

'हँ...हाँ...अम्मा-पापा कैसे हैं?'

'अम्मा-पापा ठीक हैं, नन्हे। क्रान्ति कक्का की तबियत ठीक नहीं।'

'क्या तकलीफ़ है?'

'कुछ पता नहीं चलता। वे डॉक्टर को दिखाने को तैयार नहीं होते।'

'क्यों?'

'बस, ज़िद है।'

सन्नाटा।

'नन्हे...नन्हे।'

'जी भैया।'

'चुप क्यों हो गए?'

'कुछ नहीं। सोच रहा था।'

'क्या?'

'किस-किसकी ज़िद कौन सँभाले?'

'किस-किसकी?'

'हाँ, भैया। हमारे पितामह लक्ष्मी चाची को घर ले आए थे जैसे घर घर न हो, अनाथालय हो। हमारे पिता क्रान्ति कक्का को लाए जैसे घर गेस्ट-हाउस हो।'

'हमारा घर इसी तरह पूरा हुआ नन्हे।'

सन्नाटा। ख़ाली तारों की सनसनाहट।

उस रात राम लक्ष्मण की बातें याद करते हुए सोया। बल्कि सोया नहीं, जागा—बहुत देर तक। यह एक खोज थी। जिसे राम असली घर समझता था, उसे लक्ष्मण ने अनाथालय और अतिथि-ग्रह बना दिया था। क्या घर अनाथालय या अतिथि-ग्रह हो सकता था? यदि ऐसा था तो घर के लोग लावारिस या मेहमान हो गए। क्या हम लोग अपने घर में लावारिस या मेहमान की तरह बड़े हुए? उसने अपने से पूछा। वह यह सोचकर मुस्कुराया कि घर के अन्दर लक्ष्मी चाची और घर के बाहर क्रान्ति कक्का घर को कैसे भर देते थे जब वह और लक्ष्मण स्कूल से लौटते थे! और लक्ष्मण तो कक्का की गोद में ही बड़ा हुआ! लक्ष्मण भूल गया था। पवन को वह गोद नहीं मिली। न घर के अन्दर उसे माँ के अलावा लक्ष्मी चाची मिलीं। वह बड़ा होते हुए अक्सर लावारिस की तरह घर से निकलता और मेहमान की तरह लौटता।

पवन को घर का पूरा मतलब मालूम नहीं था।

ऐसे ही ख़्यालों से राम की नींद उचट गई थी। बगल में लेटी सुधा कब की सो गई थी और उसने दीवार की ओर करवट ले ली थी। आँखें मूँदनें से पहले उसका चेहरा पढ़कर सुधा ने पूछा था, 'क्या बात है?' 'कुछ नहीं,' उसने कहा था। कहने को कुछ नहीं था। अफ़वाहें थीं। अफ़वाहें पहले भी एक बार उड़ी थीं और धूल की तरह बैठ गई थीं। यह ज़रूर था कि इस बार उनका ज़ोर कुछ ज़्यादा था। जब उसने दो दिन की छुट्टी के बाद मिल के फ़्लोर पर क़दम रखा तो मशीनों के शोर के बीच उसने सुना कि मिल की ज़मीन बेचने की बात फिर उठी है। ज़मीन सोने की हो गई थी। भाव चढ़ रहे थे। मालिकान सुनहरा मौका खोना नहीं चाहते थे। तीन वर्षों से मिल की बैलंस-शीट घाटा दिखा रही थी—हालाँकि यह भी अफ़वाह थी कि यह सेठों की दुनिया को भरमाने की चाल थी। एक तरफ़ घाटे की खाई थी, दूसरी तरफ़ मुनाफ़े की चोटी थी।

हमारा क्या होगा?

मिल के फ़्लोर से कामगारों के दिल तक यही सवाल गूँज रहा था। राम के मन में भी आशंका थी। यह आशंका मन से धुएँ की तरह उठकर पूरे शरीर में फैलती थी, फिर घर-भर में छा जाती थी। पवन की पढ़ाई का यह आख़िरी साल था। क्या यह मेरी नौकरी का भी आख़िरी साल होगा? वह चित लेटा था। उसने

सुधा की तरफ़ करवट ली। सुधा उसी की ओर करवट लिए थी। वह आँखें मूँदे मुस्कुरा रही थी। शायद वह किसी सपने के बीच में थी।

अफ़वाह का दौर ख़त्म नहीं हुआ। उसकी जगह एक ख़बर ने ले ली। ख़बर यह थी कि मिल की ज़मीन का सौदा हो गया है। मिल इस वित्तीय वर्ष यानी अगले वर्ष मार्च तक चलेगी, फिर बन्द हो जाएगी। मिल की जगह पुरानी दिल्ली का पहला मॉल बनेगा। दिल्ली का पहला मॉल नई दिल्ली में बन चुका था। यह ऐतिहासिक दिल्ली के दिल में बनेगा! जिस दिल्ली ने नादिरशाह का हमला और 1857 का मुक्ति-संग्राम देखे थे, उसी दिल्ली की धरती पर अशोक की लाट की तरह मॉल खड़ा होगा जिसमें लोग चीज़ें ख़रीदते हुए ख़ुद बिकेंगे। इस ख़बर के साथ जाड़ों की ख़ुशनुमा धूप मद्धिम होने लगी और आकाश में बादल छा गए। मिल के कम्पाउण्ड में साँवली उदासी चहुँ ओर फैल गई—गेट से लेकर चिमनी तक। कारखाने के फ़र्श पर घूमते पहियों को कामगारों ने अपनी नियति मान लिया था। इनमें ऐसे बहुत-से लोग थे जो आस-पास गाँवों से तंग आकर कारखाने के पहियों के बीच रोटी ढूँढ़ते हुए फँस गए थे। अब पहिए चल रहे थे और रोटी पहिए की तरह दूर लुढ़कती जा रही थी। ये लोग जब खेतों में काम करते थे तो हरे-भरे खेतों को देखकर गाने लगते थे। कारखाने के फ़र्श पर मशीनों का कौआ-रौरव था। संजीदा चेहरे अब और संजीदा हो गए।

जाड़ों की बारिश इस बार कुछ और ज़्यादा मुश्किल लगी। ऐसा लगा जैसे इस बार बादल कुछ और ज़्यादा काले हो गए। रोशनी कुछ और ज़्यादा साँवली हो गई। बादल आकाश में घुमड़-घुमड़कर हाँफ़ते-से इधर-उधर दौड़ते रहे जैसे कोई रास्ता ढूँढ़ रहे हों और रास्ता न मिलने पर एक-दूसरे से हाथियों की तरह टकराकर गरजते हों। बिजली बादलों के बीच चीख़-सी चमकती और बादल बिखर जाते। फिर पानी बरसता। सड़कों पर कीचड़ हो जाता जो कारख़ाने के फ़र्श तक चला जाता। इस बार ओले पड़े। घरों और लोगों के सिर पर गिरे। कारखाने की छतों पर पड़-पड़ आवाज़ें हुईं जैसे आसमान से कोई पत्थरबाजी कर रहा हो। फ़र्श पर मशीनों के इर्द-गिर्द खड़े संजीदा चेहरों ने एक-दूसरे को असमंजस से देखा।

उस शाम गीले कपड़ों में काँपते लोग अपने घरों में घुसे। राम कुछ ज़्यादा ही भीग गए थे। उन्हें बनियान तक बदलना पड़ी। एक-दो क्षण वे नंगे हीटर के सामने खड़े रहे। फिर उन्होंने दो स्वेटर पहने और शाल लपेट लिया। सुधा ने बताया कि घर की छत और सामने गली में भी ओले पड़े थे। फिर उसने अदरक की चाय बनाकर राम को दी और कहा :

'गरम-गरम चाय पियो। तन-मन ठीक हो जाएगा।'

राम को हँसी आ गई। 'क्या चाय के विज्ञापन में बोल रही हो?' उसने पूछा।

'क्या तुम्हें ऐसा लगा?' सुधा मुस्कुरा रही थी।

'मुझे शक हुआ।'

'क्या?'

'यही कि विज्ञापन घर में कैसे घुस आया?' फिर कुछ रुककर उसने कहा, 'आजकल मुझे कुछ पता नहीं चलता। घर में विज्ञापन नज़र आता है और विज्ञापन में घर।'

'कौन-से विज्ञापन में घर नज़र आता है?' सुधा ने चाय सुड़कते हुए पूछा।

'टी.वी. के परदे पर।'

'परदे पर घर में बैठी औरत में घर नज़र आता होगा?' उसने नज़र उठाकर मुस्कुराते हुए राम की तरफ़ देखा।

राम जवाब की जगह फीकी हँसी हँसे। फिर चुप हो गए और चाय का एक घूँट लेकर छत की ओर देखने लगे। सुधा को शक हुआ कि शायद छत से कोई जाला लटक रहा है। उसने ऊपर नज़र उठाई : छत पर न कोई जाला था, न मकड़ी थी जो जाले का सुबूत देती। कुछ अँधेरा ज़रूर था।

'अब ठंड तो नहीं लग रही?' सुधा ने पूछा।

'नहीं।'

'क्या मिल में कोई नई ख़बर थी?'

'अब मिल में कोई ख़बर ही नहीं बची।'

'कुछ पता चला, कितना मुआवज़ा मिलेगा?' सुधा ने ख़ाली कप मेज़ पर रखते हुए पूछा।

'बस, यही ख़बर बाक़ी है,' राम ने कुछ गहरी साँस लेकर कहा। 'फ़िलहाल ख़बर की जगह अफ़वाहें हैं। लोग इन्हीं के सहारे दिन गुज़ारते हैं।'

कमरे में चुप्पी छा गई। ऐसा लगा जैसे दीवार पर लटकी रॉड में अचानक रोशनी कुछ कम हो गई। शहर में इन दिनों अक्सर ऐसा हो जाता था। जिसे लोग घर की उदासी समझते, वह शहर में रोशनी की कमी थी।

'कैसे गुज़ारते हैं लोग मिल में दिन?' सुधा ने आँखें फैलाकर पूछा।

'पहले आज की बातें करते थे,' राम ने सुधा की आँखों में देखते हुए कहा, 'अब कल की बातें करते हैं।'

'कल की क्या बातें?'

'वही कल जो सामने मुँह बाए खड़ा है।'

सुधा ने राम की आँखों की उदासी पढ़ ली थी। अपनी नज़र हटाकर उसने

खिड़की पर लगा दी जिसमें सींखचों के पार गली चल रही थी और अँधेरे को ठेलता हुआ बिजली का खम्भा था। रात हो गई थी।

'जानते हो,' सुधा ने अचानक उत्साह से कहा, 'नीचे की मिसेज़ शर्मा आज दोपहर में आई थीं।'

राम को सुधा का उत्साह अच्छा लगा। 'अच्छा!' वह मुस्कुराया।

'उसने एक अच्छी ख़बर दी।'

'क्या?'

'जब मैंने उसे पवन के बारे में बताया तो उसने कहा कि पिछले कुछ सालों में नोएडा और गुड़गाँव में कई नई आई.टी. कम्पनियों के ऑफ़िस खुले हैं।'

'मैंने भी सुना है,' राम ने कहा।

'कितना अच्छा हो, पवन को यहीं नौकरी मिल जाए!'

'हाँ, अच्छा तो होगा,' राम ने फिर ऊपर छत की ओर देखते हुए कहा। 'इन गर्मियों में मैं बेकार हो जाऊँगा और पवन नौकरी करेगा।'

'मिसेज़ शर्मा यह भी कह रही थीं,' सुधा का स्वर प्रसन्न था, 'कि इन कम्पनियों में बीस-पच्चीस हज़ार के वेतन से शुरुआत होती है।'

'यह मुझे नहीं मालूम।'

'अगर ऐसा हो तो कितना अच्छा हो!' सुधा ने ऊपर छत की ओर देखा जैसे भगवान को ढूँढ़ रही हो।

राम की नज़रें नीचे फ़र्श की तरफ़ थीं। उसके होंठों से रफ़्ता-रफ़्ता ये शब्द फूटे : 'क्या तुम सोचती हो कि पवन ज़िंदगी-भर इसी घर में रहकर नौकरी करेगा?'

सुधा ने सवाल के जवाब में एक सवाल दागा, 'क्या हम उसके साथ नहीं जा सकते जहाँ वह जाएगा?'

यह सवाल कमरे की ठंडी हवा में टँगा रहा, कमज़ोर रोशनी से घिरा हुआ।

सुधा ने कभी सोचा नहीं था कि कोई सपना इस तरह क़दम-दर-क़दम धरती पर उतरेगा। मिल ने दीवाली के उपलक्ष्य में अपने कर्मचारियों को एक-एक नोकिया का मोबाइल फ़ोन भेंट किया था। अब हर हफ़्ते पवन का फ़ोन आने लगा और सुधा जी भरके बेटे से बातें करती। यह भी था कि फ़ोन लगातार घर की दूसरी चीज़ों के विपरीत सस्ता हो रहा था। एक दिन ऐसा आएगा, राम कहते, जब लोग खाने के बजाय बात करेंगे।

एक दिन पवन का फ़ोन आया, 'जानती हो मम्मी, आज क्या हुआ?'

'क्या?'

'आज मेरा कैम्पस सेलेक्शन हो गया।'

'वह क्या होता है, पवन?'

'एक कम्पनी का डाइरेक्टर कॉलेज में आया और उसने मुझे चुन लिया।'

'कहाँ के लिए?'

'नोएडा के लिए।'

'वेतन कितना?'

'पच्चीस हज़ार।'

सुधा फ़ोन हाथ में लिए खड़ी थी। वह तुरंत कुर्सी पर बैठ गई। वह चुप थी। उस तरफ़ से आवाज़ आई :

'मम्मी!'

'हाँ।'

'क्या हुआ?'

'क...कुछ नहीं। मैं..मैं बहुत ख़ुश हूँ। तुम्हारे पापा की चिंता दूर हो जाएगी।'

'अब किसी चिंता की ज़रूरत नहीं,' पवन ने कहा।

सुधा ने पवन के आख़िरी शब्द राम को बताए। राम चिंतित थे। मिल मालिकों ने इतनी महँगी भेंट पहले कभी कर्मचारियों को नहीं दी थी। दसियों दीवालियाँ आईं और चली गईं। इस बार क्या हो गया? कुछ लोगों का ख़्याल था कि मिल के अप्रैल में बन्द होने की ख़बर में यदि कुछ संदेह था तो अब उसकी कोई गुंजाइश नहीं थी। मोबाइल फ़ोन भेंट नहीं थी, घूस थी। अब मिल प्रबंधन घोषणा करेगा कि हर साल नुकसान झेलती मिल में कर्मचारियों का भविष्य अंधकार में था। उसे बन्द करना उनके हित में था। उन्हें जो एकमुश्त रुपया मिलेगा, उससे वे अपना नया जीवन आरम्भ कर सकेंगे।

पवन भी घर लौटकर नया जीवन शुरू करनेवाला था।

जब पवन को पहला वेतन मिला तो उसने हज़ार-हज़ार के पच्चीस नोट सुधा की गोद में रख दिए। सुधा गोद में मटर की थाली लिए रात के खाने के लिए मटर छील रही थी। अधछिली मटर की फलियों पर हज़ार के नए कुरकुरे नोट चमचमाते हुए बिखर गए।

'यह क्या?' उसने हँसती आँखों से ऊपर देखा।

'मेरी पहली तनख़्वाह, मम्मी।' पवन मुस्कुरा रहा था।

सुधा ने उसकी झुकी गर्दन में अपनी एक बाँह डाल उसे और झुकाकर उसका दायाँ गाल चूम लिया। फिर वह एकाएक भड़क गई—

'तूने सिगरेट पी है!'

'सिर्फ़ एक, मम्मी।'

'तेरे पापा नहीं पीते।'

मैं पीता हूँ—पवन के मन में आया वह कहे। मगर उसने कहा—'ठीक है, मैं भी नहीं पिऊँगा!' वह सुधा का जी नहीं दुखाना चाहता था। सुधा यह सोचकर सिहर जाती कि इस वक्त यदि पवन घर में न होता तो घर उदासी में डूब जाता। राम को इस माह आख़िरी वेतन मिला था : पन्द्रह हज़ार। मुआवज़ा दस लाख मिलना था। वायदा आगे और मिलने का भी था। किन्तु उसका कोई भरोसा नहीं था। किराए का मकान था। दस लाख में ढाई लाख पवन की पढ़ाई का लोन कट जाएगा। ऐसे दिल्ली की ज़िंदगी कब तक चलती?

सुधा सुबह से पवन के नाश्ते की फ़िक्र करती। लंच वह ऑफ़िस में खाता था। शाम से उसके खाने की तैयारी शुरू हो जाती। राम थोड़े-से घुन्ने होते जा रहे थे। थोड़े-से अपने में बन्द। जैसे अपनी खिड़कियाँ अन्दर से बन्द करके तालियाँ बाहर फेंक दी हों। वे दिन-भर अख़बार पढ़ते या टी.वी. देखते। अख़बार में गोल-गोल निशान लगा देते। फिर कुछ अर्जियाँ लिखकर पोस्ट बॉक्स में डाल आते।

कोई जवाब नहीं आया। मौसम बदल गए। होली के बाद पवन नौकरी करने दिल्ली आया था। वह बंगलुरु से हवाईजहाज में आया था। तब सुधा ने आसमान में हर हवाईजहाज को पहचानने की कोशिश की थी। उसे लगता कि पवन शायद इसी में बैठा हो। फिर उसने अगले महीने मारुति ले ली थी—कम्पनी से लोन मिल गया था। वह मारुति से रोज़ नोएडा जाता था और छुट्टी के दिन माँ-बाप को कहीं बाहर ले जाता था। राम उसके बगल में बैठ जाते। दीवाली आ रही थी। हवा मे फिर ठंडी खुनक शुरू हो गई थी। राम बेकार थे। उन्हें लगता, वे अब बेकार ही रहेंगे।

मारुति में वे पहले भी कई बार बैठे थे। मगर ऐसा पहले कभी नहीं लगा था। पवन के बगल में बैठे आगे व्यस्त सड़क देखते हुए राम को लगता कि वे मारुति में बेकार बैठे हैं। पवन ने नौकरी हवाईजहाज में बैठकर शुरू की थी—जब वह बंगलुरु से दिल्ली ज्वाइन करने आया। राम कभी हवाईजहाज में नहीं बैठे थे। उन्होंने कल्पना ज़रूर की थी। कैसा लगता होगा आकाश में उड़ना जैसे देवता अपनी लकदक पोशाकें पहने विमानों में उड़ते थे? क्या देवता की तरह पवन ने नीचे धरती की जानिब देखते हुए सोचा होगा कि धरती उसके चरणों में लेटी है? जब राम ने पवन से पूछा तो उसने कहा—'पापा, मैं एक दिन आपको हवा में सैर कराऊँगा।'

यू.पी. और बिहार से लड़कियों की तस्वीरें आने लगी थीं। बिरादरी में ख़बर झाँसी से होती हुई दूर-दूर तक फैल गई थी। कायस्थों में इतने सुन्दर लड़के कम होते थे। ऊपर से अमरीकी कम्पनी में नौकरी और ऊपर हवा में जहाज से और धरती पर मारुति से आना-जाना। सोने में सुहागा था। दो लड़कियों की तस्वीरें बहुत अच्छी थीं। क्या इन तस्वीरों की असलियत को परखा जाए? एक शाम सुधा ने पवन से पूछा। पवन ने कहा—'अभी नहीं।'

'क्यों?' सुधा ने त्यौरियाँ चढ़ाईं।

'तीन साल बाद,' पवन ने दूसरी ओर देखते हुए कहा।

'क्यों? क्या तस्वीरें अच्छी नहीं लगीं?'

'नहीं, यह बात नहीं।'

'तुझे कैसी लड़की चाहिए?'

पवन ने सुधा की ओर मुस्कुराते हुए देखा और कहा—'तुम्हारे जैसी, मम्मी।'

'चल पागल!' सुधा हँसी। 'सच बता, क्या बात है?'

'कोई बात नहीं। थोड़ा सेट्ल होना चाहता हूँ।'

'कहाँ?'

ज़िंदगी में।'

'मैं तो समझती थी,' सुधा ने एक गहरी साँस ली, 'कि तू घर लौटकर अपने घर में सेट्ल हो गया है।'

राम तीसरी तरफ़ सोफ़े पर बैठे वार्तालाप सुन रहे थे। वे बोले, 'थोड़ा रुक जाओ। ऐसी भी क्या जल्दी है?'

'हाँ।' सुधा ने कुछ तीखे स्वर में कहा, 'ऐसी भी क्या जल्दी है?'

वह तुरंत उठकर रसोई में चली गई जैसे दाल उबल रही हो। पवन को कुछ समझ में नहीं आया कि वह क्या करे। वह अन्दर कमरे में गया और पलंग पर लेट गया। उसने बिजली नहीं जलाई।

पिछली दीवाली में राम को मिल से नोकिया का मोबाइल भेंट में मिला था। इस बार पवन घर में ख़ुशख़बरी लेकर आया। पवन ने बताया कि दीवाली के एक दिन बाद रात को वह अमरीका की फ़्लाइट पकड़ेगा। राम और सुधा आँखें फैलाए रह गए। पवन ने कहा कि कम्पनी उसे छः माह को अमरीका भेज रही है। राम चकित थे कि पवन को छः महीने नौकरी करते हुए थे और कम्पनी उसे छः माह के लिए अमरीका भेज रही थी। आश्चर्य गहराया जब पवन ने अमरीका में अपना वेतन बताया : दो लाख रुपए प्रति माह! वहाँ रहने में क्या ख़र्च होगा और क्या बचेगा? इस सवाल का जवाब था कि यह तो वहाँ जाकर पता चलेगा।

राम को मालूम था कि कोई अमरीका जाता है तो मारुति साथ नहीं ले जाता।

'मारुति का क्या होगा?' राम ने पूछा।

'आप चलाना सीख लीजिए, पापा।'

'बेटा,' राम मुस्कुराए। 'मारुति पेट्रोल से चलती है और पेट्रोल पैसों के एवज में आता है।'

'मैं पैसे भेजूँगा,' पवन के मुँह से निकला।

उसके शब्द हवा में टँगे रहे। उन शब्दों की छाया में दो लाख का आँकड़ा था। सुधा के चेहरे पर इत्मीनान था।

मिल ने दस लाख का वायदा करके आठ लाख दिए थे। लोन काटकर साढ़े पाँच लाख मिले। न अब वेतन था, न कोई भत्ता था। नज़रें अमरीका की तरफ़ रहेंगी। घर कैसे चलेगा? पिछले छः माह से घर पवन के पैसों से चल रहा था। राम को शक हुआ कि उसकी मिल दुबारा बन्द हुई है और उसकी ज़मीन पर पुरानी दिल्ली का नया मॉल ज़रूर बनेगा।

किसी को पता नहीं था। यह पवन की घर में आख़िरी दीवाली थी। यह उसके माँ-बाप की इस घर में आख़िरी दीवाली थी। आख़िरी बार यह दुगने जोश से मनाई गई। यह कमाऊ पूत की घर में पहली दीवाली थी। सुधा जितने पकवान जानती थी, उसने सारे पकवान बनाए। बाज़ार में जितनी तरह के थे, पवन ने सारे पटाखे खरीदे। उसने बिजलीवाले से कहा—'घर को दुल्हन की तरह सजा दो। पैसे की फ़िक्र न करो।' मोहल्लेवाले घर और पटाखों की रोशनी देखते रह गए।

दौज के दिन आधी रात पवन को अमरीका के लिए फ़्लाइट पकड़ना थी। उसी दिन सुबह से नलों में पानी नहीं था। राम और सुधा ने तौलिया गीला करके बदन पर रगड़ा जैसे उन्हें बुखार चढ़ा हो। पवन ने वह पानी भी बचा लिया। ग्यारह बजे उसने सुधा से कहा, 'मैं नोएडा जा रहा हूँ। कुछ काम है।' सुधा ने कहा, 'खाना घर आकर खाना।' पवन नोएडा खाने नहीं, नहाने गया था। उसने अपने एक दोस्त के घर शावर से नहाया—उस फ़्लैट में चौबीस घण्टे पानी और बिजली का इंतज़ाम था, गुड़गाँव में लक्ष्मण के फ़्लैट की तरह। राजधानी की अधसूखी नदी के किनारे चहारदीवारी से घिरे कुछ ऐसे ही निजी द्वीप थे जिनमें पानी और बिजली अबाध बहते थे। फिर वह एक मॉल में घुस गया और उसने रानी के लिए एक हज़ार रुपए की एक ड्रेस ख़रीदी—उसे पिछली दीवाली का वादा याद था। जब वह घर पहुँचा, खाने का वक्त हो गया था। रास्ते में उसने यह ज़रूर सोचा था कि अब अपने देश में नहाना भी एक समस्या हो गया है।

लक्ष्मण शकुन्तला और रानी को लेकर अँधेरा होने से पहले पहुँच गया। राम

ने उसे सुबह ही आने को कहा था। लेकिन उसने कहा था कि उसे कारखाने जाना है, वह शाम तक ही आ सकेगा। राम को लगा था कि वह धरती पर अकेला आदमी है जिसके पास कोई काम नहीं—इसीलिए उसे अब दिनों के नाम भी याद नहीं रहते थे जैसे सातों दिन इतवार हों। लक्ष्मण गली में शकुन्तला और रानी के साथ पैदल आया था। गली में उसकी बड़ी गाड़ी के लिए जगह नहीं थी। गाड़ी बाहर सड़क पर छोड़ना पड़ती थी। ऊपर खिड़की से देखते हुए लगता कि लक्ष्मण शकुन्तला और रानी के साथ गुड़गाँव से पैदल आ रहा है।

'क्या तुम गुड़गाँव से पैदल आईं?' पवन ने रानी से मुस्कुराते हुए पूछा जब वे ऊपर पहुँचे।

'हाँ,' रानी हँसी, 'तुमने कैसे जाना?'

पवन चुप रहा।

राम और लक्ष्मण बातें करने लगे थे। शकुन्तला किचन में चली गई थी जहाँ सुधा थी।

'पवन,' रानी ने कहा, 'क्या तुम स्टेट्स जा रहे हो?'

पवन को अपनी से आधी उम्र की बहन द्वारा अपने नाम से पुकारा जाना सहज लगा। पास बैठे राम को सहज नहीं लगा। पवन को रानी का स्टेट्स कहना कुछ बड़ा लगा। क्या वह जल्दी बड़ी हो रही थी?

'हाँ,' पवन हँसा। 'तुम भी चलो।'

'तुम चलो,' वह बोली। 'मैं आई।'

लक्ष्मण ठहाका मारकर हँसा। बैठने से पहले उसने पवन को गले लगा लिया था। वह पवन से कुछ ख़ास नज़दीकी महसूस करता था। एक तो पवन लक्ष्मण की तरह ही ऊँचा-पूरा और गोरा था। दूसरे वह सफलता की सीढ़ियाँ चढ़ता हुआ सीधे सात समुद्र पार देशों के देश अमरीका जा रहा था जो इक्कीसवीं सदी का भारतीय स्वप्न था। लक्ष्मण ख़ुद अभी तक अमरीका नहीं जा सका था। वह गुड़गाँव में रोटरी क्लब का सदस्य कब का बन गया था, लेकिन अभी तक अमरीकी सैर के लिए उसका नम्बर नहीं आया था। उसके काम में अमरीका जाने की गुंजाइश नहीं थी। भला पानी लेने तो वह अमरीका जाता नहीं!

रसोई से सुधा हाथ में एक तश्तरी में रोली और चावल लिए आई। शकुन्तला उसके पीछे थी। रानी ने पवन का टीका किया। भाई ने बहन के पैर छुए और उसके हाथों में नई ख़रीदी ड्रेस का पैकेट पकड़ा दिया। रानी ने तुरन्त पैकेट खोला और खुली ड्रेस अपनी देह से लगाकर वह तीन बार उछली।

'कितने वक्त के लिए जा रहे हो?' लक्ष्मण ने पवन से पूछा।

'छः महीने।'

'बढ़ भी सकता है?'

'कुछ पता नहीं,' पवन ने दोनों हाथ दोनों ओर फैला दिए। 'पहली बार जा रहा हूँ।'

'सभी पहली बार जाते हैं,' लक्ष्मण हँसा। 'फिर बार-बार जाते हैं या लौटकर नहीं आते।'

सुधा ने उसकी तरफ़ घायल हिरनी की तरह देखा—उसकी हँसी की तरफ़। आँखें मिलते ही लक्ष्मण चुप हो गया। उसे अन्दाज़ा नहीं था कि उसने क्या कह दिया है। वह दूसरों के बारे में सोचता नहीं था। सोचता भी था तो अपने चक्र के भीतर। उसे अपने चक्र से फ़ुर्सत नहीं थी। उसका बस चलता तो वह निआग्रा फ़ाल्स का पानी अमरीका में बेचता और निजी जेट से आकाश चीरते हुए उस पानी का धरती के सात महाद्वीपों में निर्यात कर देता। वह कभी-कभी इस तसव्वुर में डूबकर आँखें बन्द कर लेता था कि धरती पर चलते हुए हर आदमी के हाथ में रानी की पारदर्शी बोतल है जिसमें पारदर्शी पानी भरा है। बोतल एक थी। उसे पकड़े हुए हाथों के रंग काले-गोरे के बीच भी कई-कई थे।

राम को सचमुच कुछ समझ में नहीं आ रहा था। वह बातें करते हुए ऊपर-ऊपर कभी-कभी मुस्कुराता, हँसता या चुप हो जाता। चुप होने के बाद उसकी फिर से बोलने की तबियत नहीं होती थी। देह के सारे अवयव भीतर-ही-भीतर कभी सिकुड़ने लगते तो लगता कि वह चींटी हो जाएगा और फ़र्श पर चलता हुआ अन्दर कमरे में चला जाएगा। फिर भीतर की दीवारें और मेहराबें फैलने लगतीं जैसे आसमान तोड़कर अंतरिक्ष की ओर भाग रही हों।

खाना खाते हुए शकुन्तला ने पवन की शादी की बात छेड़ी और उसकी ओर देखते हुए कहा कि दिल्ली में ही मेरी एक ममेरी बहन है जो मुझसे दुगुनी सुन्दर है।

'यह नहीं हो सकता,' पवन ने कहा।

'क्यों?' शुकन्तला ने अपनी नज़रें पवन से नहीं हटाई थीं।

'वह आपसे दुगुनी सुन्दर नहीं हो सकती।'

'क्यों?'

'दुगुनी सुन्दर होगी तो देव-लोक में होगी।'

'और,' लक्ष्मण ने जोड़ा। 'ऋषियों का तप भंग करने के काम आएगी।'

सुधा ने शकुन्तला को बताया कि पवन अभी तस्वीरें देखने को राज़ी नहीं है। वह अमरीका से लौटकर फ़ैसला करेगा। जब लौटेगा! सुधा ने मन-ही-मन कहा।

अंतर्राष्ट्रीय हवाई अड्डे पर आधी रात की जगमग रोशनियों में माँ-बाप, चाचा-चाची और बहन ने पवन को काँच की दीवार के पार हवाईजहाज की ओर जाते देखा। यह एक विराट् जेट था जिसमें चारों ओर तिलस्मी रोशनियाँ जल रही थीं। सुधा की आँखें बार-बार भीग जाती थीं जिन्हें वह रूमाल से पोंछ लेती। सूखी आँखों में पवन की आख़िरी छवि उभरने लगती जिसमें वह मुस्कुराता हुआ हाथ हिला रहा था। यह छवि देखते हुए आँखें फिर डबडबा आतीं और जहाज और पवन के बिम्ब गड्मड् होने लगते। कभी पवन भागता हुआ जहाज से टकरा जाता, कभी जहाज उसे एक झटके से निगल लेता जैसे वह जहाज न हो सुरसा का मुँह हो और पवन को छोटा होना न आता हो!

रिश्तेदार हो तो पूछकर आए, दोस्त हो तो सीधा चला आए! लक्ष्मण ने गेट पर यही आदेश छोड़ा था। इधर कई लोग झाँसी की तरफ़ से दूर-दूर की रिश्तेदारियाँ निकालकर नौकरी के लिए आने लगे थे। पानी के कारखाने में वह शहर-भर को नौकरी नहीं दे सकता था। सुबह-सुबह जब फ़्लैट की घंटी बजी और शकुन्तला ने दरवाज़ा खोला तो सामने हरि खड़ा था। शकुन्तला चौंक गई।

'अरे, आप!'

'हाँ।' उसने मुस्कुराने की कोशिश की। उसका चेहरा उनींदा था।

'आइए, आइए।'

वह अन्दर आया। उसके एक हाथ में बैग था, दूसरे हाथ में अटैची थी।

'लक्ष्मण कहाँ है?' उसने पूछा।

'बुलाती हूँ,' यह कहकर शकुन्तला अन्दर की ओर मुड़ गई।

बिस्तर से उठकर आधी आँखें बन्द किए नींद की ख़ुमारी में झूमता हुआ लक्ष्मण गैलरी में अवतरित हुआ और हरि से लिपट गया। 'अमरीका, अमरीका,' वह बुदबुदा रहा था। 'तू वापस कैसे आ गया? पिछली रात तो मैंने तुझे विदा किया था।'

हरि हैरत में उससे अलग हुआ और उसकी बाँहें थामे अपनी उनींदी आँखाँ से उसकी नशीली आँखों में देखने लगा। शकुन्तला पास खड़ी हँस रही थी।

'जागो, जागो,' शकुन्तला ने लक्ष्मण ने कहा। 'तुमने पिछली रात पवन को अमरीकी भेजा था। अमरीका से सुबह हरि लौटा है।'

लक्ष्मण की आँखें खुलकर खुली रह गई थीं। वह हरि को अपलक देख रहा था।

'मैरी कहाँ है?' उसने पूछा।

'मैरी नहीं है।'

'क्यों?'

'मैं अकेला हूँ।'

'क्यों?'

'हमारा तलाक हो चुका है।' हरि ने कहा, 'तुम 'क्यों' मत पूछना।'

'क्यों?'

'क्योंकि मुझे ख़ुद नहीं मालूम,' हरि ने हताश स्वर में कहा और अपनी बाँहें दोनों ओर हवा में फैला दीं।

हवा में बाँहें फैलाना अमरीकी अदा ज़्यादा थी। लक्ष्मण अधूरी नींद से एक झटके में जागा था। उसने हरि की तरह दोनों बाँहें फैलाते हुए कहा :

'तुम तो ऐसे बोल रहे हो जैसे शादी तुमने की और तलाक किसी और ने लिया।'

'यह सही है,' हरि ने कहा। 'तलाक मैरी ने लिया है।'

हरि अलख सुबह दिल्ली पहुँचा था। वह झाँसी के लिए रेलवे स्टेशन न जाकर टैक्सी लेकर सीधा गुड़गाँव आ गया था। जिस दिन कैलीफ़ोर्निया में तलाक की कार्रवाई पूरी हुई, उसी के अगले दिन उसने अमरीका छोड़ दिया था। वह सकते में था। मैरी कुछ माह पूर्व न्यूयार्क में उसे अकेला छोड़कर दो साल की बच्ची के साथ कैलीफोर्निया अपने माता-पिता के पास चली गई थी। इस तरह वह कई बार पहले भी मायके जा चुकी थी जैसे दुनिया भर में लड़कियाँ जाती हैं। मुझे यही लगा था, हरि न कहा। मुझे यह बिल्कुल नहीं लगा था कि यह आख़िरी बार है। मैं हवाई अड्डे पर उसे और बेटी को छोड़ने गया था। बच्ची ने मुझे चूमते हुए कहा था—'डैडी, आई लव यू।'

'कोई झगड़ा हुआ था?' लक्ष्मण ने पूछा।

'किस मियाँ-बीवी में झगड़ा नहीं होता?' हरि खीझा। उसने अपना चश्मा उतारकर मेज़ पर रख दिया था। उसकी नंगी आँखों के दोनों गटे बाहर उछलने को तैयार थे।

उनका आख़िरी झगड़ा बच्ची को लेकर हुआ था जिसका नाम रूबी था। रूबी उस रात हमारे कमरे में साथ सोने के लिए मचल रही थी, उसने कहा। फिर वह रोने लगी। मैरी का कहना था कि उसे अपने कमरे में अकेला ही सोना चाहिए। यही अनुशासन था। अनुशासन के आयतन पर पहले हम दोनों के बीच शास्त्रीय बहस हुई। पृष्ठभूमि में रूबी की सिसकियाँ थीं। फिर यह बहस दिमाग़

से उतरकर हाथ-पैरों तक आ गई। मैं अपनी नन्ही बेटी का रोना बर्दाश्त नहीं कर सका। मैरी कहती रही कि इस तरह अमरीका में सारे बच्चे रोते हैं। हिन्दुस्तान में बच्चे इस तरह नहीं रोते, मैंने कहा। यह कहते हुए मैंने मैरी को धक्का दिया जो मेरे और मेरी बेटी के बीच में खड़ी थी। वह फ़र्श पर गिरी। मैं हनुमान की तरह उछला और अपनी रोती बेटी को अपने कमरे में ले आया। यह बात दीगर है कि वह अब और ज़्यादा रो रही थी क्योंकि उसकी माँ फ़र्श पर गिरकर चीख़ी थी।

हरि ने बताया कि अगली सुबह इस झगड़े का कोई ज़िक्र नहीं हुआ। मैरी मुस्कुराती हुई 'हैरी, हैरी' करती रही। यह मुझे बाद में पता चला कि उसने कैलीफ़ोर्निया का टिकट उसी दिन ख़रीदा था और हमारे साझा एकाउंट से पैसा अपने एकाउंट में ट्रांसफ़र कर लिया था। मुझे याद है कि उस रात रूबी अपने कमरे में जल्दी सो गई थी और मैरी बिस्तर पर मुझसे लिपट गई थी और मैथुन के दौरान देर तक 'हैरी, हैरी' बोलती हुई सिसकारियाँ भरती रही थी—तब भी जब मैथुन ख़त्म हो चुका था और मैं बिस्तर पर चित नंगा लेटा सिगरेट पी रहा था। वह ख़ुद नंगी लेटी हुई मुझे तिरछी नज़र से नंगा देखती मीठे स्वर में 'हैरी, हैरी' बोल रही थी।

मैं अंत तक यही सोचता रहा कि वह लौट आएगी जैसे पहले कई बार लौट आई थी, उसने कहा। मुझे उसकी नीली आँखें और सुनहरे बाल याद आते और आख़िरी झगड़े की अगली रात पलंग पर नंगे लेटे 'हैरी, हैरी' की सिसकारियाँ। एक हफ़्ते यही सिलसिला चला था। फिर एक शाम एयरपोर्ट पर मैं उसे छोड़ने गया जब रूबी ने कहा—'डैडी, आई लव यू।' मगर यह पहली बार था जब मैरी ने प्लेन की ओर जाते हुए कुछ नहीं कहा। न मैंने उसे जवाब दिया, 'आई लव यू टू।' यह जवाब मैंने रूबी को दिया था जो मैरी की उँगली पकड़े प्लेन की ओर बढ़ रही थी और उसने मेरा जवाब सुनने के लिए पलटकर देखा था जैसे आँखों से सुनना चाहती हो। मैरी ने पलटकर नहीं देखा था—यह मुझे बाद में याद आया।

सोफ़े पर बैठे हुए हरि ने एकाएक जीन्स की जेब से अपना पर्स निकाला और उसे खोलकर देखने लगा। लक्ष्मण सामने बैठा उसका चेहरा देख रहा था।

'क्या डॉलर गिन रहे हो?' लक्ष्मण मुस्कुराया।

'नहीं।' आँखें पर्स पर टिकाए हरि ने कहा।

'फिर...फिर क्या देख रहे हो?'

'रूबी...रूबी का चेहरा देख रहा हूँ।

अरे, लक्ष्मण चौंका। हरि तो बिल्कुल वही कर रहा था जो लक्ष्मण ख़ुद अपने ऑफ़िस में बैठकर करता था जब वह अकेला होता था। लेकिन अभी लक्ष्मण हरि के सामने बैठा था और हरि रूबी की तस्वीर देख रहा था जैसे वह अकेला हो। यह एक झलक देखना नहीं था। यह लगातार घूरना था।

'ऐसे क्या देख रहे हो?' लक्ष्मण के मुँह से निकला।

'कभी-कभी मुझे लगता है,' हरि ने फीकी हँसी हँसते हुए कहा, 'कि मैं रूबी का चेहरा भूल गया हूँ।'

लक्ष्मण ने हरि के हाथ से पर्स ले लिया और तस्वीर देखने लगा : एक नन्ही मुस्कुराती हुई परी-सी बच्ची थी जिसकी आँखें नीली थीं और बाल सुनहरे थे। क्या हरि सिर्फ़ रूबी को देख रहा था? रूबी की नाक और होंठ भी अपनी माँ की तरह थे। क्या मैरी दो साल की उम्र में ऐसी ही लगती थी? लक्ष्मण यही सोचते हुए बाथरूम मे घुसा और गाना गाने लगा। हरि दूसरे बाथरूम में था जिसमें सिर्फ़ पानी की आवाज़ आ रही थी।

नाश्ते के बाद लक्ष्मण ऑफ़िस चला गया। उसने हरि से कहा था कि मैं लंच तक आ जाऊँगा। हरि हॉल में बैठा अख़बार पलट रहा था जब शकुन्तला किचन में सुजाता को काम बताकर सामने आकर बैठ गई। शायद उसने कुछ कहने के लिए कहा :

'कोक पिएँगे?'

'नहीं।'

अब हरि का चेहरा ठीक था जैसे उसने ख़ुद ठोक-पीट कर ठीक कर लिया हो। वह अख़बार से शकुन्तला की तरफ़ आँखें उठाकर मुस्कुराया।

'मैरी से मेरी दोस्ती हो गई थी,' शकुन्तला के मुँह से निकला।

क्षण-भर बाद हरि ने कहा :

'मेरी दोस्ती टूट गई।'

'किससे?' शकुन्तला ने कुछ अचरज से उसकी ओर देखा।

'मैरी...मैरी और अमरीका—दोनों से।' हरि ने कहा, 'यह तब हुआ जब रूबी पैदा हो गई थी।'

'तुम तो बता रहे थे,' शकुन्तला बोली, 'कि यह उसी की वजह से हुआ।'

'हाँ, उसने शायद वह खाई खोल दी जो हम दोनों के बीच थी।'

'क्या थी वह खाई?'

हरि हँसा, 'वही जो अमरीका और हिन्दुस्तान के बीच है। बीच में सात समुद्र हैं।'

'बच्चा तो पति-पत्नी के बीच खाई पाट देता है!'

'तुम ठीक कह रही हो, शकुन्तला।' हरि कुछ झेंपा-सा मुस्कुराया। 'शायद हमारे बीच का पुल पुख़्ता नहीं था जिस पर बच्चा चल सके।'

काँच की दीवार के पार शुरुआती जाड़ों की धूप आकाश में फैली थी। आकाश साफ़ था। नीलापन और ज़्यादा चमक रहा था। शकुन्तला को याद आ रहा था कि मैरी ने हरि का मुख्य आकर्षण स्थिर भारतीय होना बताया था। वह पोढ़ापन कैसे हवा हो गया? क्या हरि के मन में नीली आँखों और सुनहरे बालों और फक् गोरे रंग की चाह कुछ बरसों में ख़त्म हो गई थी और उसकी जगह चिढ़ आ गई थी? ऐसा अक्सर होता था। स्त्री देह के अन्दर गहरी थी, पुरुष जिस्म तक चुक जाता था। शकुन्तला ने पल-भर आँखें मूँद लीं।

'पिछली बार तुम दोनों को एक-दूसरे में इतना ख़ुश देखकर मुझे बहुत ख़ुशी हुई थी,' शकुन्तला ने कहा। 'और कुछ जलन भी।'

वह मुस्कुरा रही थी।

हरि कहना चाहता था कि वह विलोमों का आकर्षण था। आहिस्ता-आहिस्ता आकर्षण झर गया। विलोम रह गए। विलोम कैसे? शकुन्तला पूछती। वह कहता, स्त्री-पुरुष; काला-गोरा, भारत-अमरीका! सिर्फ़ शरीर ये भेद पाट नहीं सका। शरीर बहुत गहरा नहीं होता न! कुछ देर हाँफ़ना, कुछ पगली सिसकारियाँ, एक क्षण की सम्मिलित तरंग...फिर रेत और रेत। मांस के कुछ टुकड़े कहाँ तक तुम्हारा साथ देंगे? जब मैरी रूबी को लेकर कैलीफ़ोर्निया चली गई तो मुझे शहर के मॉल, आईने-सी चमकती सड़कें, रंगबिरंगी अप्सराओं-सी गाड़ियाँ, हैम्बर्गर और कोक–सब झूठे लगने लगे। मुझे पूरा शहर एक छलावा लगा। जैसे चूहे को पकड़ने के लिए पिंजरे में रोटी का एक टुकड़ा टाँग देते हैं और चूहा पिंजरे में उछलता हुआ कूदकर फँस जाता है। मैं पिंजरे में फँसा हुआ चूहा हूँ, शकुन्तला।

हरि मुस्कुरा रहा था।

शायद मुस्कुराते हुए हरि की आँखें झपक गईं। शकुन्तला उसे देख रही थी। उसने कहा, 'तुम्हें नींद आ रही है। सो जाओ।'

कमरा बन्द करने से पहले हरि ने शकुन्तला से कह दिया कि जब तक मैं ख़ुद दरवाज़ा न खोलूँ, मुझे जगाना मत। उसने अगली सुबह तक दरवाज़ा नहीं खोला। इस बीच लंच के समय लक्ष्मण आया और उसे सोता देखकर फिर फैक्टरी चला गया। जब वह अँधेरा होने तक लौटा तो हरि का कमरा बन्द था। उसने उसे नहीं जगाया और खाना खाकर लेट गया। वह ख़ुद भी थका था। पिछली रात आधी रात को वह पवन को प्लेन की ओर जाते देखते हुए हाथ हिला रहा

था और सुबह-सुबह हरि को गले से लगा रहा था। शकुन्तला उदास थी। उसने बताया कि उसने सुबह रूबी की तस्वीर देखी थी जिसमें मैरी झाँकती है।

'वह अपनी माँ के पास है,' लक्ष्मण ने कहा।

'मगर उसका पिता उसके पास नहीं।'

शकुन्तला को लगा जैसे रूबी अनाथ हो गई है। कमरे की अँधेरी दीवार के दूसरी तरफ़ दूसरे अँधेरे कमरे में हरि सपने में अकेली रूबी को देख रहा था जो किसी जंगल में पेड़ों के बीच भाग रही थी। हरि सपना देखते हुए सपने में रूबी के पीछे भाग रहा था। जंगल विकट था। पेड़ों की सघन पत्तियों के बीच रोशनी ख़त्म हो रही थी। कुछ ही पलों में अँधेरा हो जाएगा और रूबी अँधेरे में खो जाएगी। हरि के पैर और तेज़ दौड़ने लगे। वह हाँफ़ने लगा। उसे लगा, वह थककर गिर जाएगा। तभी जंगल में रूबी की चीख़ गूँजी और अँधेरा हो गया। अब सपने में सिर्फ़ अँधेरा था।

हरि की आँख आधी रात को खुली। उसने अँधेरे में चारों तरफ़ देखा। किसी कमरे की दीवारें थीं। कमरा कहाँ था? क्या वह अभी अमरीका में था? पलंग दूसरी तरफ़ ख़ाली था। तकिए पर कोई दूसरा सिर नहीं था। क्या दूसरे कमरे से रूबी के रोने की आवाज़ आ रही थी? नहीं, दूसरा कमरा नहीं था। वह भारत में अपने दोस्त के डी.एल.एफ. फ़्लैट में था—जो अमरीका के बेड-रूम का भ्रम पैदा करता था। न यहाँ मैरी थी, न रूबी। रूबी, तुम कहाँ हो?

वह पलंग पर उठकर बैठ गया। उसने आँखें मलीं। चारों तरफ़ देखा। चारों तरफ़ अँधेरी दीवारें थीं। एक तरफ़ खिड़की पर परदा पड़ा था। उसने खिड़की की जानिब उम्मीद से देखा। फिर वह पलंग से उछला और उसने परदे की डोर खींच दी। परदे के दोनों टुकड़े बीच से अलग हुए और दोनों ओर सरक गए। खिड़की के काँच के परे आसमान फैला था जिसमें सितारे जड़े थे। चाँद सितारों के बीच में था। आकाश के बीचोबीच चाँद को देखकर लगता था कि अभी आधी रात है। चाँद के पीछे आकाश का गहरा रंग देखकर भी यही लगता था। दाईं ओर धरती पर सहारा मॉल की रोशनियाँ जगमगा रही थीं। जगर-मगर देखकर जब आँखें ऊपर उठतीं तो कोई ठंडक अन्दर महसूस होती।

रूबी, तुम कहाँ हो?

क्या समय था? हरि ने बेड-स्विच जलाया। दीवार पर कहीं कोई घड़ी नहीं थीं। उसकी कलाई सूनी थी। उसने चारों ओर नज़र दौड़ाई। दूसरी ओर बेड-टेबिल पर घड़ी रखी थी। उसने झपटकर घड़ी उठाई। सेकिंड की सुई चल नहीं रही थी। घड़ी बन्द थी। उसकी अमरीकी घड़ी बन्द थी। अमरीकी घड़ी बन्द थी। क्या

अमरीका सात समुन्दर पार खो गया था? लेकिन अमरीका में रूबी थी। रूबी खो नहीं सकती थी। रूबी को मैं खोने नहीं दूँगा।

मेरा ब्रह्मचर्य आश्रम ख़त्म हो रहा था जब मैं अमरीका पहुँचा। वहाँ की चकाचौंध ऐसी ही थी जैसी अभी खिड़की के बाहर सहारा मॉल की चकाचौंध है। मैं खुशी से घनचक्कर हो गया। मुझे लगा कि मैं ऐसे फ़्लैट में रहता हूँ जिसमें सितारे रहते हैं और ऐसी गाड़ी में चलता हूँ जिसमें शाहरुख़ ख़ान चलता है। अमरीका की सड़कें बम्बइया फ़िल्मों की विदेशी शूटिंग की तरह थीं। सिर्फ़ नायिका की कमी थी। कुछ देर से ही सही, मैरी मुझे एक पार्टी में मिल गई। मैरी मुझे उस शाम एक अप्सरा की तरह लगी थी जिसकी आँखें नीली थीं और बाल सुनहरे थे। शायद उस शाम मैंने कुछ ज़्यादा पी ली थी। तभी मैंने उससे कहा था, 'तुम मेरा सपना हो जिसे मैं खुली आँखों से देख रहा हूँ।' वह हँसी थी।

मेरा अमरीकी सपना इस तरह ख़त्म होगा—मैंने सपने में भी नहीं सोचा था। क्या उस सपने की विरासत एक अनाथ बच्ची है? क्या मैं उसे ही ढूँढ़ने हिन्दुस्तान आया हूँ जहाँ बन्द कमरे में अँधेरी दीवारें हैं और कोई घड़ी नहीं है?

हरि खिड़की के बाहर आसमान में चाँद की स्थिति को लेकर आश्वस्त नहीं था। उसे शक हुआ कि जिस जगह चाँद था उस जगह कभी सवेरा भी होता था। अभी आसमान का रंग घुलने लगेगा और रोशनी झाँकने लगेगी। हो सकता है यह अमरीकी और भारतीय आसमान का फ़र्क हो। वह पलंग से उठा और बाथरूम में घुस गया। कमोड पर बैठ हुए उसे याद आया कि कल दिन भर वह सोता रहा था और उसने कुछ खाया नहीं था। वह कमोड से उठा। उसने टूथ-ब्रश हाथ में लेकर उस पर पेस्ट लगाया और ब्रश को मुँह में डालकर उसे रगड़ने लगा। लेकिन अगले क्षण उसने मुँह का सारा पेस्ट थूक दिया और पानी से लगातार कुल्ले किए। उसने टूथ-ब्रश पर शेविंग क्रीम लपेट ली थी।

जब वह नहा-धोकर बाथरूम से बाहर आया तो खिड़की के बाहर चाँद अपनी जगह पर अटल था और आसमान से कोई रोशनी नहीं फूट रही थी। सहारा मॉल की रोशनियाँ धरती पर झिलमिला रही थीं। वह पलंग पर औंधा गिरा और सो गया।

जब दरवाज़े पर दस्तक हुई तो हरि ने आँखें खोलीं। आँखों में सूर्य की रोशनी भर गई क्योंकि उसका चेहरा खिड़की की ओर था। उसने दरवाज़ा खोला। बाहर लक्ष्मण मुस्कुराता खड़ा था।

'ठीक तो हो न?' लक्ष्मण ने पूछा।

'क्यों?'

'चौबीस घंटे से कमरे में बन्द हो।'

'तो।' हरि मुस्कुराया।

'आदमी को नींद के अलावा भूख भी लगती है।'

डाइनिंग टेबिल पर लक्ष्मण ने हरि से उसका कार्यक्रम पूछा। उसने कहा, 'मुझे ख़ुद कुछ पता नहीं।'

'तुम मेरे भाई हो,' लक्ष्मण ने कहा। 'यह तुम्हारा घर है। घर में आराम करो।'

हरि आँखें झुकाए काँटे से तला अंडा तोड़ रहा था।

9

छः माह गुज़र गए।

कैसे गुज़रे, कुछ पता नहीं चला। जब पवन गया, जाड़े चढ़ रहे थे। गर्मियाँ शुरू हो गईं। सुधा ने गर्मियों का इंतज़ार किया था। जैसे ही दिल्ली में लू शुरू हुई, सुधा ने हिसाब लगाया। अब पवन के लौटने का मौसम आ गया था। उसे छः माह बाद लौटना था। मगर सातवें महीने में वह नहीं आया, उसका फ़ोन आया। फिर चिट्ठी आई। चिट्ठी में सब विस्तार से लिखा था। चिट्ठी में लिखा था कि उसे कैलीफ़ोर्निया में ही दुगुने वेतन पर एक नौकरी मिल गई है—यानि चार लाख रुपए प्रति माह। मैं यह सुनहरा मौका छोड़ना नहीं चाहता, उसने लिखा था। उसने लिखा था कि जीवन में ऐसे सुनहरे मौके बार-बार नहीं आते। लिफ़ाफ़े में एक लड़की की तस्वीर भी थी। पवन ने पूछा था, मम्मी, तस्वीर देखकर बताना आपको कैसी लगी? और अन्त में एक वाक्य लिखा था कि पापा, ढाई लाख का ड्राफ़्ट मेरी मौजूदा कम्पनी के नाम बनवाकर नोएडा जल्दी भेज दीजिए, मैं दो-तीन माह में आपको रकम लौटा दूँगा।

राम की नौकरी की तलाश जारी थी जैसे कोहिनूर की तलाश हो। जैसे हर तलाश में आदमी हैरान रहता है, राम उसी तरह घर-बाहर हैरान रहते थे। घर में वे कभी-कभी अपना चश्मा कहीं रखकर उसे भूल जाते या उसे नाक पर रखकर उसे ढूँढ़ने लगते। दो-तीन बार ऐसा हुआ कि वे बस-स्टैंड से वापस लौट आए क्योंकि चश्मा लगाना भूल गए थे। हर दूसरे दिन वे उल्टी बनियान पहन लेते। कमीज़ के बटन ऊपर-नीचे अक्सर हो जाते जिन्हें सुधा ठीक करती। कई बार वे बाल काढ़े बिना सीढ़ियाँ उतर गए। एक बार वे सीढ़ियाँ उतर गए और सुधा को पता ही नहीं चला क्योंकि सीढ़ियों पर कोई आवाज़ नहीं हुई। आदमी के पैर बन्दर की तरह थे। नंगे पैरों की कोई आवाज़ नहीं थी। गली के मोड़ पर पैर में काँच चुभ गया था। तब पैर से ख़ून बहाते राम घर लौटे और सुधा ने आँसू बहाते

हुए पैर में डिटौल लगाकर पट्टी बाँधी।

'क्या हो गया है तुम्हें?'

'क्यों?' राम का चेहरा निर्विकार था।

'तुम कभी नंगे पैर नहीं गए।'

'तब मैं सीधा मिल जाता था।'

क्या राम के चेहरे पर हताशा थी? सुधा ने उसे अपलक देखा। उसने फिर राम को समझाया कि फ़िक्र की क्या बात है—पवन तो हर माह दो सौ डालर भेजता ही है जो भारत में दस हज़ार रुपए हो जाते हैं। यह सच था कि पवन के भेजे रुपयों और मिल से मिली रकम के ब्याज से घर ठीक-ठाक चल रहा था। यह भी सच था कि मकान-मालिक ने फ़िलहाल किराया बढ़ाने की रट छोड़ दी थी क्योंकि उसे बता दिया गया था कि पवन जब गर्मियों में अमरीका से लौटेगा तो किराया बढ़ा दिया जाएगा। यों पवन के बिना घर का ख़र्च भी क्या था! जब से पवन अमरीका गया था अक्सर सुबह बनी सब्ज़ी शाम को भी काम आ जाती थी या शाम को सुधा पूछती, 'खिचड़ी डाल दूँ?' 'हाँ,' जवाब फ़ौरन आता जैसे किसी मशीन में सिक्का डाला गया हो।

मगर पवन ने ख़त में ढाई लाख कम्पनी को भेजने को लिखा था जो मारुति का ऋण था। राम दोनों हाथों में माथा पकड़कर बैठ गए और सोचने लगे कि साढ़े पाँच में से ढाई घटाओ तो तीन बचता है। मकान-मालिक अगले माह किराया बढ़ाने को कहेगा। आटे-दाल का भाव हर माह बढ़ता लगता था—अलबत्ता फ़ोन सस्ता हो रहा था। सुधा कभी-कभी सुबह पवन को फ़ोन मिलाती और ख़ूब हँस-हँसकर बातें करती। जिस दिन पवन का ख़त मिला, उसी रात सुधा ने उसे फ़ोन मिलाया और कहा, 'फ़ोटो अच्छी है, किसकी है?'

'तुम्हारी बहू की,' दूसरी तरफ़ से आवाज़ आई।

'क्या?'

'हाँ।' पवन हँसा।

'तू सच कह रहा है?'

'हाँ, मम्मी।'

'अच्छी है, बहुत अच्छी है। लड़की तो यहीं की लगती है।'

'हाँ। लेकिन वह पैदा अमरीका में हुई।'

सुधा ने फ़ोन बन्द कर दिया। राम सुधा की फ़ोन पर बातें सुन रहे थे। सुधा ने उसे बताया कि पवन ने क्या कहा था। राम के माथे की रेखाएँ और गहरी हो गईं जैसे अँधेरे की लकीरें हों। उन्हें पवन के घर की नींव नज़र आई जो

अमरीका की ज़मीन पर खुद रही थी : यह मुकम्मल घर था जिसमें औरत थी। उस रात सुधा इस अफ़सोस के साथ सोई कि पवन ने उस तस्वीर के बारे में अधूरी सूचनाएँ दी थीं और उसने फ़ोन पर ख़ुद ही पूरी बात क्यों नहीं पूछी। लड़की अमरीका में क्यों पैदा हुई? क्या उसके माँ-बाप अमरीका में थे? या उसकी माँ जच्चगी के समय अमरीका पहुँच गई थी और लड़की अमरीका में ही पैदा हो गई जैसे गाँवों में कभी-कभी खेत-खलिहान में प्रसव हो जाता है? इस वक्त उसके माँ-बाप कहाँ थे? यदि भारत में थे तो किस शहर में थे? उनका पता और फ़ोन नं. क्या थे? ज़ाहिर है, अभी शादी नहीं हुई थी। शादी के लिए पवन दिल्ली कब आना चाहता था? इतने सारे सवाल थे और सुधा ने एक भी सवाल नहीं पूछा था। वह इतनी बेचैन हो गई कि उसे देर तक नींद नहीं आई। वह पलँग पर करवटें बदलती रही। दूसरी तरफ़ राम भी करवटें बदल रहे थे। कभी-कभी करवटें बदलते हुए उनके चेहरे आमने-सामने आ जाते और चेहरों में जड़ी आँखें सामने दूसरी आँखों में देखतीं। अँधेरे में एक-दूसरे को घूरती हुई वे पशुओं की आँखों की तरह लगतीं।

राम के मन में बार-बार साढ़े पाँच में से ढाई घटाने का हिसाब चल रहा था। उसे अपने बेटे पर भरोसा था। मगर अपने हिसाब पर भरोसा नहीं बैठता था। वह इसी उधेड़बुन में सो गया जैसे कोई घने अँधेरे जंगल में रास्ता ढूँढ़ते हुए थककर मज़े से खो जाता है। अगली सुबह वह उठा और उसी तरह तैयार हुआ जैसे मिल जाने को तैयार होता था। कोई गड़बड़ी नहीं हुई। न टूथ-पेस्ट से दाढ़ी बनी, न ब्लेड से ख़ून निकला, न बनियान उल्टी हुई, न कमीज़ के बटन ऊपर-नीचे हुए। वह पैरों में जूते डालकर सीढ़ियों पर धड़धड़ाता नीचे उतरा। हिसाब साफ़ था। यदि अमरीका में पवन को चार लाख प्रति माह की नौकरी चाहिए थी, तो पवन के बाप को यहाँ ढाई लाख भरना होगा। राम ने बैंक में अपनी एफ़.डी. तोड़कर बेटे का जुर्माना नोएडा भेज दिया।

सुधा का मन नहीं माना। उसने अगली रात कैलीफ़ोर्निया फ़ोन लगाया। उसे अपने सवालों के जवाब की दरकार थी। उसे जवाब मिल गए—जो न मिलते तो बेहतर था। लड़की अमरीका में पैदा हुई थी और अमरीका में ही बड़ी हुई थी—यानि वह भारतीय शरीर में अमरीकी लड़की थी। लड़की पवन के ऑफ़िस में ही काम करती थी। उसकी माँ भारतीय थी, पिता अमरीकी थे। अब दोनों नहीं थे—दोनों एक-साथ किसी कार दुर्घटना में मारे गए थे। लड़की माँ पर गई थी। उसका गेहुआँ रंग था और काले बाल थे। सिर्फ़ आँखें पिता की तरह भूरी थीं। लड़की का नाम ज़रूर मरहम की तरह था : राधा। राधा की तुक सीधी सुधा से

मिलती थी! शादी के लिए दिल्ली कब आ रहे हो? सुधा ने पूछा।

'मुश्किल है,' पवन ने कहा।

'क्या, शादी मुश्किल है?'

'नहीं, मम्मी, शादी तो अमरीका में बहुत आसान है।'

'क्यों?'

'अरे, यहाँ तो किसी रविवार को शादी हो सकती है,' पवन ने हँसते हुए कहा। 'दिल्ली आने के लिए हम दोनों को बहुत पैसे और छुट्टी की ज़रूरत होगी। दिल्ली बाद में आ जाएँगे।'

सुधा सन्न रह गई। तब दूसरी तरफ़ से आवाज़ आई, 'हलो, हलो।'

'बोलो,' सुधा का स्वर ठंडा था।

'मम्मी, तुम बुरा मान गईं,' पवन की आवाज़ हारी हुई थी। 'मेरी मजबूरियाँ समझो।'

'शादी भी क्या मजबूरी होती है, बेटा?'

सन्नाटा।

'अच्छा, एक बात बता,' सुधा का स्वर संजीदा था। 'कहीं किसी इतवार को तूने शादी कर तो नहीं ली?'

'अरे, मम्मी, इससे क्या फ़र्क पड़ता है?' पवन की आवाज़ धीमी थी। 'मैं उसे लेकर जल्दी दिल्ली आऊँगा।'

सुधा को लगा कि कोई और बात बाकी नहीं बची। उसने फ़ोन बन्द कर दिया। फिर उसने कमरे में चारों ओर ऐसे देखा जैसे वह किसी जंगल के बीचोबीच खड़ी हो और चारों ओर अँधेरा हो। चारों ओर उजाला था। कमरे की दीवारें जगमगा रही थीं। ट्यूब जल रही थी। वह फ़ोन पर बतियाते कुर्सी से उठकर कब खड़ी हो गई थी, उसे ख़ुद पता नहीं चला। वह फिर कुर्सी पर आहिस्ता-आहिस्ता ऐसे बैठी जैसे उसे किसी सहारे की ज़रूरत हो। सुधा ने आँखें बन्द कर ली थीं। उसे अचानक महसूस हुआ कि वह मर गई है। मौत यही है! इसी को लोग मरना कहते हैं। उसे लगा कि उसका मन रीत गया है—कोई इच्छा नहीं बची। पवन आए, न आए; उसकी शादी हो, न हो; उसकी शादी अतीत में हो, या भविष्य में हो; उसकी शादी अमरीका में हो या दिल्ली में हो; उसकी शादी में सुधा हो, या न हो—कोई फ़र्क नहीं पड़ेगा!

'सुधा, सुधा,' राम उसे कन्धों से पकड़कर हिलाने लगे।

'क्...क्या है?' सुधा ने आँखें खोलीं।

राम सामने शरीर से पानी चुआते खड़े थे। वे बाथरूम से नहाकर आए थे।

उन्होंने सिर्फ़ तौलिया बाँधी थी।

'कुछ पहन लो,' सुधा ने कहा।

'मैंने कई बार तुम्हें बाथरूम से पुकारा,' राम बोले।

'क्यों?'

'पवन को बताना था कि ढाई लाख का ड्राफ़्ट नोएडा भेज दिया है।'

'कल बता देना,' सुधा ने कहा। 'अभी कुछ पहन लो।'

पवन नहीं आया। न राधा आई। एक-साथ उनकी तस्वीरें आईं जिनमें दोनों गाँठ बाँधे आग की परिक्रमा दे रहे थे। पवन आगे था, राधा पीछे। सुधा ने अपने बेटे की भाँवरों की ऐसी ही कल्पना की थी। फिर एक तस्वीर में पवन राधा के गले में माला डाल रहा था। दूसरी तस्वीर में राधा बाँहें उठाए पवन को माला पहना रही थी। पवन संजीदा था। राधा मुस्कुरा रही थी। देखो तो बेशरम को! मुस्कुरा रही थी। दोनों गोरों और भारतीयों की तालियों से घिरे थे। तालियों की आवाज़ सुधा के कानों में पड़ी।

सुधा पसोपेश में थी। वह समझ नहीं पा रही थी कि वह बेटे के ब्याह में बजती तालियों पर ख़ुश हो या राधा की बेशर्मी पर दुखी। भला कोई अपने ही ब्याह में इस तरह खुलकर मुस्कुराता है जैसे यह दुनिया की पहली शादी हो! सुधा को याद आया कि मंडप में राम को माला पहनाने के लिए हाथ उठाते हुए उसकी आँखें कितनी मुश्किल से ऊपर उठी थीं।

राम तस्वीरें देखकर मुस्कुराते रहे जैसे कोई विदेशी फ़िल्म देख रहे हों। उनके चेहरे से यह नहीं लगता था कि वे अपने इकलौते बेटे की शादी की तस्वीरें देख रहे हैं जिसमें वे शरीक नहीं हुए। वे हँसे जब उन्होंने एक अमरीकी घर और एक अमरीकी कार की तस्वीरें देखीं जिनके नीचे लिखा था : 'हमारा घर' और 'हमारी कार'। घर की तस्वीरों में राधा की कई तस्वीरें थीं : बेडरूम में पलँग पर लेटे हुए, किचन में कुछ फ्राई करते हुए या बालकनी में खड़े हुए। घर की पृष्ठभूमि में पेड़ों और घास का रंग निराला था। या शायद तस्वीर में ही अनोखा लग रहा था। कार भव्य थी। लेकिन उसमें ऐसा कुछ अनोखा नहीं था। राम इन दिनों इससे ज़्यादा शानदार कारें कनॉट प्लेस में देखते थे जब वे बेकार अकेले बरामदों में घूमते जैसे कुछ ढूँढ़ रहे हों।

तस्वीरों के साथ एक लम्बी चिट्ठी थी जिसमें अलग-अलग तरह से एक ही बात दुहराई गई थी कि शादी अमरीका में इसलिए करना पड़ी कि कम्पनी पवन

और राधा—दोनों को एक-साथ लम्बी छुट्टी देने को तैयार नहीं थी। यह कैसे सम्भव था कि दोनों बारी-बारी से अकेले दिल्ली आते और ब्याह करके एक-साथ लौट जाते? इसीलिए दोनों ने कैलीफ़ोर्निया के एक मन्दिर में बिना कोई छुट्टी लिए एक इतवार को शादी कर ली थी। अभी बहुत ख़र्चे भी थे। उन्होंने नया घर और नई कार ली थीं, जिनके चित्र संलग्न थे।

'राधा की नाक कुछ बड़ी है न?' सुधा ने एक तस्वीर को घूरते हुए कहा।

'मुझे तो नहीं लग रही,' राम के हाथ में दूसरी तस्वीर थी।

'तुम्हारी तस्वीर में कुछ छोटी होगी।' सुधा की भँवें सिकुड़ गईं।

'नाक तो एक ही है न!' राम ने सुधा को अचरज से देखा।

सुधा कुछ नहीं बोली। उसने दूसरी तस्वीर उठा ली। आँखों के सामने तस्वीर ताने हुए उसने कहा :

'बाईं आँख दाईं से कुछ छोटी है।'

फिर उसने तस्वीर से आँखें हटाकर राम की जानिब देखा, जो ख़ुद एक दूसरी तस्वीर को निहार रहे थे। राम ने अपने चेहरे पर सुधा की निगाह को महसूस किया। वे बोले :

'जो तुम्हें तस्वीर में बाईं लग रही है, वह असल में दाईं है।'

'इससे क्या फ़र्क पड़ता है?' सुधा का स्वर अनजाने कुछ तेज़ हो गया।

'फ़र्क पड़ता है।'

'कैसे?'

'दोनों आँखें अदल-बदलकर बराबर हो जाती हैं जैसे जुड़वाँ हों।'

सुधा हैरत से राम को देखने लगी। वे एक ही पलँग पर आमने-सामने बैठे थे। सुधा ने कहा—'फिर से कहो तुमने क्या कहा।' राम ने शब्दशः दोनों जुड़वाँ आँखों का पाठ दुहरा दिया। सुधा के माथे पर शिकन बनी रही। उसने कहा—

'तुम्हें ख़ुद नहीं मालूम कि तुम क्या कह रहे हो।'

'हो सकता है।'

सुधा ने बत्ती बुझा दी। वे अपनी-अपनी तरफ़ करवट लेकर सो गए।

जब दो माह तक अमरीका से कोई पैसा नहीं आया तो राम को अपनी पचास हज़ार की एक एफ़.डी. तुड़वाना पड़ी। दूध आधा किलो कर दिया गया। उसके बिना चाय कैसे बनती? चाय न बनती तो सुबह कैसे होती? एक सब्ज़ी दिन में एक बार बनती जिससे दोनों बार खाना खाया जाता। बिजली उसी कमरे में जलती जिसमें कोई होता। आटा-दाल तो महँगी थी ही। सब्ज़ियाँ मेवों के दाम छू रही थीं—सब्ज़ी सस्ती से सस्ती ली जाती जैसे लौकी, तोरई या कद्दू। कद्दू

के अलावा फ़ोन भी सस्ता था। लेकिन कुछ दिनों से पवन का नम्बर नहीं मिल रहा था।

ख़त का इन्तज़ार था।

एक शाम दरवाज़े की घंटी बजी। सुधा ने दरवाज़ा खोला। बाहर झुटपुटा था। कोई आदमी खड़ा था। जब सुधा ने आकृति पर आँखें गड़ाईं तो उसे लगा कि यह पवन है—देह पर पवन की तरह जीन्स और टी-शर्ट थी और देह पवन की देह की तरह लम्बी थी। उसने आँखें ऊपर उठाईं : चेहरे पर बाल थे और सिर पर पगड़ी थी। एकाएक उसे हँसी आ गई। हँसते हुए सुधा ने कहा :

'अमरीका जाकर तू सरदार कैसे बन गया?'

'मैं अमरीका कभी नहीं गया, आंटी।' सरदार मुस्कुराया।

'आंटी...मैं आंटी कब हो गई?'

'आंटी,' सरदार हँसा, 'मैं गुरनाम हूँ।'

सुधा मूर्तिवत् हो गई। वह घूरकर उसके चेहरे को देखने लगी। बीस-बाईस साल पहले देखे बच्चे के चेहरे को उसने याद किया। वह बच्चा तब अपने बाप को दंगे में खोकर अपनी माँ के साथ लुधियाना चला गया था। वह बचपन में बिलकुल पवन की तरह लगता था—सिर्फ़ उसके केश उसे अलग कर देते थे। अब वही पवन की तरह बड़ा होकर एकाएक सामने आकर खड़ा हो गया था। सुधा हैरान थी। तभी सीढ़ियों की ओर से एक गोरी महिला काला लिबास पहने आई और सीधी सुधा से लिपट गई। 'कुलवन्त, कुलवन्त,' सुधा बुदबुदाई। दोनों एक-दूसरे के गले से लिपटी और बाज़ुओं से घिरी रो रही थीं जैसे बाईस वर्ष पहले रोई थीं जब कुलवन्त दिल्ली छोड़कर लुधियाना गई। दोनों को एक-साथ यह याद आया और यह भी याद आया कि दोनों एक-दूसरे से लिपटी इसी दरवाज़े पर इसी तरह खड़ी थीं। सहसा बाईस वर्ष छिटककर सीढ़ियों पर गिर गए। उन्हें लगा वे तब से इसी तरह एक-दूसरे के आँसुओं में लिपटी हैं!

'आंटी, पवन क्या अमरीका में है?' गुरनाम ने पूछा।

वे अब अन्दर सोफ़े पर बैठे थे। लम्बे सोफ़े पर सुधा और कुलवन्त थे। सामने गुरनाम बैठा था। यह सोफ़ा पवन ने ख़रीदा था जब उसने यहाँ नौकरी शुरू की।

'हाँ, बेटा,' सुधा ने कहा।

'कब लौटेगा?' कुलवन्त ने पूछा।

एक क्षण सन्नाटा छा गया। फिर सुधा झट-से बोली :

'जल्दी...वह जल्दी आएगा।'

तुरन्त बात की डोर सुधा ने अपने हाथों में ले ली। उसने शुरू से शुरू किया। उसने बताया कि बाईस साल पहले दिल्ली छोड़ने के बाद कुलवन्त का एक कार्ड मुझे मिला था। मगर उसमें कोई पता नहीं था, सिर्फ़ लुधियाना की मोहर थी। सुधा का बहुत मन हुआ था कि वह कुलवन्त को ख़त लिखे और उसका हाल-चाल पूछे। 'जिस तरह तुम यहाँ से गुरनाम को लेकर गई थीं,' उसने कुलवन्त की ओर मुँह मोड़कर कहा, 'मेरा जी तुम्हारे लिए बहुत हुड़कता था। लगता था तुम्हें चिट्ठी लिखूँ और पते की जगह लिख दूँ : कुलवन्त, लुधियाना।'

कुलवन्त मुस्कुराई। गुरनाम हँसने लगा।

कुलवन्त ने बताया कि वह अभी लुधियाना में ही रहती है। गुरनाम कुछ बरस मुम्बई में था। अभी पिछले साल उसने पंजाबी बाग में एक मोटर मरम्मत का गैराज खोला था। 'अगले माह गुरनाम की शादी है,' कुलवन्त ने कहा, 'मैं तुम्हें उसी के लिए बुलाने आई हूँ।'

'अब तुम वापस लुधियाना तो नहीं जाओगी?' सुधा ने पूछा।

'नहीं आंटी,' जवाब गुरनाम ने दिया, 'अब मम्मी हमारे साथ ही रहेगी। मैं इसीलिए शादी कर रहा हूँ।'

कुलवन्त मुस्कुराई। उसने गुरनाम की ओर देखा। सुधा कुलवन्त का चेहरा देख रही थी।

घर में नाश्ते के लिए कुछ नहीं था जिसे चाय के साथ रखा जा सके। सुधा ने प्याज की पकौड़ी बनाने की पेशकश की। मगर गुरनाम ने ख़राब पेट का बहाना बना दिया। मेज़ पर सिर्फ़ चाय के तीन प्याले रखे गए। जब सुधा तीसरा प्याला उठा रही थी तो राम आ गए। तीन लोग चाय पी रहे थे। सुधा के हाथ ख़ाली थे। राम को चाय पीते हुए वह मिस्रा याद आ रहा था जो करतार सिंह पीकर गुनगुनाते थे :

वो जो हममें तुममें क़रार था
तुम्हें याद हो कि न याद हो

कुलवन्त ने एक घूँट लेकर राम की तरफ़ आँखें घुमाकर कहा–

'भाई सा'ब अगले महीने पच्चीस को गुरनाम की शादी है।'

'आपको बहुत-बहुत बधाई,' राम ने मुस्कुराकर गुरनाम की ओर देखा।

'अंकल, वह दिन ख़ाली रखिए।' गुरनाम ने नज़रें सुधा की ओर घुमाते हुए कहा, 'मैं सुबह आकर आपको ले जाऊँगा।'

'मेरे तो सारे दिन ख़ाली हैं,' राम ने मन-ही-मन कहा। फिर उनके मुँह से ये शब्द निकले, 'भला, दूल्हा हमें क्यों लेने आएगा? हम ख़ुद ही आ जाएँगे।'

‘पवन यहाँ होता तो आपको ले आता,’ गुरनाम ने कहा। ‘मैं ख़ुद ज़रूर आऊँगा।’

एक दूल्हे ने अमरीका से शादी की तस्वीरें भेज दीं। दूसरा शादी के पहले उन्हें ख़ुद आकर ले जाने की ज़िद कर रहा था। राम के मन में यह ख़्याल आए बिना न रहा। शायद उनके चेहरे पर कोई परछाईं तैरी और गुम हो गई।

‘जब तक पवन यहाँ नहीं है,’ कुलवन्त कह रही थी, ‘आप गुरनाम को अपना दूसरा बेटा समझिए।’

राम की ज़ुबान बन्द थी। सुधा चुप थी। कुलवन्त को अचानक बाईस साल पहले की वह शाम याद आ गई जो उसने इन्हीं दीवारों के बीच गुज़ारी थी जब दंगाई गुरनाम को ढूँढ़ते घर में घुस आए थे। उसकी आँखें भीग गईं। भरे गले से उसने कहा :

‘उस शाम आपने ही गुरनाम को बचाया था। वरना...’

वह रोने लगी। असल में एकाएक उसके मन में करतार सिंह की मुस्कुराती छवि उभर आई थी जब वह आख़िरी सुबह दुकान गया था और वह दरवाज़े में खड़ी उसे गली में जाता हुआ देख रही थी। राम करतार को आख़िरी बार नहीं देख सके थे। जब वे उस दोपहर बाज़ार में पहुँचे तो सामने करतार की जली हुई दुकान थी और दस सिखों के जलाए जाने की अफ़वाह थी। करतार के पड़ोसी दुकानदार ने अफ़वाह को ख़बर बताया और राम को एक सोने की चेन दी जो करतार के गले में थी। यह पूछने पर कि लाश कहाँ है, उसने अपने दोनों हाथ आसमान की तरफ़ उठा दिए थे। राम की आँखों में कुलवन्त को चेन देते हुए आग की लपटों से घिरे करतार का चेहरा था।

काश! मैं करतार को बचा सकता। राम ने सोचा। गुरनाम कह रहा था, ‘मम्मी, रो मत।’ सुधा ने कुलवन्त के गले में एक बाँह डालकर दूसरी से उसके आँसू पोंछ दिए।

जब वे चले गए तो सुधा फूट-फूटकर रोई। राम सामने चुप बैठे उसे देखते रहे जैसे उन्हें मालूम हो कि सुधा को नहीं मालूम कि वह क्यों रो रही है। कमरे की रोशनी आँखों को चुभने लगी। रात गर्म थी। जैसे बाहर लू चल रही हो।

उस रात सोते-जागते राम को बार-बार करतार की सूरत याद आई जिसे उन्होंने आख़िरी बार नहीं देखा था।

अगली सुबह जब राम चाय पी रहे थे बाहर की घंटी बजी। राम ने दरवाज़ा खोला। कपूरजी मुस्कुराते हुए खड़े थे।

‘आइए, कपूरजी,’ राम ने कहा। ‘कैसे हैं?’

'अच्छा हूँ,' कपूर ने अन्दर आते हुए कहा।

दोनों आमने-सामने बैठ गए।

'पवन की क्या ख़बर है?' कपूर ने टटोलती नज़रों से पूछा।

'अच्छी तरह है,' राम मुस्कुराए। वे अपने को तैयार कर रहे थे।

'कब लौट रहा है?'

'अभी नहीं।'

सुधा एक हाथ में चाय का कप लिए आई और उसने कप कपूर के सामने रख दिया। दोनों ने मेज़ से कप उठाकर होंठों से लगाए। चाय पीते हुए कपूर की छोटी-छोटी आँखें मिचमिचा रही थीं। राम तैयार थे।

'कुमार साहब,' कपूर ने मिचमिचाती आँखें ऊपर उठाईं।

'जी।'

'अपना वादा याद है?'

'कौन-सा वादा?'

कपूर खिलखिलाकर हँसा। फिर बोला—'मुझे याद है।'

'क्या?'

'यही कि आपने कहा था कि गर्मियों में पवन लौटेगा और आप किराया बढ़ा देंगे।'

राम पिंजड़े में फँसे पंछी की तरह फड़फड़ाए। फिर बोले :

'पवन नहीं आया।'

'गर्मी आ गई।'

'मगर पवन नहीं आया।'

'तो क्या मैं जॉर्ज बुश को चिट्ठी लिखूँ?' कपूर चीख़ा। फिर सहज स्वर में बोला—'यह आपका काम है।'

सुधा किचन के दरवाज़े पर खड़ी थी। राम की आँखें उसकी आँखों से मिलीं। बीच में कपूर की पीठ थी।

'क्या दो महीने की मोहलत दे सकते हैं?' राम ने कपूर की मिचमिचाती आँखों की ओर देखा।

'क्या दो महीने में बुश का जवाब आ जाएगा?'

'हाँ।'

'लेकिन तब तक गर्मी ख़त्म हो जाएगी।' कपूर एक चुनौती की तरह खड़ा हो गया।

'मैं पहली बारिश पर जवाब दे दूँगा।'

कपूर ने हाथ मिलाने के लिए दायाँ हाथ खोला और आगे बढ़ा दिया। राम ने भी अपना दायाँ हाथ कपूर के हाथ की ओर बढ़ा दिया जैसे पंजा लड़ाने जा रहा हो। फिर कपूर मुड़ा और दरवाज़े से निकलकर सीढ़ियों से उतर गया। सीढ़ियों पर उसके जूतों की आवाज़ गूँजी।

उसके जाने के बाद पति-पत्नी में कोई बात नहीं हुई जैसे कोई बात ही न हो। राम ने अख़बार पढ़ा, नहाया, खाया और सो गया। गर्मी बढ़ गई थी। अख़बार में कल का तापमान 46^0 से. था और आज का अनुमान 47^0 से. था। यह पहली मंज़िल थी। छत खोपड़ी की तरह तपती थी। बिना कूलर चलाए नींद आना नामुमकिन था। घर नीचे की मंज़िल पर होता तो कूलर चलाने की ज़रूरत न होती।

जब राम की आँख खुली तो धूप जा रही थी। उसने एक कप चाय पी। बाथरूम में कुछ वक्त गुज़ारा। फिर उसने इत्मीनान से बनियान-अंडरवियर, आसमानी कमीज़ और नीली जीन्स पहनी जो एक दोस्त के हाथों पवन ने अमरीका से भेजी थी। उसने अपने बाल जतन से सँवारे। जब वह जूते पहन रहा था तो सुधा ने मुस्कुराते हुए पूछा :

'किसी पार्टी में जा रहे हो?'

'हाँ।' राम ने नज़रें ऊपर नहीं उठाईं।

उसने घर से बाहर निकलते हुए बिना मुड़े कहा—'मैं रात तक आ जाऊँगा।'

'चश्मा तो लगा लो,' सुधा की आवाज़ थी।

वह पलटा। उसने चश्मा लगाया। वह फिर पलटा। फिर सीढ़ियों पर उसके जूतों की आवाज़ सुधा के कानों में पड़ी।

लू का ज़ोर कम हो गया था। धूप की तपिश भी कम थी। छायाएँ सड़क पर लम्बी होती जा रही थीं। लोग बाहर निकल आए थे। राम सड़क पर बस-स्टॉप की तरफ़ जा रहा था। गाड़ियों और दुपहियों की आवाज़ों के ऊपर तैरती हुई एक पुकार अचानक राम के कानों में पड़ी—'कुमार सा'ब।' राम ने पीछे मुड़कर देखा। गफ़्फ़ार अपने गैराज के सामने खड़ा उसे पुकार रहा था। वह लौट पड़ा।

'क्या बात है गफ़्फ़ार?' उसने गैराज में घुसते हुए पूछा।

गफ़्फ़ार एक नौजवान के साथ खड़ा मुस्कुरा रहा था।

'कैसे हैं सर जी?' उसने पूछा।

'ठीक हूँ।'

'इनसे मिलिए सर,' गफ़्फ़ार ने नौजवान की तरफ इशारा किया।' ये मिस्टर लाल हैं।'

दोनों ने हाथ मिलाए।

'इनकी नज़र आपकी गाड़ी पर है,' गफ़्फ़ार ने कहा।

पवन की मारुति गफ़्फ़ार के गैराज में खड़ी थी क्योंकि राम की गली में रात-दिन गाड़ी खड़ी रहे, इतनी जगह नहीं थी। जब पवन था तो गाड़ी सिर्फ़ रात में खड़ी होती थी जब गली बन्द हो जाती थी। पवन ने अमरीका जाने से पहले राम से कहा था कि वह गाड़ी चलाना सीख ले और जहाँ जाए गाड़ी से जाए। राम बेकार था। क्या वह नौकरी ढूँढ़ने मारुति से जाएगा? क्या मारुति पेट्रोल के बजाय पानी से चलेगी? उसने गफ़्फ़ार से कहा था कि वह गाड़ी फ़िलहाल अपने गैराज में ले जाए।

राम को अचानक याद आया कि वह मारुति को बिलकुल भूल गया था जैसे मारुति लावारिस हो। उसने गैराज में पीछे की ओर खड़ी नीली मारुति की जानिब देखा जैसे पवन को देख रहा हो।

'क्या दाम सोचा है?' लाल ने पूछा।

'कुछ नहीं,' राम के मुँह से निकला।

'अस्सी ठीक है?' लाल ने कहा।

राम को कुछ समझ में नहीं आया। उसने संदिग्ध नज़र से गफ़्फ़ार की तरफ़ देखा। गफ़्फ़ार तुरन्त बोला—'बिलकुल ठीक है, सर। इससे ज़्यादा नहीं मिलेगा।'

राम हैरान था। गैराज के लड़के ने कोक की एक ठंडी बोतल उसके हाथ में पकड़ा दी जिसमें स्ट्रा पड़ी थी। राम का एक हाथ ऊपर उठा और सींक उसके मुँह में चली गई। उसने कोक का एक घूँट लिया। एक घूँट लेकर लाल ने कहा—'तो सौदा पक्का रहा।' उसने अपनी जेब से हज़ार-हज़ार के दस नोट निकाले और राम के दूसरे हाथ में रख दिए जो ख़ाली था।

जब बोतलें ख़ाली हो गईं तो लाल ने राम से कहा—'मैं कल सत्तर गफ़्फ़ार को देकर गाड़ी उठा लूँगा।'

राम ने गैराज से बाहर सड़क पर आकर एक ख़ाली ऑटो रोका। वह उछलकर अन्दर बैठा। उसके मुँह से निकला—'कनॉट प्लेस।'

जब वह कनॉट प्लेस पहुँचा, धरती पर धूप के कुछ टुकड़े बचे थे। सड़क पर पैर रखते ही उसे दोनों टाँगों के बीच कुछ भार महसूस हुआ। घर से निकलते हुए उसने एक गिलास पानी पिया था और गफ़्फ़ार की गैराज में एक बोतल कोका कोला पी थी। उसने इधर-उधर मूत्री को खोजते हुए देखा। फिर सड़क पार करके एक मूत्री के सामने जीन्स के बटन खोलकर खड़ा हो गया। उसे लगा वह घोड़े की तरह पेशाब कर रहा है—मोटी धार देर तक चलती रही। घोड़े को जीन्स की

चेन बन्द नहीं करना पड़ती। उसने चेन बन्द की, एक गहरी साँस ली और फिर सड़क पर आ गया। सड़क पार करके वह एक बरामदे में घुस गया और बीच के गोल चक्कर की ओर बढ़ा। बरामदे में भीड़ थी जैसे लोग बाज़ार में घूमने को उतावले हों। गर्मी उन्हें ज़्यादा देर दरवाज़ों के भीतर नहीं रोक सकती थी। गोल सड़क के एक ओर कनॉट सरकस के गोल बरामदे थे, दूसरी ओर गोल पार्क था जिसमें पेड़ खड़े थे और हरी घास फैली थी। राम की नज़र बार-बार भव्य दुकानों की प्रदर्शन-खिड़कियों पर अटक जाती। उसने नए सिरे से पहचाना कि ज़्यादातर प्रदर्शन-खिड़कियाँ नर-नारी के जिस्म से जुड़ी थीं। कमाल था! पाँच-छः फीट और पचास-साठ किलो की देह को सजाने और बचाने के लिए दुनिया उलटकर बाज़ार बन गई थी। राम ने एकाएक सिर से पैर तक अपने शरीर को महसूस किया। वह सिहर गया। क्या यह कोई स्वयंभू क़ायनात थी? उसे बरामदे में भीड़ के साथ चलते हुए बहुत गर्मी महसूस हुई। तभी एक नवयौवना कोई भीनी सुगन्ध लिए सामने से आई और उसके कन्धे को छूती हुई चली गई। उसके नथुनों में ख़ुशबू भर गई—यद्यपि शरीर पर कपड़ों के नीचे पसीना छलछला रहा था।

अगले ब्लॉक में उसे कई कम्प्यूटर और मोबाइल फ़ोनों की नई-सी दुकानें नज़र आईं। उसका मिल से मिला मोबाइल घर में पड़ा था। उसे साथ में लेने की उसे याद ही नहीं रहती थी। कभी-कभी सुधा ज़रूर याद दिला देती जब उसे याद आ जाता। उसका कहना था कि इतना बड़ा शहर है, अकेले निकलते हो, कभी ज़रूरत पड़े तो नीचे फ़ोन तो कर सकते हो। क्या मोबाइल आशंका का जवाब था? यह तो दुनिया को मुट्ठी में ले लेने की जुगत थी। यह सबको मिसाइल की तरह तुम्हारी मार के दायरे में ले आता था। लेकिन इसे चलाने के लिए ताक़त की दरकार थी। यह ताक़त इकट्ठी करने के काम भी आता था। यह लोगों को एक-दूसरे के पास कम लाता था। यह लोगों को एक-दूसरे की पकड़ में ले आता था। आजकल लोग बाज़ारों और सड़कों और पार्कों और गाड़ियों में मोबाइल पकड़े नज़र आते थे। अब हवा में कितनी बातें हो रही थीं—जिनका पहले तसव्वुर भी मुमकिन नहीं था! लेकिन धरती पर लोग एक-दूसरे से दूर छिटकते जा रहे थे। मोबाइल की तीन दुकानों के बाद एक शानदार जूतों की दुकान थी जिसकी प्रदर्शन-खिड़की में मर्दाना जनाना जूतों की चमचमाती जोड़ियाँ थीं। फिर एक फूलों की दुकान थी जिसके सामने गजरे टँगे थे जैसे कोई दूल्हे का मस्तक हो।

राम ने देखा कि बाज़ार में हर तरफ़ लोग खाने-पीने की दुकानों में लगातार घुस रहे थे जैसे उनका एकमात्र उद्देश्य खाना-पीना हो। घुसनेवालों के चेहरे व्यग्र

थे। बाहर निकलनेवाले बोदे लग रहे थे। क्या लोग राजधानी के केन्द्रीय बाज़ार में बोदे होने आए थे? वह आगे बढ़ता रहा। जब वह जनपथ के किनारे पहुँचा तो पीछे लौटकर चलने लगा जैसे आगे जा रहा हो। एक ओर सड़क पर दौड़ती कारों और दूसरी ओर प्रदर्शन-खिड़कियों को देखते हुए वह 'ए' ब्लॉक के सिरे पर पहुँच गया और फिर लौट पड़ा। उसने तीन, चार या पाँच चक्कर लगाए जब बरामदों में बत्तियाँ जलीं—वह गिनना भूल गया था! वह तुरन्त बाहर निकल आया। उसने ऊपर देखा। आसमान में रोशनी नहीं थी। सड़क के परे गोल पार्क में बत्तियाँ जल गई थीं। वह सड़क पार करके पार्क की ओर बढ़ा। पार्क में पहुँचकर वह एक ख़ाली बेंच पर एक ओर बैठ गया। उसके सामने पार्क की रोशनियाँ, पेड़, लॉन और झुंडों में घूमते हुए लोग थे। उसे लगा कि वह सुधा को भी साथ ला सकता था। मगर घर से निकलते हुए उसे यह सूझा ही नहीं। तब यही लग रहा था कि घर से बाहर कहीं दूर भीड़ में गुम हो जाना चाहिए। वह लड़का कब चुपचाप बेंच के दूसरे सिरे पर आकर बैठ गया था, राम को पता ही नहीं चला। उसे तब पता चला जब वह उसके पास खिसक आया। राम ने जब नज़रें घुमाकर उसकी ओर देखा तो वह सन्न रह गया। पवन—उसके होंठों ने यह शब्द बनाया। अन्दर से कोई आवाज़ नहीं आई। उसकी नज़रें लड़के के चेहरे पर टिकी रहीं—जो पवन का भ्रम पैदा करता था। उसे तसल्ली हुई कि लड़के की नाक बिलकुल चपटी थी और आँखें छोटी थीं।

'तुम्हारा नाम क्या है?'

'रमेश।' लड़का हँसा।

'नाम में हँसने की क्या बात है?'

लड़का हँसता रहा। फिर एकाएक चुप हो गया। राम नज़रें घुमाकर उसे घूर रहा था। लड़के ने राम की जाँघ पर हाथ रखते हुए कहा :

'ढाई सौ रुपए। जगह तुम्हारी।'

जब राम नया-नया दिल्ली आया था तो एक रात फ़िल्म का आखिरी शो देखकर लौटते हुए उससे एक लड़की ने यही कहा था—उसे बिजली के करेंट की तरह याद आया। शायद तब लड़की ने सौ बोले थे। यह क्या हो रहा था? वह एक झटके से खड़ा हो गया और सीधा चल दिया। वह सीधा चलता रहा। पार्क के उस किनारे पर कुछ अँधेरा-सा था। सामने एक पेड़ खड़ा था। पेड़ सुनसान था। वह तने के सामने रुका। फिर दोनों हाथों से ऊपर एक डाल थामकर वह पेड़ पर इस तरह चढ़ा जैसे कोई सीढ़ियाँ चढ़ रहा हो। वह ऊपर चढ़ता रहा जब तक ऊपर पकड़ने को कोई डाल नज़र आई।

वह पेड़ पर बैठा था और उसके ऊपर आसमान था। चारों ओर कनॉट सर्कस की जगमग रोशनियाँ थीं। गोल सड़क पर अपनी रोशनियों के पीछे गाड़ियाँ भाग रही थीं। पार्क में लोग गुड्डों की तरह इधर-उधर घूम रहे थे जैसे वे चाबीदार खिलौने हों। पेड़ की चोटी से आकाश पास लगता था। तारे निकल आए थे। आकाश सपाट नीला था। तारे टिमटिमा रहे थे। राम ने अपनी जीन्स की जेब से ह्विस्की का क्वार्टर निकाला, उसका ढक्कन खोला और दो बड़े-बड़े घूँट लिए। पेड़ में कुछ जुम्बिश हुई। फिर उसने दो घूँट और लिए। तारे हँसने लगे। वह कुछ देर हँसते हुए तारों को देखता रहा। तभी धरती पर अँधेरा छा गया। बिजली चली गई थी। उसने एक घूँट मुँह में भरकर आँखें बन्द कीं। फिर उसने आँखें खोलकर आकाश की जानिब देखा जहाँ तारे खिलखिला रहे थे। जब उसकी नज़र नीचे धरती की तरफ़ झुकी तो उसके होंठों से ये शब्द फूटे :

वो जो हममें तुममें क़रार था
तुम्हें याद हो कि न याद हो

वह गा रहा था।

उसे सिर्फ़ अपना गाना याद था जब थाने में उसे इंस्पेक्टर के सामने खड़ा किया गया।

'पेड़ की चोटी पर अँधेरे में क्या कर रहे थे?' थानेदार ने ठंडी आवाज़ में पूछा।

'गाना गा रहा था,' राम ने कहा।

'क्या गाना गाने के लिए पेड़ पर चढ़े थे?'

'हाँ।'

'कौन-सा गाना था?'

'वो जो हममें तुममें क़रार था...'

'यही गाना क्यों गा रहे थे?'

'यह गाना बाईस बरस पहले करतार ने गाया था जब मेरा बेटा छोटा था जो अब अमरीका में है।'

'करतार कहाँ है?'

राम ने ऊपर छत की ओर उँगली से इशारा किया।

'इस इमारत में पहली मंज़िल नहीं है,' थानेदार ने कड़क स्वर में कहा।

'वह '84 के दंगे में मारा गया।'

कुछ पल थानेदार उसे घूरता रहा। फिर उसने कहा :

'बेटा तो ज़िन्दा है?'

'हाँ।'

'क्या उसे कोई सन्देश भेज रहे थे?'

'नहीं,' राम ने कहा, 'उसका फ़ोन ख़राब है।'

'तुम्हारा फ़ोन कहाँ है?' थानेदार ने कहा, 'पेड़ के नीचे सिर्फ़ ख़ाली पौआ मिला।'

'मेरे पास ख़ाली पौआ ही था और दस हज़ार रुपए थे।'

'कोई रुपए नहीं थे।'

थानेदार ने मेज़ पर बेंत पटकते हुए फिर कहा, 'पालिका बाज़ार में ब्लास्ट हो चुके हैं। हम किसी आतंकी को नहीं छोड़ेंगे। तुम्हारे क्या कनेक्शन हैं?'

'मेरा कोई कनेक्शन नहीं बचा।'

थानेदार ने पास खड़े सिपाही से कहा कि यह आदमी अभी भी बहकी-बहकी बातें कर रहा है, इसका ज़रा मुँह सूँघो। सिपाही ने मुँह सूँघकर बताया कि मुँह दारू से गँधा रहा है। थानेदार ने उसे लॉकअप में डालने का हुक्म दिया।

सुधा जब बिना खाना खाए बैठक में बैठी ऊँघने लगी तो उसने घड़ी देखी : दस बज रहे थे। यह अनहोना था। राम बाहर इतनी देर नहीं करते थे। वह क्या करे? किसे फ़ोन करे? उसने पवन को फ़ोन मिलाया। फिर फ़ोन नहीं मिला। तब उसे ख़्याल आया कि फ़ोन मिल भी जाता तो वह पवन से राम के दिल्ली में खो जाने की क्या शिकायत करती। झाँसी में भी शिकायत दर्ज करने की कोई तुक नहीं थी। गुड़गाँव बचता था। उसने लक्ष्मण का नम्बर मिलाया। घंटी बजी, फिर लक्ष्मण की टेपित आवाज़ आई, 'मैं घर पर नहीं हूँ। सन्देश छोड़ दीजिए।' सुधा ने सम्पूर्ण सन्देश बोल दिया। फिर वह ऊँघती हुई इन्तज़ार करने लगी। ऊँघते हुए जब उसे नींद का झोंका आता तो वह चौंककर आँखें खोल देती। उसे ख़ुद समझ में नहीं आता था कि उसकी आँखें खुलने का कारण भूख थी या चिन्ता—राम की चिन्ता। उसने हर आधा घंटे बाद फ़ोन किया। आधी रात हो गई। तब शकुन्तला ने बताया कि अमरीका से हरि आए हैं, हम लोग उनके साथ होटल में डिनर के लिए गए थे। सुधा ने हताश स्वर में कहा कि राम अभी तक नहीं लौटे, वह फ़ौरन लक्ष्मण को जगा दे और कहे कि वह कुछ करे। लक्ष्मण नहीं जागा। उसने सात सितारा ट्राइडेंट में सात पैग स्कॉच के पिए थे और ऐसी चिकन जालफ़्रेज़ी खाई थी जो और कहीं नहीं मिलती। उसने सोते-सोते कहा कि भाभी से कह दो पैंतालीस साल का आदमी एक रात बाहर गुज़ारे तो इसमें चिन्ता की कोई बात नहीं है। शकुन्तला ने फिर उसे जगाने की कोशिश नहीं की। घंटे भर बाद जब फिर सुधा का फ़ोन आया तो वह रो दी। सुधा लक्ष्मण से बात करना

चाहती थी। शकुन्तला ने झूठ बोल दिया कि लक्ष्मण थाने में रपट लिखाने गए हैं। फिर सुबह होने तक सुधा ने तीन बार रोते हुए फ़ोन किया।

चौथी बार सुबह होने पर सुधा ने फ़ोन किया। वह रो नहीं रही थी। उसने शकुन्तला से कहा कि राम आ गए हैं। फ़ोन थामे इशारे से शकुन्तला ने लक्ष्मण को ख़ुशख़बरी दे दी जो अभी-अभी बिस्तर से उठकर आया था। तब जम्हाई लेते हुए लक्ष्मण ने फ़ोन हाथ में लिया और सुधा से कहा—'भाभी, आप बेकार फ़िक्र करती हैं।'

हरि कमरा बन्द किए सो रहा था। वह कल दोपहर में झाँसी से आया था। झाँसी वह एक सप्ताह पहले पहुँचा था। उसकी माँ का देहान्त हो गया था। परसों तेरहवीं थी। कल सुबह वह झाँसी से निकल पड़ा था। वह कुछ समय लक्ष्मण के साथ गुज़ारना चाहता था। वह उसके साथ मुक्त महसूस करता था, उसने कहा था। उसने कहा था कि विराट् अमरीकी महाद्वीप में कोई अब ऐसा नहीं बचा जिससे मैं अपने दिल की बात कह सकूँ। तब वे ट्राइडेंट में बैठे थे। काँच की दीवार के पार स्वीमिंग पूल के पानी में रोशनियों के बिम्ब थे जैसे कोई आईने में अपनी सूरत देख रहा है। लक्ष्मण ने कहा :

'तुम भारत क्यों नहीं लौट आते? अब वहाँ क्या रखा है?'

'अब यहाँ क्या रखा है!' हरि ने कहा, 'बाई थीं, वे भी चली गईं।'

'बेटी को लेकर आ जाओ। ख़ुश रहोगे।'

'काश, ऐसा हो सकता!' हरि ने शराब के गिलास से नज़रें उठाकर कहा।

'क्यों नहीं हो सकता?'

हरि ने फीकी हँसी हँसते हुए कहा, 'कोर्ट ने रूबी की कस्टडी माँ को दी है। मैं उससे हफ़्ते में एक बार मिल सकता हूँ, बस।'

'हफ़्ते में एक बार?'

'हाँ, इसीलिए मैं नौकरी बदलकर न्यूयॉर्क से कैलीफ़ोर्निया आ गया हूँ।' हरि ने कहा, 'ताकि हर हफ़्ते में उससे मिल सकूँ।'

शकुन्तला के लिए हरि ने साग्रह ब्लडी मैरी मँगाई थी। फिर मज़ाक किया था कि देखो, इस शराब में मैरी का नाम है। शकुन्तला का गिलास आधा ख़ाली हो गया था। उसकी आँखें भरी-भरी-सी लग रही थीं, जिनसे वह हरि की तरफ़ देख रही थी।

'मैं रूबी से हर इतवार को मिलता हूँ।' हरि ने कहा, 'हर हफ़्ता इसी उम्मीद में गुज़रता है।'

वेटर ने अगला पैग गिलासों में डाल दिया। हरि काँच के पार पानी में देख

रहा था जहाँ चाँद की छाया थी।

'तुम दूसरी शादी क्यों नहीं कर लेते?' शकुन्तला ने कहा।

'दूसरी शादी मैं अमरीका में नहीं कर सकता,' हरि ने कहा, 'और रूबी को मैं छोड़ नहीं सकता।'

शकुन्तला काँच की तरफ़ देख रही थी जहाँ पूल के पानी में तारे चमक रहे थे और पानी आसमान की तरह साँवला था।

हरि ने बताया कि इतवार को जब वह मैरी के घर रूबी को लेने जाता है तो कभी-कभी वहाँ हैरी भी होता है। हैरी, हैरी तो तुम हो, हैरी कौन? वह असली हैरी है, हरि ने कहा, मैरी का हमउम्र अमरीकी दोस्त। एक बार ऑफ़िस से लौटकर मैंने उसे अपने घर में पाया था। मैरी ने कहा, मेरा पुराना दोस्त है, मुझसे मिलने आया था। मगर उन दोनों के बीच कुछ था जो मेरी नज़रों से छिप नहीं सका। उसके जाने के बाद हमारा पहला झगड़ा हुआ था जब मैंने उसे चाँटा मारा था। तब रूबी पैदा नहीं हुई थी। मैं दिन-भर ऑफ़िस में रहता था। वे एक-दूसरे से मिलते होंगे—मुझे क्या मालूम। मैं कभी-कभी खीझता तो वह कहती थी कि अमरीकी आकाश के नीचे इतने शक की गुंजाइश नहीं है। मैं उससे कहता कि वर्तमान अतीत को भूलकर ही सम्भव होता है। शायद वह अतीत लाँघ नहीं सकी। मैं भी अपना अतीत कहाँ लाँघ सका, लक्ष्मण ? मेरे मन में एक विशुद्ध बुन्देली स्त्री की तमन्ना है।

हरि ने पिछली रात लक्ष्मण और शकुन्तला को सबकुछ बता दिया था जो उसके अन्दर था। अब उसके भीतर कुछ नहीं बचा था। सिर्फ़ थकान थी। इसीलिए वह देर तक नहीं उठा। वह पिछली रात बहुत इसरार से लक्ष्मण-शकुन्तला को ट्राइडेंट ले गया था जैसे पिछली बार ले गया था और पिछली से पिछली बार ले गया था जब मैरी के साथ वह पहली बार आया था। लक्ष्मण को यह अमरीकी अदा लगती थी जिसमें डॉलर और रुपए के बीच फैलती दूरियाँ शामिल थीं। लेकिन अदा सुहानी थी। ट्राइडेंट बहुत महँगा था। लक्ष्मण वहाँ तभी जाता था जब हरि ले जाता था। उसे ट्राइडेंट के बार में देर रात तक स्कॉच पीना अच्छा लगता था। स्कॉच पीते हुए लक्ष्मण को हरि सगे भाई की तरह लगता। जब वह रूबी को याद करते हुए एक झटके से उदास हुआ तो लक्ष्मण ने उसके गले में बाँह डाल दी थी।

नाश्ता करते हुए शकुन्तला ने मेज़ पर आँखें गड़ाए कहा :

'अमेरिकन ड्रीम!'

'क्या?' लक्ष्मण ने आँखें ऊपर उठाईं।

'एक तरफ़ जेबों में डॉलर भरे अकेला बाप है,' शकुन्तला एक ठंडी साँस भरकर बोली, 'दूसरी तरफ़ लावारिस बेटी है।'

'लावारिस?'

'हरि बता रहा था कि रूबी एक इतवार को उससे पूछ रही थी : डैडी, हू इज़ माइ फ़ादर?'

जब मेज़ से उठकर लक्ष्मण फ़ैक्टरी जाने लगा तो राम का फ़ोन आया। शकुन्तला ने फ़ोन लक्ष्मण के हाथ में दे दिया। लक्ष्मण ने जैसे ही 'हलो' कहा, दूसरी ओर से उत्तेजित आवाज़ आई–

'नन्हे।'

'हाँ।'

'मैं लुट गया।'

'कैसे?'

'पुलिस ने मुझे लूट लिया।'

दूसरी बार 'कैसे' कहने पर राम ने पिछली रात घटी पेड़ से थाने तक अपनी दास्तान सुनाई। लक्ष्मण की कुछ समझ में नहीं आया। तभी राम ने कहा :

'क्या तुम मुझे अपनी फ़ैक्टरी में नौकरी दे सकते हो?'

यह नामुमकिन सवाल था। लक्ष्मण हड़बड़ा गया। उसने तुरन्त फ़ोन रख दिया। एक तो वह सिद्धांत का पक्का था कि किसी रिश्तेदार को अपनी फ़ैक्टरी में नौकरी नहीं देगा। दूसरे, उसकी समझ के परे था कि जिसका बेटा अमरीका में हो उसे पैसे की दरकार क्यों होगी।

राम ने फिर दो दिन दो-दो बार फ़ोन किया। लक्ष्मण बार-बार मोबाइल बन्द कर देता। तीसरे दिन शाम को वह डी.एल.एफ. कॉलोनी के गेट पर खड़ा था। झुटपुटा था। अभी बत्तियाँ नहीं जली थीं। सुरक्षाकर्मी ने उसे रोक लिया था और रजिस्टर भरने को कहा था। रजिस्टर में आने का कारण बताना था। राम ने 'निजी' लिखा। तब सुरक्षाकर्मी ने पूछा :

'लक्ष्मण साब आपके कौन हैं?'

'भाई,' राम ने किंचित् गर्व से कहा।

'तब आप अन्दर नहीं जा सकते।'

'क्यों?'

'दोस्त होते तो सीधे जा सकते थे,' सुरक्षाकर्मी शायद अपनी मूँछों में मुस्कुराया। 'अब रिश्तेदार पहले साहब से इजाज़त लेता है और साहब मुझे पहले बता देते हैं।'

'अन्दर फ़ोन करके कहो कि तुम्हारे भाई राम आए हैं,' राम ने कुछ झल्लाकर कहा।

'ऐसे फ़ोन करने की मनाही है।' सुरक्षाकर्मी का चेहरा काठ था।

'मैं फ़ोन कर सकता हूँ?'

'बाहर से।'

बाहर से तभी एक गाड़ी गेट में घुसी और अन्दर की ओर मन्थर गति से बढ़ी। राम अन्दर-बाहर के गेटों के बीच में खड़ा था और उसकी पीठ बड़ी गाड़ी की ओर थी जिसकी ओर हाथ घुमाते हुए सुरक्षाकर्मी ने बताया कि लक्ष्मण साहब उसी में जा रहे हैं। राम चिल्लाया, 'नन्हे, नन्हे।' गाड़ी नहीं रुकी। आगे बढ़ती रही। उसी क्षण रास्ते की बत्तियाँ जल गईं और गाड़ी दाईं ओर मुड़ी। राम ने गाड़ी चलाते लक्ष्मण को पहचान लिया। उसके बगल में कोई और आदमी बैठा था। सुरक्षाकर्मी से राम ने पूछा—'गाड़ी में दूसरा आदमी कौन है?' 'उनका दोस्त है,' सुरक्षाकर्मी ने कहा, 'जो अमरीका से आया है।' गाड़ी दूर इमारत की ओर चली गई थी। अब चीख़ने-चिल्लाने से कोई फ़ायदा नहीं था। जब वह पलटा तो सुरक्षाकर्मी ने बताया कि गेट में घुसते ही लक्ष्मण साब ने गर्दन मोड़कर आपकी तरफ़ देखा था, मगर लगता है पहचाना नहीं। सुरक्षाकर्मी अपनी मूँछों में मुस्कुरा रहा था। या शायद यह मेरा शक हो, राम ने सड़क की ओर आते हुए सोचा।

सड़क पर बाज़ार की तरफ़ मुड़ते हुए राम ने एक पत्थर को ठोकर मारी जो वहाँ नहीं था। वहाँ कुछ अँधेरा था। बिजली का खम्भा दूर था जो अलबत्ता, जल गया था। जहाँ ठोकर पड़ी थी वहाँ कुछ धूल ऊपर उठी और आहिस्ता-आहिस्ता नीचे बैठ गई। शायद धूल दिखाई भी न देती यदि सड़क पर गाड़ियों की आती-जाती रोशनी न होती। राम सड़क पर बाईं ओर चल रहा था जहाँ धूल थी। धूल सड़क के बीच में नहीं थी जहाँ गाड़ियाँ सर्र-सर्र भाग रही थीं। सड़क के दोनों ओर आलीशान मकान थे जो बहुमंजिला थे और जिनमें रोशनी भरी थी। सड़क पर खम्भों के नीचे उजाला था। जब एक खम्भे का उजाला सड़क पर चलते हुए मरने लगता तो दूसरे खम्भे का उजाला उसका हाथ थाम लेता। राम अपना दायाँ हाथ बाएँ हाथ से थामे आगे चल रहा था। उसके दोनों हाथ उसके पीछे थे—चूतड़ों पर।

बाज़ार शुरू होते ही सड़क के दोनों ओर फ़ोन-बूथ नज़र आए। वह एक फ़ोन-बूथ की दिशा में चला, मगर फ़ोन-बूथ के बगल में एक चाट की दुकान में घुस गया। उसने एक आलू की टिकिया खाई। फिर दो बार पाँच-पाँच गोलगप्पे अपने दोने में लिए जिनमें चटपटा पानी भरा था। सुधा को गोलगप्पे बहुत अच्छे

लगते थे। लेकिन वह गुड़गाँव से गोलगप्पे लेकर घर नहीं लौट सकता था। बाज़ार में बड़ी रौनक़ थी। यह रौनक करौलबाग की अज़मलखाँ रोड जैसी नहीं थी जहाँ मैल-कुचैले और पुरानी काट के कपड़े और चेहरे भी नज़र आ जाते थे। यहाँ कुछ भी पुराना नहीं था। हर तरफ़ चमचमाती गाड़ियाँ और चेहरे थे। दुकानों की रोशनियों में कुछ अलग किस्म का आभिजात्य था। लगता था वहाँ छींकने और पादने में भी सलीका है।

बाज़ार से निकलकर राम मुख्य सड़क पर आ गया। सड़क के पार दूसरी ओर एक भव्य इमारत थी जो जगमगा रही थी जैसे कोई विवाह हो रहा हो। शहनाई नहीं थी। शायद शहनाईवालों को अन्दर जाने की इजाज़त नहीं थी। इमारत के गले और कमर और पैरों में पड़ी रोशनियाँ ज़रूर गाती-सी लगीं। सड़क पर बस का इंतज़ार करती भीड़ में खड़े हुए राम ने एक आदमी से सामने इशारा करते हुए पूछा :

'यहाँ किसकी शादी है?'

'यहाँ बाज़ार की शादी है,' आदमी हँसा। 'यह मॉल है।'

बस आ गई। ठसाठस भरी थी। भीड़ के साथ राम अन्दर घुसा। उसनें हताश छत से लटकती छड़ थामी और उससे लटक गया।

10

क्रान्ति कक्का नहीं लौटे।

पिछले हफ़्ते जब राम और सुधा दिल्ली से लौटे, उसी दिन शाम को 'स्वाधीन' के दो युवक कक्का से मिलने आए थे और उन्होंने दस मई को रानी की अन्तिम यात्रा मनाने के लिए 'कालपी मार्च' की अपनी योजना बताई थी। उन्होंने कक्का से कहा था :

'आप शहर के आख़िरी क्रान्तिकारी हैं। हम दिल से चाहते हैं कि आप इस 1857 की डेढ़ सौवीं जयंती के मार्च में हमारे नेता रहें।'

योजना यह थी कि शहर के सौ लोग दस मई को सुबह सात बजे किले के मैदान से कालपी के लिए कूच करेंगे। वे एक-एक रात भाँडेर और कोंच में रुकते हुए तीसरे दिन कालपी पहुँच जाएँगे। चौथे दिन उन्हें बस से लौटना था। कक्का ने 'स्वाधीन' संस्था के बारे में नहीं सुना था। युवकों ने बताया कि यह शहर में एक नई स्वयंसेवी संस्था है। 'यह कोई एन.जी.ओ. नहीं है,' एक ने हँसते हुए कहा। उसने कहा कि हमारा उद्देश्य वही है जो रानी लक्ष्मीबाई का था।

'क्या?' कक्का ने मुस्कुराते हुए पूछा।

'फ़िरंगियों को अपनी धरती से भगाना।'

'लेकिन अब अपनी धरती पर फ़िरंगी कहाँ हैं?' कक्का मुस्कुरा रहे थे।

'वे न हों,' एक ने कहा। 'उनके भूत तो हैं। पहले अंग्रेज़ थे। अब अमरीकी हैं।'

युवकों ने कक्का को आश्वस्त किया कि उन्हें सिर्फ़ बस्तियों में चलना होगा। फिर वे एक गाड़ी में बैठ जाएँगे जो जत्थे के साथ जाएगी। वे फ़ौरन तैयार हो गए थे। दस मई की सुबह एक मारुति उन्हें लेने आई। मगर वे पहले ही पैदल घर से किले के मैदान की ओर चले गए थे। तब किसी को मालूम नहीं था कि उनका यह अलस्सुबह घर से निकलकर किले की तरफ़ जाना आख़िरी बार था।

तेरह मई को सुबह से ही उनकी प्रतीक्षा शुरू हो गई। दोपहर का भोजन देवेन्द्र सहाय ने घंटे-भर देर से किया—यह सोचकर कि कक्का आते ही होंगे। वे नहीं आए। शाम तक नहीं आए। तब देवेन्द्र को चिंता होने लगी। उन्होंने 'स्वाधीन' के युवकों के घर फ़ोन किया। पता चला कि जत्था कालपी से नहीं लौटा है। अँधेरा होने लगा। शायद अमावस थी। सड़क पर आँगन की तरह घना अँधेरा था। बिजली के खम्भे नहीं जले थे। जब सुधा एक बार ब्यारी के लिए बुला गई और देवेन्द्र अन्दर नहीं गए तो कुछ देर बाद सड़क पर मारुति की रोशनी आई, फिर मारुति आई। 'स्वाधीन' के दोनों युवक मारुति से निकलकर पौर में आए। लालटेन की रोशनी में देवेन्द्र ने उन्हें पहचाना और पूछा कि कक्का क्या मारुति में हैं? 'नहीं,' एक युवक ने कहा, 'हम तो समझ रहे थे कि वे कहीं बीच से घर लौट आए।' उसने बताया कि दस की सुबह क्रान्ति कक्का किले के मैदान में मारुति से पहले पहुँच गए थे। वे जत्थे में सबसे आगे थे। उनके सफ़ेद बाल और दाढ़ी और कुर्ता—सब लक-दक थे। वे देवलोक से उतरे किसी ऋषि की तरह लग रहे थे। जब तक जुलूस शहर में रहा, क्रान्ति कक्का सड़क पर आगे-आगे चले। शहर के लोगों ने सड़क के दोनों ओर खड़े हुए उन्हें कौतूहल से देखा।

शहर के बाहर निकलकर वे मारुति में बैठ गए। मारुति में ड्राइवर के अलावा और कोई नहीं था। ड्राइवर का कहना था कि जंगल में कहीं उसने पेशाब करने को गाड़ी रोकी थी। जब वह झाड़ी के पीछे से लौटकर गाड़ी में बैठा तो पीछे कक्का नहीं थे। तब तक जत्था जो पीछे था आगे निकल गया था। ड्राइवर ने सोचा कि कक्का जुलूस में शामिल होकर आगे निकल गए हैं। वह इत्मीनान से जुलूस के पीछे-पीछे चलता रहा। जत्थे के नेता यही समझते रहे कि कक्का आराम से गाड़ी में आ रहे हैं। जब जत्था भाँडेर के निकट पहुँच गया तो एक युवक क्रान्ति कक्का को लेने पीछे गाड़ी तक आया ताकि वे बस्ती में जुलूस की अगुवाई करें। मारुति ख़ाली थी। ड्राइवर ने कथा सुना दी। उसने कहा कि मैं सोच भी नहीं सकता था कि क्रान्ति कक्का बीहड़ जंगल में खोने के लिए घुस सकते हैं। उसने किसी जंगली जानवर की आवाज़ भी नहीं सुनी थी कि उसे शक होता।

सड़क पर बसें दोनों तरफ़ जा रही थीं। एक युवक ने अनुमान लगाया कि क्रान्ति कक्का शायद थक गए हों और झाँसी की किसी बस में बैठ गए हों। उस वक्त यही मान लेने के सिवा कोई चारा न था। यदि 'कालपी मार्च' रद्द करके जत्थे के सौ लोग कक्का को ढूँढ़ने दस दिशाओं में निकल जाते और कक्का अपने घर की पौर में लेटे मिलते तो वे 'स्वाधीन' के युवकों को कभी माफ़ नहीं करते। वे यही कहते कि तुम लोगों ने क्या क्रान्ति कक्का को बच्चा समझ रखा है? क्या

मेरी इस जान की कीमत रानी लक्ष्मीबाई के स्वतन्त्रता-संघर्ष से ज़्यादा है? तुम लोग कैसे 'स्वाधीन' हो?

अगली सुबह शहर के अख़बारों में क्रान्ति कक्का की तस्वीर के साथ यह ख़बर छपी कि कक्का चार दिन से ग़ायब हैं। यदि किसी ने उन्हें देखा हो तो तुरन्त फ़ोन करे। मारुति से उतरकर जंगल के अलावा उनके पास झाँसी की बस का विकल्प था। मगर वे बीच में बस से कहीं भी उतर सकते थे या झाँसी लौटकर घर के बजाय कहीं और भी जा सकते थे। दुनिया खुली थी। रास्ते ही रास्ते थे। कक्का कहाँ चले गए थे? देवेन्द्र सहाय को एकाएक याद आया कि कक्का अक्सर उस कुएँ को देखने की बात करते थे जिसकी जगत पर बैठे हुए रानी लक्ष्मीबाई ने अपनी आख़िरी मंज़िल पर एक यात्री से कहा था कि मैं तो राँड़मुड़ विधवा हूँ, आधा सेर चावल की हक़दार, बस। मगर धर्म की रक्षा के लिए मैंने प्राण तक की आशा छोड़ दी है। रानी का धर्म क्या था? उन्होंने राजा मर्दन सिंह को युद्ध के पहले लिखा था कि 'विदेशियों की गुलामी में रहिबो अच्छो नहीं है...सुराज भओ चाहिजे।' जब क्रान्ति कक्का ने 'स्वाधीन' के युवकों को यह बताया तो एक तपाक् से बोला कि आज अमरीकी नव-साम्राज्यवाद से संघर्ष में यही दो मूल मंत्र हैं :

एक—विदेशियों की गुलामी बुरी है।

दो—स्वराज चाहिए।

गांधी ने जनता को जगाने के लिए यही नारा दिया था जब चन्द्रशेखर वाराणसी में जेल गए, कक्का ने कहा, और 'आज़ाद' होकर बाहर आए।

कुआँ ग्वालियर और कोंच के बीच कहीं था। क्या उसमें पानी था? कक्का कुआँ ढूँढ़कर उसी जगत पर बैठना चाहते थे जिस पर रानी और यात्री की बात हुई थी और वही पानी पीना चाहते थे जो रानी ने पिया था। यह सम्भव था कि वे जंगल में मारुति से उतरकर सीधे ग्वालियर की बस में बैठ गए हों या बस से झाँसी पहुँचकर वे ग्वालियर की बस में बैठे हों। आख़िरी मंज़िल रानी का कुआँ थी जिसकी खोज के अभियान पर कक्का निकले थे। कक्का को खोजने उसी खोज पर जाना था। मगर इन दिनों देवेन्द्र सहाय को रोज़ शाम को बुख़ार चढ़ आता था जो सुबह उतरता। महीनों पहले जब उन्हें पता चला कि जिस मिल में भैया काम करते थे वह बन्द हो गई और भैया की नौकरी छूट गई तो उन्होंने उसे लिख दिया था कि अब तुम्हें हर माह पैसे भेजने की ज़रूरत नहीं है, यहाँ काम चल जाएगा। काम क्या चलता, उन्हें दो ट्यूशन और बढ़ाने पड़े। अब वे दुगुना समय बाहर गुज़ारते। कक्का की नज़रों से यह छिप नहीं सकता था। वे

दिल मसोसकर रह जाते। उन्हें अपना आप बोझ लगता। वे एक बार स्वतन्त्रता-सेनानी निवास जाने की पेशकश कर चुके थे। तब देवेन्द्र ने उन्हें मुखिया का ताज पहना दिया था और ख़ुद भरत की तरह आँखों में आँसू भर लिए थे।

पिछले सप्ताह एक सुबह अचानक एक तिपहिया घर के सामने रुका! कक्का पौर में चबूतरे बैठे थे। उन्होंने बाहर झाँका। तिपहिया से राम और सुधा बाहर आए। फिर दो अटैचियाँ और एक होल्डाल बाहर आए। जब वे अन्दर पौर में पहुँचे और उन्होंने कक्का के पैर छुए तो देवेन्द्र और मालती अन्दर आँगन से आए। वे बेटा-बहू को देखकर चकित थे। देवेन्द्र ने मुस्कुराते हुए कहा–

'बेटा, फ़ोन तो कर देते?'

'घर आने के लिए क्या फ़ोन करना!' राम ने कहा।

'हाँ,' मालती ख़ुश-ख़ुश बोली, 'ठीक है। तुम लोग अन्दर चलो।'

राम दोनों अटैचियाँ और होल्डाल ऊपर छोटी अटारी में ले गया जहाँ वह किशोर से जवान हुआ था और जहाँ उसने सुहागरात मनाई थी। मूँज की खाट ढीली थी। दूसरे कोने में मेज़-कुर्सी रखी थी जैसे अभी पढ़ाई बाक़ी हो। हर तरफ़ धूल थी। नीम की कुछ सूखी पत्तियाँ छत से उड़कर अटारी की धूल में शामिल हो गई थीं। जब राम अटारी के बीचोबीच खड़ा अटारी को निहार रहा था तो आँगन में देवेन्द्र खड़े थे और उस ज़ीने की ओर देख रहे थे जिससे अभी भैया अपने सामान के साथ ऊपर गया था।

मालती ने कहा कि उसी शाम पहली बार देवेन्द्र को हरारत हुई थी जो रात को बुखार हो गई। देवेन्द्र इससे सहमत नहीं थे। वे इसे मालती का स्मृति-दोष मानते थे। उनका कहना था कि ऐसा कोई संयोग नहीं था। उन्हें हरारत पहले से थी। उन्होंने इसका कोई ज़िक्र नहीं किया था।

यह सच था कि उस दोपहर जब राम ने दालान में अम्मा-पापा को बताया कि उसने दिल्ली सदा के लिए छोड़ दी है तो देवेन्द्र सहाय को लगा कि वे यह बात दुबारा सुन रहे हैं! मालती ख़ुश थी कि अब घर भरा-भरा लगेगा। वह इस बात पर और ज़्यादा ख़ुश थी कि अब पवन भी अपनी बहू के साथ यहीं आएगा। घर की बहू की बहू आएगी। क्या पता, पड़पोता भी साथ आए! आँगन में फिर कोई घुटनों के बल इधर-उधर चलेगा जैसे पहले-पहल भैया चला था। घर फिर पूरा घर हो जाएगा।

सुबह-सुबह कक्का पौर में बैठे बाहर सड़क की ओर अख़बारवाले का इन्तज़ार-सा करते देख रहे थे जब अन्दर दालान में फ़ोन की घंटी बजी। घंटी सात

बार बजी। तब देवेन्द्र ने फ़ोन उठाकर कहा—

'हलो।'

'दादू,' पवन की आवाज़ थी, 'मैं अमरीका से बोल रहा हूँ।'

'कैसे हो बेटा? बहुत दिनों से तुम्हारी ख़बर नहीं मिली।'

'मैं ठीक हूँ, दादू। असल में मेरा दूसरे शहर में ट्रांसफ़र हो गया था।'

'कहाँ?' देवेन्द्र सहाय ने ऐसे पूछा जैसे उन्हें अमरीका के शहरों का सब भूगोल पता हो।

'न्यू जर्सी,' पवन ने कहा।

पवन ने कक्का की सेहत के बारे में पूछा और उन्हें चरण स्पर्श कहा। पौर में बैठे कक्का को यह साफ़-साफ़ सुनाई दिया जब देवेन्द्र ने उसे दुहराया। बाक़ी बातों में उन्हें काफ़ी अन्दाज़ का इस्तेमाल करना पड़ा। मालती ने पवन से राधा के बारे में कुछ सूचनापरक सवाल किए और पूछा कि तुम उसे लेकर घर कब आओगे? पवन की दादी से ख़ूब पटती थी। मालती से बात करते हुए वह लगातार हँसता रहा। उसने हँसते हुए दादी के कान में कहा, 'दादी, मैं राधा को लेकर जल्दी घर आऊँगा।' मालती को यही लगा कि कोई सात समुन्दर पार से उसके कान में हँसते हुए फुसफुसा रहा है।

पवन की हँसी ग़ायब हो गई जब राम फ़ोन पर आए।

'पापा,' वह कुछ हकला गया, 'माफ़ कीजिए, मैं काफ़ी दिनों बाद आपको फ़ोन कर रहा हूँ।'

पवन ने बताया कि उसने कई बार दिल्ली उसे फ़ोन मिलाया था। जब कोई जवाब नहीं मिला तो उसने लक्ष्मण चाचा को फ़ोन किया। लक्ष्मण चाचा बोले कि उन्हें कुछ पता नहीं है। जब राम ने कहा कि हमने दिल्ली का घर छोड़ दिया है, तो पहले तो पवन ने कहा कि आप कम-से-कम लक्ष्मण चाचा को तो बता देते। फिर उससे पूछा कि एकाएक आपने यह फ़ैसला क्यों किया?

'क्योंकि,' राम ने कहा, 'दिल्ली में कोई नौकरी के बिना नहीं रह सकता।'

'तो क्या झाँसी में नौकरी है?' पवन ने पूछा।

'यहाँ घर तो है।'

पवन ने बताया कि कैसे अचानक एक दिन उसका ट्रांसफ़र हो गया और उसे तीन दिन में शहर बदलना पड़ा। नए शहर में बसने में काफ़ी समय और पैसे खर्च हुए। 'मैं आपको ढाई लाख जल्दी वापस कर दूँगा, पापा,' उसने ढाढ़स बँधाते हुए कहा, 'अगर एक-साथ नहीं, तो किस्तों में। आप फ़िक्र मत करिए।' यह सुनकर राम की फ़िक्र बढ़ गई—यद्यपि उसने अपनी आवाज़ पर संयम रखा और

इसे ज़ाहिर नहीं होने दिया। जब पवन ने कुछ डॉलर भेजने के लिए उसका झाँसी का बैंक एकाउंट नम्बर पूछा तो राम ने कहा कि एकाउंट अभी खुला नहीं है, जब नम्बर मिल जाएगा तो बता दूँगा।

सुधा नहा रही थी। पवन ने कहा कि मैं कल फ़ोन करूँगा और फ़ोन रख दिया।

जब फ़ोन बन्द हो गया तो कक्का पौर में तकिए पर लुढ़क गए। अख़बार दरवाज़े में पड़ा था। उसके पन्ने फड़फड़ा रहे थे। कुछ देर बाद देवेन्द्र सहाय पौर में आए और साइकिल साफ़ करने लगे। कक्का तकिए से उठकर बोले :

'तुम्हारी तो तबियत ठीक नहीं।'

'अब ठीक हो गई, कक्का,' देवेन्द्र ने कहा।

उन्होंने कक्का की तरफ़ नज़रें नहीं घुमाईं। उनकी नज़रें साइकिल पर जमी थीं। साइकिल उठाने से पहले उन्होंने अख़बार उठाया और उसे चबूतरे पर डाल दिया जहाँ कक्का बैठे उन्हें निहार रहे थे। फिर उन्होंने साइकिल उठाई और बाहर सड़क पर निकल गए।

कुछ देर बाद लू चलने लगी। सड़क पर धूल और आँगन में नीम के पत्ते उड़ने लगे। जब देवेन्द्र सहाय दोपहर में कानों पर दुपट्टा लपेटे लौटे तो राम पौर के चबूतरे पर कक्का के पास बैठा था। बिजली नहीं थी। दोनों के हाथों में पंखे थे। देवेन्द्र हाथों में साइकिल लिए पौर में घुसे। तीन दशक पहले राम को टेक्सटाइल का डिप्लोमा कराने के लिए देवेन्द्र ने नौकरी के अलावा ट्यूशन किए थे। तब राम ने सोचा था कि मैं कमाने लगूँगा तो पापा को कोई तकलीफ़ नहीं होने दूँगा। उसे सहसा यह याद आया। उस दोपहर चौके में भी कक्का और पापा के साथ रोटी खाते हुए उसे अपनी जवानी का कौल याद आता रहा। उसे पता नहीं चला—उसने एक रोटी कम खाई। मालती ने गिनी थीं। उसने उलाहना दिया। राम ने कहा कि पेट भर गया।

यों राम बिना बिजली के भी बनियान उतारकर सो जाता था। मगर उस दोपहर उसे नींद नहीं आई। वह छोटी अटारी में मूँज की खाट पर लेटा करवटें बदलता रहा। छत पर लू चल रही थी। नीम की पत्तियों और शाखों में 'हू-हू' की आवाज़ आ रही थी जैसे वह किसी जंगल में लेटा हो। थोड़ी देर बाद सुधा आ गई और वह अटारी की अन्दर से साँकल लगाकर उसके बगल में लेट गई। 'उफ़, कितनी गर्मी है,' सुधा के मुँह से निकला। उसकी तरफ़ करवट लेकर राम ने कहा, 'मेरी तरह दिगम्बर हो जाओ।' वह हो गई। राम के हाथ उसकी देह को घेरने लगे।

'इस गर्मी में,' सुधा ने कौतूहल से उसकी ओर देखा।

'इसी गर्मी में,' राम फुसफुसाया।

जंगली नीम की हू-हू के साथ राम उसकी थर्राती देह को चूमने लगा। सुधा को लगा जैसे उसकी देह से कोई बवंडर गुज़र रहा हो।

फिर दोनों जंगल में गिरे पेड़ों की तरह अगल-बगल सो गए।

जब धूप चली गई तो राम घर से निकला। सड़कों पर दोनों ओर घरों के बीच लू की स्मृति थी। लू की स्मृति घरों में भी थी जिनसे लोग बाहर निकल रहे थे। सड़कों पर लोग थे। भीड़ नहीं थी। भीड़ मानिक चौक में भी नहीं थी। राम कहीं नहीं देख रहा था। न उसके कानों में गाड़ियों की आवाज़ें थीं जो सड़कों पर दौड़ रही थीं। बाज़ार के शोर की शक्ल किसी 'हाय-हाय' की तरह थी। एकाएक किसी ने उसके कन्धे पर हाथ रखा। राम ने आँखें घुमाईं।

'कब आए?' नटवर मुस्कुरा रहा था।

'पिछले हफ़्ते।'

'कैसा चल रहा है?'

'ठीक चल रहा है।' राम मुस्कुरा रहा था।

राम का एक मन हुआ कि नटवर को हक़ीक़त बता दे और उससे पूछे कि क्या मुझे अपने शहर में कोई नौकरी मिल सकती है? नटवर एक स्कूल की प्रबंधन समिति में था। उसमें शिक्षक की नौकरी मिल सकती थी। मगर उसने बी.एड. नहीं किया था। शायद वह उसे पॉलीटेकनीक में नौकरी दिला सकता था।

राम सिर्फ़ मुस्कुरा रहा था। नटवर ने कहा–'आओ, बुन्देला बार चलते हैं।'

'इस गर्मी में?' राम ने आँखें फैलाईं।

'इसी गर्मी में।' नटवर मुस्कुरा रहा था।

'इस गर्मी में नहीं।' उसने नटवर की आँखों में देखा। 'फिर कभी,' यह कहते हुए राम आगे बढ़ गया। उसने सोचा, वह उसे अगली बार नौकरी के लिए कहेगा। नटवर विपरीत दिशा में जा रहा था।

राम आगे चलता रहा। वह तिराहे पर रोबोट की तरह लोगों से बचता हुआ बाएँ मुड़ा। फिर कुछ दूर चलकर वह दाएं गिरिजाघर की तरफ़ मुड़ गया। गिरिजाघर की ओर नज़रें घुमाए बिना वह आगे बढ़ता रहा। गिरिजाघर के शिखर पर सलीब आसमान में टँगा लगता था। राम ने जैसे गिरिजाघर की ओर नहीं देखा था, उसी तरह मिनर्वा टॉकीज़ की ओर नहीं देखा जहाँ उसने लड़कपन में पहली बार वयस्क प्रेम परदे पर देखा था और अपने भीतर काँपती एक नई इच्छा को महसूस किया था जिसका उसे पता नहीं था।

वह दाईं तरफ़ मुड़ गया और किले की चढ़ाई चढ़ने लगा। जब वह छोटा था तो एक बार इसी रास्ते पर चलते हुए देवेन्द्र सहाय ने उसे बताया था कि रानी इसी सड़क पर घोड़े पर चढ़ी किले से महल और महल से किले जाती थी। वह सड़क के दोनों ओर नीचे तक फैले पत्थरों को देखता हुआ आगे बढ़ रहा था। उसे पता नहीं चला वह कब ऊपर पहुँचकर टूटे परकोटे के उसी कोने पर बैठ गया जहाँ रोज़ सुबह देवेन्द्र सहाय बैठते थे।

शाम घिर रही थी। सामने किले का मुख्य द्वार था। बाईं ओर सीधी ढाल पर उतरती सड़क थी जिसके दोनों ओर नीचे ऊबड़खाबड़ पथरीला मैदान था। दाईं ओर नीचे घाटी में शहर कसमसा रहा था जहाँ रात की रोशनियाँ कहीं-कहीं नज़र आने लगी थीं। आसमान स्लेटी हो गया था। यह गर्मियों का आसमान था जो अभेद्य नहीं था। कोई चादर थी जो आहिस्ता-आहिस्ता आसमान से धरती पर गिर रही थी। यह साँवली चादर दिखती नहीं थी। महसूस होती थी। भीतर तक।

राम आँखें खोले सामने किले की दीवारों को देखता हुआ बैठा था। मैं कुछ सोच नहीं रहा हूँ—उसने अपने से कहा। मैं सिर्फ़ देख रहा हूँ। चारों तरफ़ पत्थरों को छूती हुई हवा में गर्मी थी। हवा बन्द नहीं थी। हवा चल रही थी। गर्म हवा पत्थरों से लिपटती हुई नीचे मैदानों में कूद जाती और मैदानों से पहाड़ी पर कुछ हाँफ़ती-सी लौटती। राम समय को भूल गया था। रफ़्ता-रफ़्ता अदृश्य चादरें गहरी होने लगीं। इन्हीं चादरों में लिपटी रात धरती की ओर क़दम बढ़ा रही थी।

नहीं, मैं कुछ नहीं सोचूँगा—उसने अपने से फिर कहा। मैं नीचे शहर में रात का उतरना देखूँगा। अचानक उसने उस तरफ़ आसमान में कुछ तारे देखे जहाँ शहर था। फिर उसने कुछ उम्मीद से किले के ऊपर सितारों को ढूँढ़ा। किले की ऊँची दीवार सड़क के पार सामने खड़ी थी। किले का आसमान किले में छिप गया था। वह हड़बड़ाकर नीचे उतरा और बाईं ओर ढाल पर चलने लगा जैसे लुढ़क रहा हो। दाईं ओर खाई थी और उसके परे किले की दीवार खिंची थी। दीवार काली थी जैसे अँधेरा ठोस हो गया हो। रात हो गई थी।

जब वह सड़क के मोड़ पर पहुँचा तो ऊपर चट्टानों पर किले की छाया में उसने कुछ आकार देखे। एकाएक उसे जवानी की वह शाम याद आई जब उसने यह लोहे के पतरों की झाँकी पहली बार देखी थी। यह 1857 का कुरुक्षेत्र था जिसमें एक तरफ़ रानी लक्ष्मीबाई थी और उसके सामने अंग्रेज़ों की सेना सजी थी। कुरुक्षेत्र का ज़िक्र घर पर देवेन्द्र सहाय ने किया था जब राम ने इस बाबत पूछा।

राम आगे बढ़ गया। कुछ दूर सड़क के दाईं ओर एक सूनी चट्टान थी। चट्टान के परे वीरान मैदान था। वह दाईं ओर मुड़कर चट्टान पर चढ़ गया और उसने किले के ऊपर आसमान देखा जहाँ कुछ तारे आँख-मिचौनी खेल रहे थे। उसे ख़ुशी हुई। उसने ख़ुश होकर अपने जूते उतार दिए। मगर चट्टान गर्म थी। उसके चारों ओर गर्म हवाएँ थीं। इस पत्थरों के शहर के पत्थर रात में धीरे-धीरे ठंडे होते थे। यहाँ की रातें मशहूर थीं जो सितारों से सज जातीं।

राम चट्टान पर खड़ा चारों ओर देख रहा था। किले की दीवारें अँधेरे की दीवारें लगती थीं। आसमान में हर तरफ़ कुछ तारे बिखर गए थे। सड़क के परे दूर-दूर तक रेत की वीरान पहाड़ियाँ थीं। इकलौती सड़क पर कोई नज़र नहीं आता था। राम को सहसा लगा कि डी.एल.एफ. कॉलोनी का गेट इसी सड़क पर है जिससे अभी नन्हे की गाड़ी गुज़रेगी...नन्हे उसकी पीठ को देखकर नज़रें मोड़ लेगा। राम नन्हे को उसकी पीठ से क्या, उसकी उँगली से पहचान सकता था! क्या नन्हे ने इसलिए मुँह मोड़ा था कि मैं उससे नौकरी माँगने गया था? या असली कारण वह अमरीकी दोस्त था जो उसके बगल में सगे भाई की तरह बैठा था? क्या पता, शायद उसे अपने असली भाई पर शर्म आई हो कि वह एक बेकार भाई का छोटा भाई था?

वह चट्टान पर नंगे पैर खड़ा था। चट्टान गर्म थी। उसने अपने पैर इधर-उधर चलाए जैसे नृत्य की कोई मुद्रा हो। उस क्षण वह अपने जूतों को भूल गया था जैसे नन्हे गेट पर उसे भूल गया था। क्या नन्हे ने उसे अपना जूता समझा था जिसे उसने उतार दिया था? राम नन्हे को अपना बेटा मानता था। जब पवन पैदा हुआ तो वह उसे अपना छोटा बेटा लगा। यह सही है कि पवन धरती पर एक चमत्कार की तरह आया था जिसने राम को देवेन्द्र सहाय से इस तरह जोड़ दिया था जैसे वह पहले कभी नहीं जुड़ा था। उसकी यह महत्त्वाकांक्षा थी कि कोई ऐसा समय आए जब देवेन्द्र सहाय को ख़ुद अपनी साइकिल फ़ालतू लगे। लेकिन वह आज दोपहर साइकिल चलाते लौटे थे और राम यही देखने अपने शहर लौटा था!

वह गर्म चट्टान पर उछलने लगा। उछलने का असली कारण यह था कि उसने नन्हे की दौड़ती गाड़ी में पीछे भी कोई युवा सिर देख लिया था और उसे शक हुआ था कि यह सिर पवन का है! पवन अमरीका से क्या नन्हे के दोस्त के साथ नन्हे की गाड़ी में आ गया था? वह चट्टान पर पागल की तरह उछल रहा था और चीख़ रहा था...साऽ लाऽ...मादर...अमरीकाऽ...। सिर्फ़ यही दो गालियाँ नहीं थीं। उसने सुनी हुई गालियों का भंडार खोल दिया था। वह चिल्लाते

हुए नई-नई गालियाँ भी ईजाद कर रहा था। हर गाली के बाद अमरीका जुड़ जाता था जैसे कोई छन्द पूरा हुआ हो।

उसकी चीख़ रेत और चट्टानों पर गूँज रही थी। दूर किले की दीवारों से आवाजें टकरातीं और हवाएँ चीख़ने लगतीं।

उस रात उसने सपना देखा कि कुरुक्षेत्र में अपनी सेना के साथ रानी सफ़ेद घोड़े पर सवार है और उसके सामने अमरीकी सेना है जिसके एक हाथ में कोका-कोला और दूसरे हाथ में टी.वी. का रिमोट है!

अगली सुबह चाय पीते हुए सुधा ने मालती को बताया कि पिछली रात सपने में राम ऐसी गालियाँ दे रहे थे जो उसने उनके मुँह से ज़िन्दगी में कभी नहीं सुनी थीं। बल्कि, सुधा ने कहा, उसने उनके मुँह से कभी साला भी नहीं सुना था। मालती ने चाय का एक घूँट लेकर ताईद की कि यह बिलकुल सही है। बचपन में नन्हे गली से गालियाँ सीखकर उनका आँगन में अभ्यास करता था, लेकिन भैया ने कभी कोई गाली मुँह से नहीं निकाली।

'क्या बात है?' मालती ने पूछा।

'कुछ समझ में नहीं आता,' सुधा बोली। 'झाँसी लौटते हुए तो वे ख़ुश लग रहे थे।'

सच बात यह थी कि झाँसी लौटते हुए सुधा ख़ुश नहीं थी। भला कोई स्त्री अपना घर छोड़कर कहीं और रहना चाहेगी? अपना घर अपने वस्त्र की तरह था। मगर कोई चारा नहीं था। उसने सोचा था कि राम की दिल्ली में आख़िरी दिनों की बौखलाहट यहाँ कम हो जाएगी। लेकिन उल्टा हो रहा था। राम यहाँ गालियाँ निकाल रहे थे। यह अजीब संयोग था कि मिल का बन्द होना और पवन का अमरीका जाना एक-साथ सम्पन्न हुआ। फिर जब उसके लौटने का समय था, उसने ढाई लाख माँग लिए और ख़ुद विवाह करके चुप हो गया। एफ़.डी. तोड़ने के पहले राम घबराए थे। उन्होंने कहा था, 'यही हमारी आख़िरी पूँजी है।' तब सुधा ने उन्हें ढाढ़स बँधाया था, 'पवन हमारा इकलौता बेटा है।' अब इतने दिन की चुप्पी के बाद उसने एकमुश्त पूँजी किस्तों में वापस करने का प्रस्ताव रखा था। उसने पिता का घर तोड़कर अमरीका में अपना घर बना लिया था!

'बुरे दिन पूछकर नहीं आते, बहू,' चौके में पटे पर बैठे चाय का आख़िरी घूँट लेकर मालती ने कहा। 'धीरज रखो।'

सुधा चाय ख़त्म करके दोनों हाथों से घुटनों को घेरे बैठी थी। वह कुछ नहीं बोली।

'एक काम करो,' मालती ने फिर मुँह खोला। 'रोज़ सुन्दरकांड का पाठ शुरू

कर दो और मंगल का उपवास।'

'आज मंगल है, मम्मी,' सुधा ने कहा। 'और मैंने चाय पी ली है।'

'कोई बात नहीं। हनुमानजी संकटमोचक हैं। चाय का बुरा नहीं मानेंगे।'

'ठीक है।'

'अगले मंगल से निर्जला उपवास रखना,' मालती ने डॉक्टर के भरोसे से कहा, 'उसका असर ज़्यादा होगा।'

ख़ाली पेट सुधा जब रात को ऊपर सोने पहुँची और राम ने उससे हलकान चेहरे के बाबत पूछताछ की तो उसने उपवास की बात बताई। राम ने फिर एक गाली बुदबुदाई।

सुधा हैरान थी। वह अपने भीतर कुछ उसी तरह खोई लगती थी जैसे तब खोई थी जब घूँघट काढ़े वह पहली बार इस घर में घुसी थी। उसने इस उम्र में वापस ससुराल आने का सपना नहीं देखा था। उसने सपना देखा था कि वह दिल्ली में अपने घर में अपनी बहू को अपने गले लगाएगी। यह सच था कि उसे अभी तक पवन की चुप्पी पर विश्वास नहीं होता था। जो लड़का भारत में श्रवण कुमार की तरह बातें करता था वह अमरीका जाकर इस क़दर ख़ुदमुख़्तार हो जाएगा कि अपने-आप शादी कर लेगा और तत्पश्चात् माँ-बाप को सूचित करेगा—यह बात आसानी से गले नहीं उतरती थी। क्या अमरीका कोई जादू का देश था जहाँ पहुँचकर लोग अपने को भूल जाते थे और कोई और हो जाते थे? या यह वक़्त ही बदल गया था! अमरीका क्या, हिन्दुस्तान भी कुछ और हो गया था। वरना रामकुमार जैसा मर्यादा-पुरुष अपने घर में बैठा माँ-बहन की गालियाँ देता। क्या सुधा भी अन्दर-ही-अन्दर कुछ बदल गई थी? वह अपने अन्दर टटोलने लगती। उसे अन्दर ख़ाली-ख़ाली लगता। यदि उपवास का दिन हो तो अन्दर भूख-प्यास मँड़राती रहती।

दिल्ली के घर में पवन की यादें थीं। भीतर के एक कमरे में उसकी मेज़-कुर्सी लगी थी। उसका सफ़ेद निवाड़ का पलँग था जिसकी निवाड़ मटमैली हो गई थी। जब पवन अमरीका चला गया तब भी कभी-कभी सुधा को उस कमरे में जाते हुए लगता कि पवन कुर्सी पर बैठा होगा या पलँग पर लेटा होगा। यह बात अलग थी कि उस कमरे में घुसकर और ख़ाली कुर्सी और पलँग देखकर उसे ख़ुद हँसी आ जाती थी। ज़िन्दगी सपना नहीं थी। यह सपने में ही सम्भव था कि कैलीफोर्निया में बैठा आदमी अगले क्षण दिल्ली में आकर अपने पलँग पर लेट जाए। उसने यह बात एक बार राम से कही थी। राम ने सोफ़े पर पसरते हुए कहा था कि कितना अच्छा होता यदि चौबीस घंटे के दिन में आदमी को चौबीस

मिनट नहीं तो कम-से-कम चौबीस सेकेंड ऐसे इच्छा-सेकेंड मिल जाते जब इच्छा यथार्थ में बदल जाती! लेकिन तब यथार्थ में लौटते हुए कितनी तकलीफ़ होती? सुधा ने आँखें फैलाकर पूछा था। वह यह भूल गई थी कि यथार्थ की तकलीफ़ तो वह हर जागते क्षण झेलती ही है जैसे अभी झेल रही थी जिसमें पवन का सपना नहीं था। जागते क्षण क्या, सोते हुए भी उसे कुछ दिनों से पवन का सपना नहीं आया था। जब एक रात सोने से पहले सुधा ने राम से यह कहा तो राम ने कुछ नहीं कहा। उसने दूसरी ओर करवट ली और सो गया जैसे उसे रोज़ पवन का सपना आता हो।

वह अब खर्राटे लेने लगा था।

सुधा को ताज्जुब होता जब उसे अपना घर भी पवन की तरह याद आता। रैगड़पुरा का तीन कमरों का घर ऐसे याद आता जैसे कोई खोया हुआ साम्राज्य हो। उसकी दीवारें और खिड़कियाँ किले की तरह लगते और सोने का कमरा शीशमहल की तरह। छत से लटकते बल्ब झाड़-फानूस हो जाते और फ़र्श पर बिछी दरी कालीन में तब्दील हो जाती। टी.वी. के परदे पर नाचती सुन्दरियाँ परदे के बाहर निकलकर कालीन पर नाचने लगतीं। सुधा ख़ुद सोफ़े पर अधलेटी विज्ञापनों के ठंडे पेय पीती रहती। राम घर में ऐसे घुसता जैसे बादशाह रंगमहल में प्रवेश कर रहा हो।

सुधा को अपने घर के अलग-अलग रंगों के सपने आते थे।

घर की बढ़ती उदासी छिपती नहीं थी। घर के लोग एक-दूसरे से किसी रहस्य की तरह इसे छिपाते। वे मुस्कुराते हुए आपस में बातें करते और मोहल्ले का कोई घर में आता तो हँसने लगते। मोहल्ले में यह ख़बर थी कि राम का बेटा अमरीका किसी शानदार नौकरी पर चला गया है और वहीं उसने किसी मेम से शादी कर ली है। अरे भइया, उसके घर और गाड़ी और मेम की तस्वीरें तो देखो। बहू लाई है। ऐसा लगता है जैसे स्वर्ग की तस्वीरें हैं। सो राम और बहू अब परदेस छोड़कर अपने घर आ गए हैं। उसने पहले अपने भाई को एक कारखाने का मालिक बनाया, फिर बेटे को बड़ा मैनेजर बनाकर सात समुद्र पार भेज दिया। राम जैसा बेटा राम सबको दे।

पड़ोस की औरतें बहू से मिलने दिन में ही आती थीं। जब शाम होती और पक्षी आँगन के पेड़ पर लौटने लगते तो औरतें अपने घरों में लौट जातीं। मालती और सुधा अकेले रह जाते। शाम को कोई मर्द घर में नहीं रहता था। कक्का भी बाहर चबूतरे पर जाकर बैठ जाते। उनके पास कोई-न-कोई मोहल्ले का आदमी आकर बैठ जाता। अन्दर अँधेरा आहिस्ता-आहिस्ता उतरता था जैसे दालान के

अन्दर कमरे ढूँढ़ रहा हो। तब सुधा ऊपर छत पर चली जाती और शहर की छतों पर सीढ़ियों से उतरते अँधेरे को देखती रहती। कुछ देर में आँगन में खड़ा नीम काला हो जाता। छत पर उसकी परछाइयाँ हिलने लगतीं। पक्षी कुछ-न-कुछ बोलते रहते। सुधा सीढ़ियों से आँगन में उतरती और चौके में चली जाती जहाँ मालती चूल्हे के पास बैठी होती। दोनों की आँखें मिलतीं। फिर एक-दूसरे से छिपने की कोशिश करतीं जैसे कोई देह पर पड़ा फटा वस्त्र छिपा रहा हो।

धरती का मौसम गड़बड़ा गया था। पिछले जाड़ों में कड़क सर्दी का इन्तज़ार रहा। फिर अप्रैल से लू शुरू हो गई। इधर मई की सुबह ठंडी थी। बादल गरजे थे। कुछ पानी गिरा था। कक्का उठकर चबूतरे पर बैठ गए थे। देवेन्द्र अख़बार देख रहे थे। सूबे में चुनाव के दिन थे। सहसा ठंडी हवा का एक झोंका दरवाज़े से चबूतरे पर आया। उसी के साथ राम अन्दर से चबूतरे पर आया। उसने अख़बार का एक पन्ना अपने हाथ में लेकर आँखों के आगे खोल लिया।

'यहाँ बेकारी के भत्ते की बात हो रही है,' राम ने कहा। 'नौकरी की बात नहीं होती।'

कोई और कुछ नहीं बोला।

चुप्पी के बाद देवेन्द्र सहाय ने मुँह खोला, 'कल शाम कोई कह रहा था कि तुम नौकरी की तलाश में पॉलीटेकनीक गए थे।'

'हाँ।'

'बेटा,' देवेन्द्र ने राम की ओर नज़र घुमाई, 'क्या तुम दिल्ली से यहाँ नौकरी की तलाश में आए हो?'

'हाँ।'

देवेन्द्र हँसे, 'लोग यहाँ से दिल्ली नौकरी के लिए जाते हैं।'

'दिल्ली में मुझे नौकरी नहीं मिली, पापा।'

फिर चुप्पी। कक्का तकिए से टिके बैठे थे।

'क्या तुमने नन्हे से बात की थी?' देवेन्द्र राम की तरफ़ देख रहे थे। 'उसकी तो ख़ुद अपनी फ़ैक्ट्री भी है।'

राम पौर की छत की ओर देख रहा था जहाँ शहतीरें काली हो गई थीं। वह छत की ओर देखता रहा जैसे देवेन्द्र सहाय ने कोई सवाल न पूछा हो, बल्कि कोई बयान दिया हो। देवेन्द्र चकित थे। कक्का ने तकिए से उठकर पालथी मार ली।

'बहुत दिनों से नन्हे का फ़ोन भी नहीं आया,' कक्का ने कहा।

देवेन्द्र का प्रश्न हवा में टँगा था। उन्होंने उसे नहीं दोहराया।

'अमरीका से उसका दोस्त आया है,' राम ने कहा।

सुधा आँगन से आई। उसके हाथ में एक थाली थी जिसमें चाय के तीन प्याले थे। उसने तीनों के सामने एक-एक प्याला रख दिया। देवेन्द्र ने सुधा से पूछा—'बेटा, तुम्हें ससुराल लौटकर कैसा लग रहा है?'

'अच्छा।' वह मुस्कुराई। उसके चेहरे पर शिकन नहीं थी।

'तुम लोग आ गए हो,' देवेन्द्र ने कहा, 'तो घर में जान आ गई है।'

सुधा लौट गई।

जब वह चली गई तो देवेन्द्र बोले, 'बेटा, क्या यहाँ तुम्हारा नौकरी करना ज़रूरी है?' फिर कुछ रुककर, 'पवन तो पैसे भेजता ही रहेगा।'

'बात सिर्फ़ पैसे की नहीं है।'

'तो?'

'समय?' राम मुस्कुराया।

कक्का ने उसे तेज़ नज़र से देखा। राम को अचानक दिल्ली का सारा हड़बड़ाया समय याद आया जो उसने नौकरी के बाद गुज़ारा था। उसे ऐसा लगा जैसे समय के कनस्तर में वह एक खड़खड़ाता पत्थर था जो अभी चुप हो गया था। उसकी मुस्कान जारी थी। इस मुस्कान के पीछे वह थरथराहट छिपी थी जो उसने अपनी समूची देह में महसूस की थी जब पहली बार उसने नन्हे की बड़ी गाड़ी की पीछे की सीट पर पवन का सिर देखा था। वह पवन का सिर पीछे से पहचान सकता था जैसे नन्हे ने राम को उसकी पीठ से डी.एल.एफ. के गेट पर पहचाना होगा। इस पहचान ने सारी पहचानें धुँधली कर दी थीं। अब उसे नन्हे से कोई उम्मीद नहीं थी। न पवन से कोई उम्मीद थी। उसे उम्मीद में भी उम्मीद नज़र नहीं आती थी।

'तुमने नन्हे को दिल्ली में बेटे की तरह अपने पास रखा।' कक्का की आँखें फैल गई थीं जिनकी भौंहें सफ़ेद थीं। 'और उसे यह भी पता नहीं कि तुमने दिल्ली छोड़ दी है।'

'पता चलने के बाद भी परवाह नहीं है,' देवेन्द्र बोले। 'उसने फ़ोन भी नहीं किया।'

'उसका दोस्त अमरीका से आया है,' राम ने दुहराया।

'दोस्त बड़ा है या भाई?' कक्का ने बच्चे की तरह पूछा।

'अमरीका!' राम हँसा।

सहसा पौर में रामकली आई और राम को तिरछी नज़र से देखते हुए अन्दर चली गई।

'आदमी के पास अपना काम होना चाहिए,' राम ने कहा।

'जब काम अपना होता है,' कक्का के मुँह से निकला, 'तो समय भी अपना हो जाता है।'

कक्का की आवाज़ में तकलीफ़ थी। देवेन्द्र जानते थे। वे अपनी साइकिल को निहार रहे थे। साइकिल उनका सुदर्शन चक्र थी। उन्हें अपना काम अच्छा लगता था। इसका उम्र से कोई तअल्लुक नहीं था। समय उनके सफ़ेद बालों में उलझ जाता। साइकिल के पैडिल गोल-गोल घूमते थे। पैडिल के चक्र में समय खो जाता।

कक्का को लगता था कि वे समय के दरिया के किनारे खड़े हैं। कभी-कभी तो उन्हें दरिया रुकता-सा लगता था। मगर वह फिर पहले की तरह बहने लगता और वे पहले की तरह किनारे पर खड़े रहते। रोटी खाना कोई काम नहीं था। दरिया के परे दूर आसमान में कोई रोशनी थी। कक्का को दूर देखते हुए यही शक होता था। किन्तु यह शक का परदा था जो पारदर्शी था। परदे के पार कुछ नहीं था।

'मैं सोचता हूँ,' राम कह रहा था, 'कि कुछ और नहीं मिला तो किसी स्कूल में नौकरी कर लूँगा और बच्चों को पढ़ाऊँगा।'

कक्का जब तक बच्चों को पढ़ाते थे, समय उनके लिए समस्या नहीं था। न देवेन्द्र सहाय के लिए साइकिल कोई समस्या थी। अलबत्ता, इन दिनों शाम को उनका बदन गर्म हो जाता था। डॉक्टर का कहना था कि यह मौसम और उम्र की वजह से है। उन्होंने साइकिल छोड़ देने की सलाह दी थी। देवेन्द्र सहाय साइकिल छोड़ने को तैयार नहीं थे।

जब वे चबूतरे पर बैठे सूबे में चल रहे चुनाव के बारे में बातें कर रहे थे तो एक पड़ोसी लड़का आया और उसने बताया कि सुधा भाभी संकटमोचन के मन्दिर में बेहोश होकर गिर गई हैं। सुधा और मालती कुछ देर पहले अपने हाथों में पूजा की थालियाँ लिए मन्दिर गईं थीं। राम तुरंत मन्दिर की तरफ़ दौड़ा। देवेन्द्र सहाय पीछे-पीछे तेज़ क़दमों से उसी ओर गए। मन्दिर के फ़र्श पर सुधा बेहोश चित पड़ी थी। औरतों का घेरा तोड़कर राम ने उसे दोनों हाथों में उठा लिया। बाहर आकर उसने एक ऑटो रोका। मालती और राम ने सुधा को अपनी गोद में लिटा लिया और वे टकसाल मोहल्ले में कपूर नर्सिंग होम पहुँच गए। डॉक्टर ने कहा कि आज गर्मी बहुत है, मरीज़ को डिहाइड्रेशन हो गया है। अच्छा हुआ, आपने देर नहीं कि, फ़ौरन ले आए—नहीं तो ख़तरनाक हो सकता था। उसने फ़ौरन सुधा को ड्रिप लगा दिया। फिर उसने मालती से पूछा :

'मरीज़ ने सुबह से कुछ खाया-पिया?'

'नहीं।'

'पानी कितना पिया?'

'बिल्कुल नहीं।'

'क्यों?'

'आज मंगल है न!' मालती ने कहा, 'वह निर्जला उपासी है।'

'माँ जी,' जवान डॉक्टर खीझ गया, 'जब वह ज़िंदा रहेगी, तभी तो उपवास करेगी।'

डॉक्टर ने राम से अंग्रेज़ी में फिर कहा कि अगर मरीज़ को लाने में आप देर कर देते तो ख़तरनाक हो सकता था। फिर वह एक उच्छ्‌वास के साथ बोला कि ऐसी गर्मी में उपवास, वह भी पानी के बिना! आस-पास गाँवों में कोई मुफ़लिस ऐसे ही मौसम में दम तोड़ देता है क्योंकि उसके पास खाने को कुछ नहीं होता। यह धार्मिक आत्म-हत्या है! उसने अंग्रेज़ी में कहा।

शाम तक सुधा ठीक हो गई। उसे घर लाकर दालान के भीतरवाले कमरे में लिटा दिया गया। राम ने हताश पूछा :

'ऐसा कौन-सा संकट पैदा हो गया कि तुम्हें भूखे-प्यासे संकटमोचन की शरण में जाना पड़ा?'

क्षण-भर सुधा ने पति की ऐनक-जड़ी आँखों में देखा। फिर वह बोली, 'उस रात सोते हुए तुम ऐसी गालियाँ बक रहे थे जो मैंने तुम्हारे मुँह से कभी नहीं सुनीं।'

राम पहले खीझा, फिर उसे हँसी आ गई, 'एक तो वह सपना था। दूसरे, गालियाँ आम हैं। शुक्र है, मुझे पहले ज़रूरत नहीं पड़ी।'

'अभी ज़रूरत है?' सुधा लेटे हुए राम को एकटक देख रही थी।

'सपने में।' वह हँसा।

फिर वह एकाएक संजीदा हो गया। उसने सुधा का हाथ अपने हाथ में लेकर कहा—'तुम्हें कसम है, अब तुम कोई उपवास नहीं रखोगी।' उसके हाथ में पसीना था। सुधा का हाथ भी पसीज गया था। उसने राम की गालियों के निवारण के लिए व्रत लिया था। उसके चेहरे पर राम का दर्द था जो वह भीतर छिपाने की कोशिश कर रहा था।

सुधा हामी में सिर हिला रही थी।

फ़ोन की घंटी बजी। राम ने दालान में जाकर फ़ोन उठाया। दूसरी तरफ़ पवन था। उसने फिर राम का बैंक एकाउंट नम्बर पूछा। राम ने कहा कि मैं अभी बैंक नहीं गया, जल्दी जाऊँगा। फिर उसने पूछा, तुम लोग कैसे हो? बहू कैसी है? वहाँ

कैसा मौसम है? पवन ने कहा, 'पापा, मम्मी को बुलाइए।' सुधा ने यह सुना नहीं था। वह राम की बातों से समझ गई थी कि पवन का फ़ोन है और ख़ुद उठकर फ़ोन के पास आ गई थी। राम ने फ़ोन उसे दे दिया।

'कैसी हो मम्मी?' पवन की खनकती हुई आवाज़ थी।

'ठीक हूँ,' सुधा का स्वर गिर गया, 'आज मरते-मरते बची।'

'क्यों?' स्वर उत्तेजित था।

'मन्दिर में बेहोश हो गई थी?'

'क्यों?'

'हनुमानजी के सामने हाथ बाँधे आँखें मूँदे खड़ी थी,' सुधा की आवाज़ अब हल्की थी। 'मुझे पता ही नहीं चला। अपनी प्रार्थना के साथ ज़मीन पर कटे पेड़-सी गिर गई। मुझे तब पता चला जब अस्पताल में मुझे ग्लूकोज़ चढ़ रहा था।'

वह चुप हो गई जैसे उसने कोई कहानी सुनाई हो और अब तालियों का इंतज़ार कर रही हो। एक पल तार सुन्न रहा। फिर पवन की कुछ घबराई-सी आवाज़ आई—'अब तो तबियत ठीक है न?'

'अब ठीक है।' सुधा को तसल्ली हो गई थी।

'इन दिनों वहाँ ख़ूब गर्मी होगी।'

'हाँ।'

'मैं पैसे भेज दूँगा। आप ए.सी. लगवा लो।'

'यहाँ बिजली नहीं आती।'

'आप इनवर्टर भी लगवा लो। मैं पैसे भेज दूँगा।'

सुधा का चेहरा खिल गया। पवन ने शिकायत की कि पापा ने अभी तक बैंक एकाउंट नम्बर नहीं दिया और फ़ोन रख दिया। राम ने सुधा का खिलता हुआ चेहरा देखा था। वह नज़दीक खड़ा था। उसने पूछा कि पवन ने क्या कहा। पवन ने जो कहा था, सुधा ने बता दिया। राम ने सिर्फ़ इतना कहा कि इनवर्टर में इतनी बिजली जमा नहीं होगी कि ए.सी. चल सके। ए.सी. चल भी गया तो देवेन्द्र सहाय ए.सी. से निकलकर लू में साइकिल कैसे चलाएँगे?

उस वक्त बिजली आ रही थी। कमरे के एक कोने में तिपाई पर रखा पंखा चल रहा था। सुधा का पसीना सूखने लगा। उसने आँखें मूँद लीं।

इस बार जब घंटी बजी तो फ़ोन देवेन्द्र सहाय ने उठाया।

'हलो।'

'पापा,' नन्हे की आवाज़ थी, 'कैसे हैं सब लोग?'

देवेन्द्र सहाय हँसे, 'चलो, तुम्हें सब लोगों की याद तो आई।'

'असल में मैं इधर कुछ काम में फँसा था।'

'क्या तुम्हारा अमरीकी दोस्त चला गया?'

'हाँ,' नन्हे चौंका, 'लेकिन आपको कैसे मालूम?'

'मुझे भैया ने बताया।'

तार से सूँ-सूँ की आवाज़ भी ग़ायब हो गई। जैसे कोई अचानक मर गया हो। फिर नन्हे की कुछ हाँफ़ती-सी आवाज़ आई :

'मुझे भैया ने नहीं बताया कि वे दिल्ली छोड़ रहे हैं।'

राम दालान में ही बैठा था। जब देवेन्द्र सहाय ने उसका नाम लिया तो उसने इशारे से बता दिया कि मैं घर में नहीं हूँ।

'क्या भैया अभी घर में हैं?' नन्हे पूछ रहा था।

देवेन्द्र सहाय पसोपेश में पड़ गए। फिर उनके मुँह से निकला, 'नहीं।'

'कब लौटेंगे?'

'पता नहीं।'

'मुझे बहुत ज़रूरी काम था।'

देवेन्द्र सहाय चुप रहे।

'पापा, भैया को बता दीजिएगा कि रेल मंत्रालय का एक करोड़ के टेंडर का मामला है। झाँसी के सांसद बलभद्र तिवारी की पार्टी का ही रेल मंत्री है। तिवारी जी का छोटा भाई भैया का दोस्त है। एक बार पहले भी उसने मेरा काम किया था। भैया उससे कह देंगे तो काम हो जाएगा। भैया से कह दीजिए कि वे जो कुछ माँगेंगे मैं दे दूँगा।'

देवेन्द्र सहाय सन्न थे। उनका छोटा पुत्र बड़ी घूस के मामले का ज़िक्र उनसे ऐसे कर रहा था जैसे वे कोई दलाल हों जबकि वे अभी तक टी.सी. को रेलगाड़ी की स्लीपर बर्थ के लिए पचास रुपए की घूस भी नहीं दे पाते थे।

'पापा,' बेटा कह रहा था, 'भैया को बता दीजिएगा। मैं कल फ़ोन करूँगा।'

देवेन्द्र सहाय चुप थे जैसे उनके मुँह में दही जम गया हो। राम के पूछने पर उन्होंने मुँह खोला। राम ने सुना। कहा कुछ नहीं। वह ज़ीने पर धड़-धड़ करता हुआ ऊपर छत पर चला गया। वह छत पर एक सिरे से दूसरे सिरे तक टहलने लगा। छत पर अँधेरा था। चारों ओर अँधेरे में शहर की छिटपुट रोशनियाँ नज़र आती थीं। पेड़ चुप हो गया था। पंछी पत्तियों के अँधेरे में दुबककर सो गए थे। आसमान में तारे नहीं थे। न चाँद था। धरती पर पूरा अँधेरा था। छत पर एक सिरे से दूसरे सिरे तक जाते हुए हर बार राम की आँखों से नए आँसू निकल आते जिन्हें वह पीछे मुड़ते हुए कुरते से पोंछ देता। सहसा उसका मन हुआ कि वह

फूट-फूटकर रोए। वह छोटी अटारी में घुस गया। उसने अन्दर से किवाड़ बन्द किए और साँकल लगा ली।

पौर से दालान दूर नहीं थी। यह कोई नहीं जानता था कि क्रान्ति कक्का टेलीफ़ोन की कितनी पारिवारिक बातें सुनते थे और कितनी समझते थे। कान उधर लगाए उनको यह ख़्याल अब भी परेशान करता कि जेल से छूटकर जब वे मदन मामा के गाँव गए थे तब किशोरी उनका इंतज़ार कर रही होती तो उनका जीवन कितना अलग होता। यह चमत्कार था। आजीवन कारावास की सज़ा से लौटना उन्हें ख़ुद सम्भव नहीं लगता था। तभी वे कोतवाली के सींखचों के पार खड़ी किशोरी को देखकर मुस्कुराए थे जब उसने कहा कि मैं तुम्हारी राह देखूँगी। उसकी आँखों में पूरे भरोसे की चमक थी जैसे वही चमक उन्हें जेल से बाहर निकाल लाएगी। हुआ भी यही। जेल में आठ साल पूरे होते-न-होते उन्हें छोड़ दिया गया क्योंकि कांग्रेस ने प्रान्तीय स्वायत्त शासन स्वीकार कर लिया था। जेल से निकलकर वे सीधे अपने घर नहीं गए थे—जो किराए का था और जिसे मकान-मालिक ने हथिया लिया था जब वे जेल में थे। वे बेघर हैं, उन्हें यह गाँव से लौटकर पता चला। गाँव पहुँचकर जब रमाशंकर ने मदन मामा से किशोरी के बारे में पूछा तो वे टाल गए, बोले, 'वह नहीं है।'

'वह नहीं है!' रमाशंकर भौंचक्का था। 'कहाँ गई?' उसने पूछा। उसे शक हुआ कि कहीं उसका ब्याह तो नहीं हो गया और वह उसे दो-तीन बच्चों से घिरा किसी दूसरे गाँव में देखेगा।

'वह मर गई,' मदन मामा ने कहा।

'कब?' रमाशंकर पास रखी चारपाई पर धम्म-से बैठा। उसने दोनों हाथों से अपना माथा थाम लिया था।

'तुम्हारे जेल जाने के कुछ महीने बाद।'

'कैसे?'

'उसके पेट में बच्चा था।'

'क्या उसकी शादी हो गई थी?'

'हाँ।'

'किससे?'

'तुमसे।' मदन मामा का स्वर ठंडा था। 'उसने अपने माँ-बाप से यही कहा।'

'नहींऽऽऽ' रमाशंकर चीख़ा। 'वह कैसे मर गई?'

'क्यों?' मदन मामा कह रहे थे, 'क्या शादी नहीं हुई थी? उसने बताया कि तुम दोनों एक दिन चुपके-से मंदिर में गए थे और शादी हो गई थी और तुमने

मुझे भी नहीं बताया था।'

'वह...' रमाशंकर रोने लगा। 'वह ठीक कह रही थी। उसके पेट में मेरा बच्चा था।' फिर उसने रोते-रोते पूछा, 'मेरा बच्चा कहाँ है?'

'वह मरा पैदा हुआ था,' मदन मामा ने बताया। 'उसके पैदा होते ही उसकी माँ मर गई।'

उस दिन वह चारपाई पर पड़ा रोता रहा था। अगले दिन जब वह अपने घर जाने के लिए बस में बैठने लगा तो मामा ने कहा–'वह मरी नहीं थी।'

'तो?' रमाशंकर एकदम पलटा।

'उसे मारा गया था।'

'किसने?' रमाशंकर बस-अड्डे पर चीख़ा, 'किसने मारा उसे?'

आस-पास सब लोग रमाशंकर का चेहरा देखने लगे।

'पुलिस इसकी तफ़्तीश नहीं कर सकी,' मदन मामा ने कहा।

जब रमाशंकर बस में चढ़ गया तो मदन मामा घर लौट गए। रमाशंकर झाँसी बस-स्टैंड पर उतरकर अपने घर पहुँचा और उसने पाया कि उसका कोई घर नहीं है। एक शादीशुदा आदमी कैसे दुबारा शादी कर सकता था? वह यही जवाब देता जब कोई उससे शादी की बात करता। क्रान्ति कक्का को अपने बच्चे की याद आती जिसने धरती पर साँस नहीं ली थी।

जिस सुबह उन्हें कालपी मार्च पर जाना था, वे मुँहअँधेरे उठ गए थे। देवेन्द्र सहाय अन्दर चारपाई से उठकर पौर में आए। उन्होंने देखा कि कक्का झक्क कुरता-पाजामा पहने तैयार बैठे हैं और एक कोने में उनका झोला रखा है।

जब कक्का घर के बाहर देहरी पर निकले तो सूर्य नहीं निकला था। उनके हाथ में दो जोड़ी कपड़ों का झोला था। यह वही मटमैला झोला था जो वे रिटायर होकर चालीस वर्ष पहले अपने हाथ में लिए घर में घुसे थे। देवेन्द्र सहाय को यह बाद में याद आएगा जब क्रान्ति कक्का नहीं लौटेंगे।

●●●